中和应泰 Cntegrity | 好人好股 高端操盘手商学院 | 无学习 不交易

实战九法

——股市操作案例全解——

利乐◎著

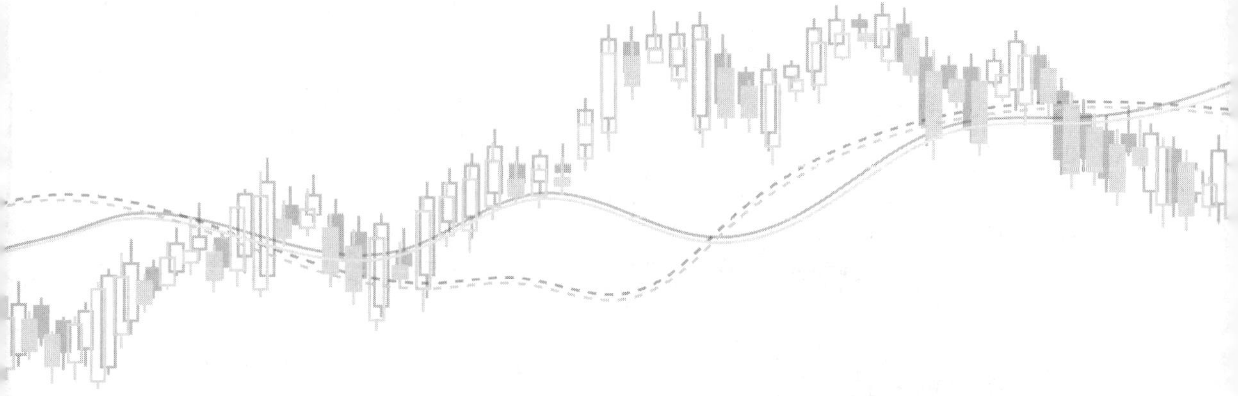

中国经济出版社
CHINA ECONOMIC PUBLISHING HOUSE
·北京·

图书在版编目（CIP）数据

实战九法——股市操作案例全解/利乐著.
—北京：中国经济出版社，2019.3
ISBN 978-7-5136-5546-0

Ⅰ.①实… Ⅱ.①利… Ⅲ.①股票投资—基本知识 Ⅳ.①F830.91

中国版本图书馆 CIP 数据核字（2019）第 026416 号

责任编辑　丁　楠
责任印制　马小宾
封面设计　任燕飞

出版发行　中国经济出版社
印 刷 者　北京柏力行彩印有限公司
经 销 者　各地新华书店
开　　本　710mm×1000mm　1/16
印　　张　17
字　　数　252 千字
版　　次　2019 年 3 月第 1 版
印　　次　2019 年 5 月第 2 次
定　　价　49.80 元
广告经营许可证　京西工商广字第 8179 号

中国经济出版社　**网址** www.economyph.com　**社址** 北京市西城区百万庄北街 3 号　**邮编** 100037

本版图书如存在印装质量问题，请与本社发行中心联系调换（联系电话：010-68330607）

序言

PREFACE

有形、有序、有常

江氏操盘创始人、投教第一人、东方股神　江海

对于有台湾投教教父之称的利乐老师我早有耳闻，更有幸在2017年4月同利乐老师相识在深圳并共事至今。作为投资者教育领域的同行，我对利乐老师一直怀着深深的敬佩：三十多年的投教经验早已奠定了他在交易方法上泰山北斗的地位，遍历牛熊、桃李无数，可是他仍然可以做到数十年如一日的勤奋和专注，孜孜不倦地在证券市场中传递自己的真言，为A股股民提供了无数福音。

关于本书，我也期待许久，非常荣幸能够先于大家阅览本书，更幸得受到利乐老师的邀请为本书作序。分析股价运行方向的难处在于投资规律的普遍性有限，但是利乐老师却能够从人性、自然、宇宙中把股价的无形变为有形、把股价的无序变为有序，把股价的无常变为有常。阅罢此书让我受益匪浅，也愿意郑重地把这本书推荐给你，同时我也会把此书推荐给我所有的学员。

《实战九法》这本书讲的不仅仅是方法，更是心法，如果你阅读的时候只关注了价的变化而忽略了参与者的心态，就很难得到本书的精髓了。在此我必须和大家分享我阅读此书后的几点收获，这些收获让我师逸功倍，同时也是我答应为此书作序的原因。

化繁为简：比如说五K战法，如果你已经疲于分析千变万化的K线形态，

那么当你看完五 K 战法，就会觉得这本书是混沌中的一泓清泉，帮你从泥沼中脱颖而出——价本简单，心常复杂。

系统分析：无论是四象战法还是多空十八法，都是对市场的完全分类。交易中的派系、类别不胜枚举，然而交易体系的优劣就在于是否能够对各种行情的各种走势都做出充分地分析，足以应对市场的各种变化。

直面实盘：只有在实战中脱颖而出的交易体系才是好的体系，量潮战法和涨停战法处于利乐老师课程金字塔的更高层，因为有了价的研判、量的佐证、强弱的区分，加之六和战法对各种位置下的入场点和出场点的配合，方法和实战连接在一起，浑然天成。

市场上股票的书籍早已琳琅满目，由利乐老师多年交易经验浓缩而成的《实战九法》造诣深远，值得深读，即使我自己也出版了系列股票书籍，却依然愿意拜服本书带给我对证券市场的“觉”和“悟”。一本书所能传递的信息有限，只能略微彰显一位在市场中苦行多年的前辈对后来者的谆谆叮咛，如果缘分已到，此书定会让你在股市中会当凌绝顶，如果缘分难随人愿，此书也定会让你在股市中更上一层楼！

2019 年 3 月 1 日

自序

PREFACE

我1984年就在中国台湾开始接触股票并进行操作，至今已超过三十年，从开始的入门到之后的投入，我一直都在金融领域，所以自然而然积累了许多个人的实战经验和心得！

这本书是我教学视频的文字版，有我当年各种战法的实战技巧和案例，值得大家学习和应用！

五K战法

一般市面上的K线战法我觉得过于复杂，比如光来自日本的酒田战法就高达七十几种，不要说是一般的投资人，连我看了都头痛，所以我自创了五K战法，也就是利用五根K线就可以判断当下的多空行情，所以我把五K战法命名为：涨跌的密码！

两极战法

两极分正北极小北极和正南极小南极，讲的是大小转折，我认为股市里的所有金银财富都藏在转折里，所以能掌握两极者也就能掌握财富！

四象战法

所有的行情无非是：底部，涨势，头部和跌势，如一年的四季，跌势区可以修心养息，底部区可以酝酿积累，涨势区可以大胆进场，头部区则应知所进退！四象战法的重心之一是在型态，所以八种缺口的了解与实战应用也是必须的！

六合战法

六合战法也强调型态，我认为的型态就八个字：高点，低点，过高，破低。

在动态的市场，高点一般都会被之后的行情突破是为过高，相对的，低点一般也会被之后的行情跌破是为破低！

过高有三种：多头陷阱、多头讯号、多头开始。

破低有三种：空头陷阱、空头讯号、空头开始。

八卦战法

此战法源自葛兰碧八大法则的四个买点和四个卖点，但我认为一个多空循环里只有这八个位置还不够，所以我后来又独创了利乐多空十八法，也就是一个完整的多空，应该有十八个位置对应十八种战法，如此就能形成完整的股市藏宝图！

循环战法

这个战法主要谈的是技术指标，技术指标一般都是表现循环而不是趋势，如 KDJ 指标，不过我们所谓的指标之王的 MACD 则兼具循环和趋势的特性，本书的重心会放在 MACD，而我对 MACD 的解释和其他人不一样，可以感受一下！

量潮战法

我经常说："量是中性的，它的好坏是由它当时所处的位置来决定！"

比如说，在趋势向上的背景，量大量小都是好量，因为量大表示攻击有力，量小表示惜售筹码安定！反过来看，在趋势向下的背景，量大量小都是坏量，因为量大表示卖压沉重，量小表示没人要买！

可见量的好坏是价决定的！

涨停战法

人人都喜欢涨停板，但涨停的基因有多少人能了解，还有涨停的手法以及涨停的后续有多少人能掌握？喜欢涨停和抓住涨停及享受涨停是不同的境界，如何让自己搭上涨停特快车，应该是每一位投资人的梦想！让我们一起来学习吧！

双向战法

此战法理论上是比较适合期货现货或股指期货，但在股票市场谈此战法的用意是：希望股票市场的投资人要有“空”的概念！

我认为，多和空是一种对称也是对立和对等的关系，表面上不一样，其实是相同的，只是相反！所以我经常说多就是空，空就是多，如果把线路图型倒过来研究，就知道我在讲什么？

我还经常说：投资人会赔钱的主要原因是不会卖，而不会卖是因为没有“空”的观念，所以学习多空双向很重要，正如人必需有两只脚走路，才能走得长和走得久！

2019 年 3 月

前言

PREFACE

在正式内容开始之前，请大家首先思考一个问题：我们应该以什么作为投资的首要目标？有人可能会不假思索地回答："肯定是为了钱生钱，获取高额收益。"那么，事实果然如此吗？也许从一组数据中，我们可以得到不一样的答案，并重新对这个问题进行更加深入的思考。

下图为招商银行和贝恩公司发布的 2009—2017 年中国高净值人群财富目标对比。可以看到，2009 年时，30% 以上的高净值人群选择创造更多财富，而将近十年后，他们的思想发生了不可忽视的改变：只有 13% 的人选择以创造财富为目标，而越来越多的人，聚焦在如何保证财富安全的问题上。

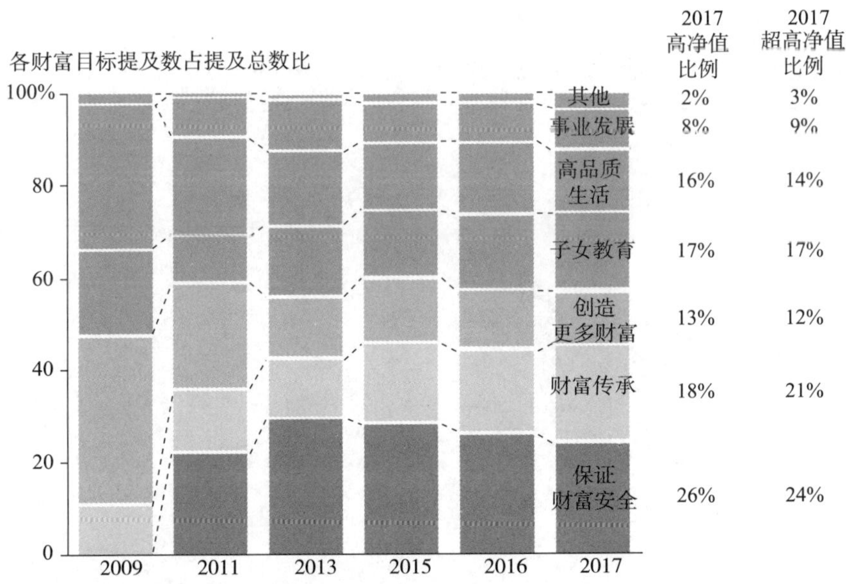

来源：招商银行—贝恩公司高净值人群调研分析

这样的改变并非偶然。随着互联网的发展，衍生出了越来越多的金融工具，在投资渠道不断丰富的同时，也迎来了监管上严峻的挑战。2018 年注定是不平静的一年，知名度极高的 P2P 平台“唐小僧”跑路，连续亏损的上市公司 ST 基恩被强制退市，长生生物疫苗事件的发酵……普通投资者在一个又一个所谓“暴雷”事件中，可能会面临血本无归，求助无门的窘境。投入的本金是我们财富增值的基础，如果要实现财富增值，对财富安全的保障是前提，正所谓“皮之不存，毛将焉附”。如果在交易中，完全没有资金管理的概念，不去评估一笔交易的风险，只是依靠主观或者随波逐流，就和我们投资的目的背道而驰了。

在本书的所有战法中，我们会不断强调，无论运用哪一种战法，在实际操作中，都要设置止损位，以保护自己的本金。没有人能保证自己的每一笔交易都能得到正收益。但是，如果我们主动去限制亏损，始终将风险控制在可承受范围内，并且做到知行合一，就一定能让自己在这个零和博弈的战场中走得更久更远。

目录

CONTENTS

第一章
五 K 战法

名家点睛

乔治·索罗斯说：“在资本市场获利，回报率只是一个符号，而构成这个符号的不只是智慧和实力，更重要的是勇气和信心。”投资是一个在实践中不断学习积累的过程，操作的底气和信心，来源于不断的学习以及对市场的认知。

一、五 K 战法概述

K 线是行情的语言，为广大投资者研究市场行为提供了着力点，是一切技术分析理论的源泉。K 线的使用虽然原始，却也是最根本和无可取代的。在其看似简单的形态背后，却蕴含着丰富的信息，需要我们进一步解读和“破译”。

五 K 战法正是基于对 K 线组合形态的研究和归纳，帮助大家在判断行情所处位阶以及多空双方的博弈情况，将复杂的 K 线语言变得易于识别和理解，从而帮助大家能够有据可循，对市场做出判断。

二、双 K 止跌

单根 K 线可以记录某一个周期完整的市场交易信息，但每日行情并非是完全独立的，每一根K线都起着承前启后的作用，有时会加速行情转折，也可能会助推当下行情延续，仅仅通过单根K线去把握市场的脉络是不现实的。而通过一些固定的双根K线的组合，我们可以对市场信息的发酵做进一步的确定，从而使研判更加准确。

1. 双K止跌释义

理论储备

一个行情要转多，需要先止跌，而止跌可以用双K进行判断。具体来说，股价在下跌趋势中，如果坡度（即斜率）很陡，空方气势强盛导致低点被不断刷新，我们需要观察这根走出了阶段性低点K线的高点。这句话字面看起来比较拗口，但是如果大家结合图1-1，就很容易会意了。

> **特别提示**
>
> 为了叙述方便，文中一律以股价作为股价、指数以及商品走势的代表。本书中的战法，除特别说明外，三者皆使用。

抵挡转折模型释义

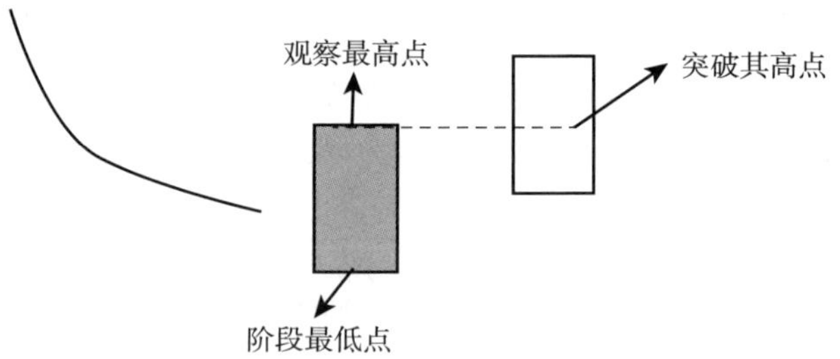

图1-1

如图1-1所示，锁定走出阶段性低点的K线，要点在于观察之后的21个交易日内，K线能否不再创新低，而是走出“阳包阴”型态，越过该高点位置。因为之后会多次使用该概念，我们在这里对此做出明确的定义：阳包阴，是指后一个交易日的阳线实体完全覆盖了前一个交易日的阴线实体。

如果股价成功走出“阳包阴”型态，则表明空方气数已尽，多方力量正式登场，从而完结下跌趋势，股价不再创出顶底，甚至可能反转上涨。

另外，除了下跌趋势，该方法同样适用于上升趋势中股价回档调整的末端。若由于正乖离过大而导致股价拉回修正，在回档过程末端出现“阳包阴”形态，同样代表主动性买盘增加，是多方力量的显现。这里提到的正乖离过大，是指股价偏离均线程度过大，代表价格偏离市场平均成本，短时间内获利较多，价格有回调的需要。

需要注意的是，出现了两K止跌的型态，大概率情况下我们可以解读为卖方力量枯竭，但并非百分之百的确认。所以在实战中，大家要“因股制宜”，灵活运用。

【案例分析1】

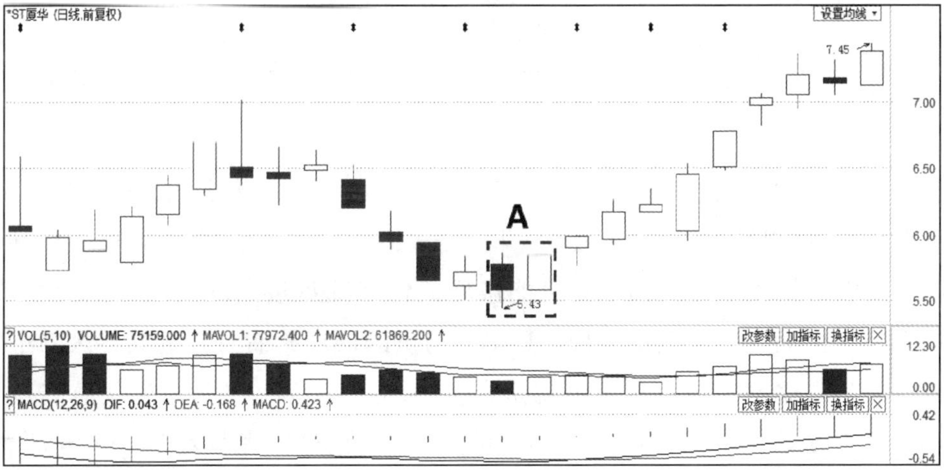

图1－2

如图1－2所示为ST厦华的日线走势图。股价在经过最后的加速下跌之后，在标示A处，成交量萎缩至阶段性地量，并且创出了阶段性低点。隔天，股价微微高开，走出了一根增量的大阳线，突破前一天最低点K线的高点，将前一日阴线实体完全覆盖，也就是我们所说的“阳包阴”形态。这就表示空方力量相对耗尽，行情已然失去了进一步下跌的动力和空间。下一日，股价跳空高开，继续上涨，对应成交量微增，没有再创造新的低点，多方表现出了强势和做多的决心。之后，趋势明显产生扭转，且量能控制稳定，多方力量不断增强，推动股价持续上行。

【案例分析2】

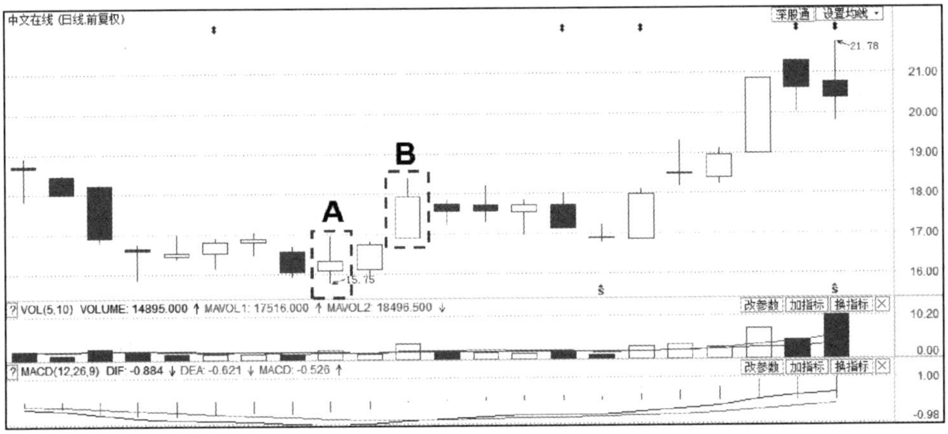

图 1－3

如图 1－3，是中文在线的日线走势图。在经过一段时间连续破低的无量下跌之后，股价在标示 A 处，一根小阳线尝试下探至阶段低点 15.75，但同一日内股价便迅速拉回，且量能微增，代表洗盘量出现。次日虽然并没有突破 A 的高点，但股价上行，是多方力量的展现，而对应量能再次缩小，需要进一步观察。第三日，也就是标示 B 处，股价跳空高开突破前高点，并且对应成交量有效温和放大，说明空方力量已经阶段性耗尽，多方动能出击，行情有望进一步上涨。显然，之后经过短暂的调整，股价再次增量上攻。

【案例分析3】

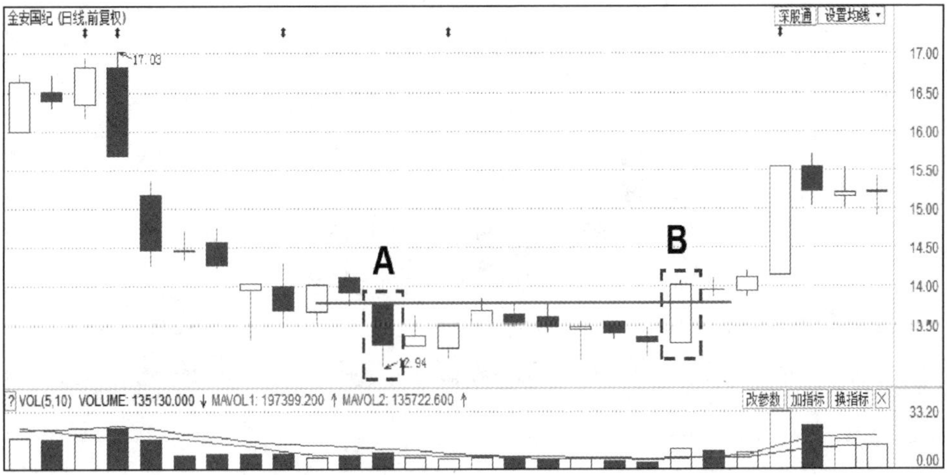

图 1－4

如图 1－4，是金安国纪的日线走势图。股价下跌并且伴随着量能一路萎缩，在标示 A 处，随着最后一根带下影线的阴线跳空下跌，股价下探至阶段性低点 13.00，但成交量反而有所增加。次日量能再次急缩，股价止跌，收盘价高于 A 处，说明前一日增加的成交量中包含多方的承接量能，但多方动能仍不明显。之后股价进行无量的横盘整理，可看出亦无进一步下跌的空间。直到标示 B 处，成交量增加，伴随一根大阳线，一举突破前期低点 K 线的高点，经过极为短暂的缩量整理，股价再次上行，伴随成交量有效放大，几乎回补了前期的跳空缺口，可见多方气势较为强盛，之后股价有望出现一段上升行情。

2. 空方力量衰竭的表现

理论说明

在下跌趋势中，股价不再不断跌破前低形成新的低点，对应成交量极度萎缩，好像再也跌不动了，为空方力量衰竭的表现。

【案例分析1】

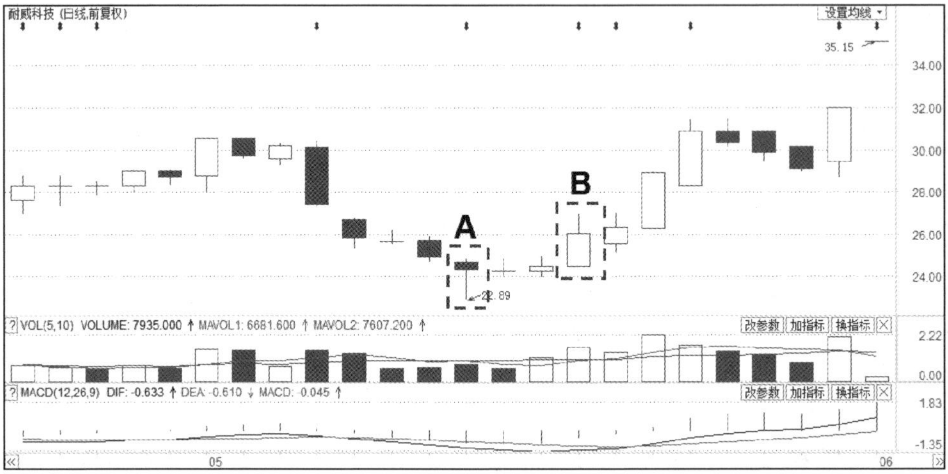

图1-5

如图1-5，是耐威科技的日线走势图。可以看到，均线下行对应股价持续下跌，直到标示A处，股价跳空低开，最低下探至22.89，但日内便收复失地，收出了一根带长下影线的小阴线，且成交量比上一交易日微增，可能是多方动能。次日，成交量再次萎缩，股价微跌，但第三日，成交量显著增加，对应一根小阳线，说明上方仍然有卖压，但多方量能已经开始进场，空方难以完全控制走势。直到标示B处，出现增量上涨，突破低点阴线高点，确认空方力量已经衰竭，多头占据优势。果然之后量能配合增加，股价上涨。

【案例分析2】

如图1-6所示，是永艺股份的日线走势图。开始时，股价处于下跌趋势中，连续两根大阴线加快了下跌的速度，在标示A处，股价跳空低开曾经下探至41.01的低点，成交量也对应阶段性低位，次日量能比前一日量能减小，但股价却微微上涨，代表此处主动性卖盘已经几乎消化完毕，第三日略微增量，股价却显著上涨，进一步确认此处筹码已经相对安定，不会出现大幅下跌，股价可能会迎来反转的行情。果然，之后股价经过一段时间的无量横盘

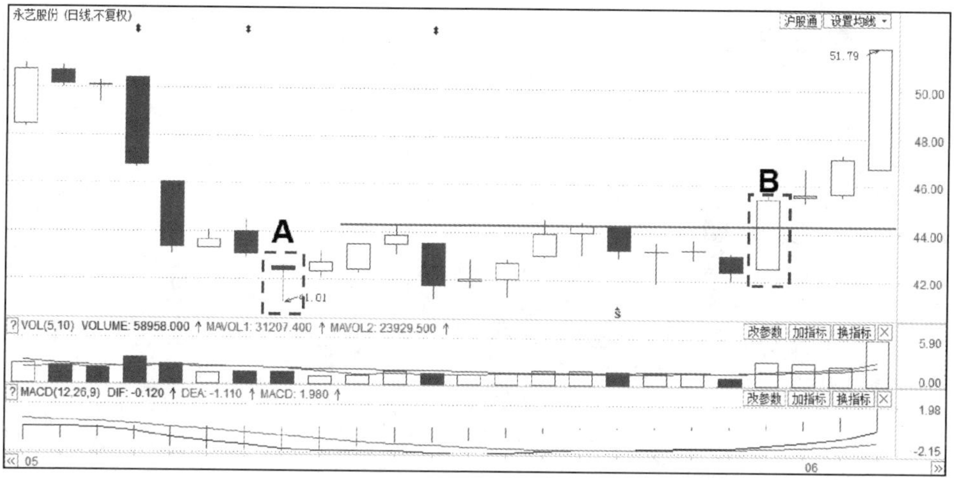

图 1－6

震荡后，剩余的浮筹被清理出场，可以明显看出，在标示 B 处，不需要大的成交量，股价就轻松走出一根上攻的大阳线，再次确认卖方力量已经耗尽。股价突破了前期形态高点，行情迎来转折。

3. 多方力量作用的表现

理论储备

股价结束跌势转而上涨，是由买卖两方合力促成的。一方面就是上文提到的，卖方力量释放完毕，止住跌势；另一方面，则是买方力量展现，走出过高转强甚至过高拉回再次过高转多。最终，在买方气势不断增长和卖方气势消耗殆尽的共同作用下，股价转而上涨。

多方力量作为空方的反作用力，在下跌趋势的末端发力，股价不再屡破前低，反而通过“过高”表现转强，通过“过高拉回再过高”表现转多，从而来确立多头上涨的信号。注意，此处所述“过高”中的“高”，是指颈线位置。

在此过程中，我们会不断看到“阳包阴”型态出现，表明多方势力的节奏已经展开，趋势力量不断推高股价，自然而然能够帮助我们赚取利差。

【案例分析1】

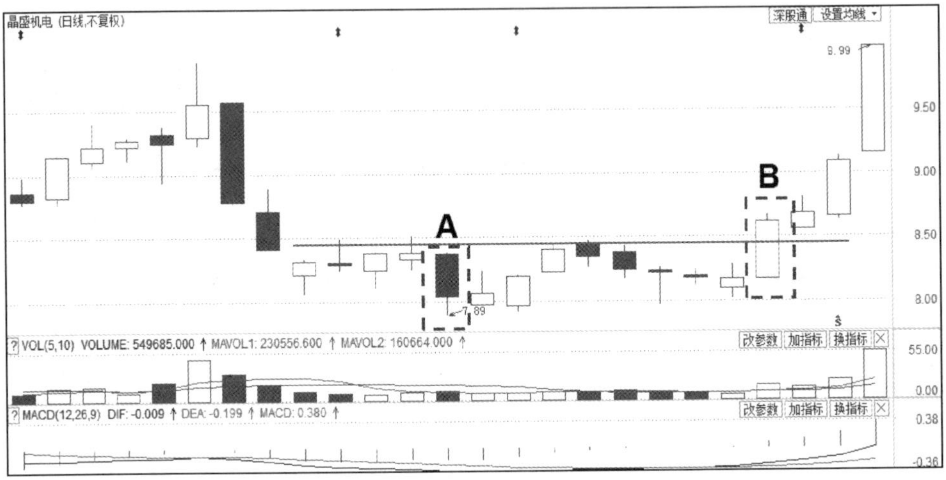

图1－7

如图1－7所示，为晶盛机电的日线走势图。期初股价下跌，在标示A处，最低下探到7.89。可以很明显看到，之后股价没有再破A的低点，反而连续走出三根阳线并且突破了低点K线的高点，视为转强信号。当股价再次拉回整理，但始终没有破7.89的低点就再次上涨，即在标示B处又一次突破最近的形态高点，即“一过高、二拉回、三过高”，且对应成交量微微放大，多空攻击得较为轻松，空方力量极短耗尽，确认行情转多。之后量能控制得当，股价出现了连续性上涨。

【案例分析2】

如图1－8所示，为通宇通讯的日线走势图。在标示A处，股价跳空低开，并且跌破前低。之后两日股价上行，越过了A处高点，但此时多方力量明显较弱，股价再次下跌，并且用一根跳空低开的大阴线创出了阶段低点64.90，次日股价量缩向上，之后出现了增量上攻，多方力量慢慢占据上峰。在标示B处，行情走出了一根大阳线突破形态高点，之后股价不断刷新前期高点，配合量能温和放大，多方动能不断进场，形成了连续上涨。

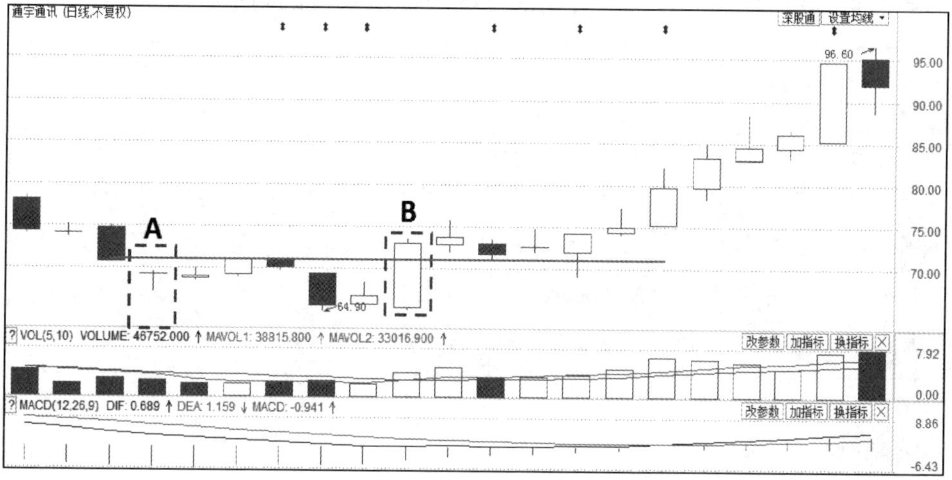

图 1－8

【案例分析3】

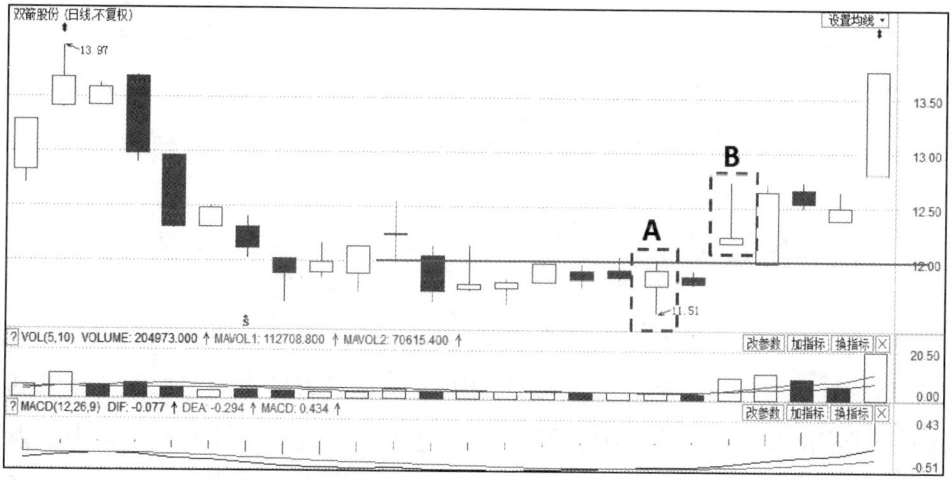

图 1－9

如图 1－9 所示，为双箭股份的日线走势图。双箭股份的日 K 线图。该股在标示 A 处出现最低点，之后在标示 B 处，股价大幅跳空高开，增量攻击，完全越过了 A 处低点的高点，虽然留下了较长的上影线，但第二日低开高走，量能增加，在横盘两天后跳空开高涨停突破转强 K 线的高点，这是转多讯号。

专家提醒

两 K 只能确认止跌，止跌后能够转强甚至转多，还是继续之前的跌势，有待进一步确认。如果我们在实战中通过两 K 判断止损，预测成功并选择买进股票，关键在于一定要设置止损位。且“阳包阴”的重点在魂不在形，着重于行情是否出现了多方力量对空方力量的反攻，而不是单纯以固定形态去判断趋势。

小 结

两 K 止跌观察起来非常简单。在我们筛选股票时，无论是修正回档位置还是在下跌的末端位置，一定要学会利用“阳包阴”型态，判断卖方力量是否真正耗尽，才可以尝试买进。投资中风险在所难免，我们所要做的，就是通过确定性的型态排除那些不符合条件的个股，为自己“避险”。

对于 K 线形态的学习不能过于死板，双 K 止跌尤其“固定模式”，我们可以加以套用，但研判的重点在于通过 K 线观察多方力量和空方力量的演化情况。不同的情况要进行灵活判断和掌握。

三、三 K 转强

K 线理论起源于日本，是最古老的技术分析，传到中国后，大多数人都仍然延用日本的酒田战法，其大多数理论过于复杂繁琐，学习起来不够直观也不利于实战！因此，本节内容将 K 线理论浓缩归纳成三根 K 线的精华，从而替投资朋友“减负”，用最简约直接的说明去指导操作，让大家在学习理论之后，能够立刻在实战中加以使用和检验。

双 K 理论，在大多数情况下，是用来判断行情是否出现止跌迹象的。而更进一步来说，行情是否转强，则要通过三 K 理论来确认。

1. 三K理论释义

首先有必要和大家明确一下三K的范围。在我们通过三K来判断走势强弱，和K线背后多方力量与空方力量此消彼长的实质内涵的时候，只观察最近三天的K线，即昨天、今天、明天的K线。

三K同样可以分为多方和空方两部分来看：

在上涨趋势中，每根K线都会越过前高（包含上影线），直到有一天K线不再过前高反而跌破前低。以三根K线为例，第三根K线的最高价和收盘价，一定比前两根K线还高，以此类推，直到状态不再，即所谓的多头K线。而多头K线会在股价行进过程中持续上涨还是发生转折向下，则通过多头三K和空头三K来确认。

在下跌趋势中，每根K线都会跌破前低（包含下影线），直到有一天K线不再跌破前低反而上涨越过前高，以三根K线为例，第三根K线的最低价和收盘价，一定比前两根K线还低，以此类推，直到状态不再，即所谓的空头K线。而空头K线在股价行进过程中持续下跌还是发生转折向上，亦是通过空头三K和多头三K来确认。

特别提示

这里的前高和前低，指的是前期高点和前期低点，即距离当下位置最近的一次高点。

2. 三K理论运用范围

行情的演绎虽不尽相同，但无非涵盖了以下几个阶段：①股价在下跌趋势后出现“阳包阴“和“阳上阳”，结束跌势，开始上涨；②股价上涨到一定幅度时，正乖离率过大后出现“阴包阳”和“阴下阴”，会进行一定程度的修正（回档）。③股价在修正过程中如果遇到均线的支撑又会先出现“阴中阳”，再出现“阳包阴”和“阳上阳”之后会继续上涨。

其中，“阳上阳”，指连续两日走出阳线，且后一日阳线的收盘价高于前一日的收盘价；“阴包阳”则与“阳包阴”相对，指后一日阴线的实体完全覆盖前一日阳线的实体；“阴下阴”则指连续两日出现阴线，后一日阴线的收盘价比前一日收盘价低。其他出现的类似名词，可以以此类推来进行理解。

如图 1－10 所示，无论在起涨位置还是整轮行情结束位置，无论是多空发生转折的位置还是上涨或回档的行进过程，都离不开三根 K 线对其进行判别。

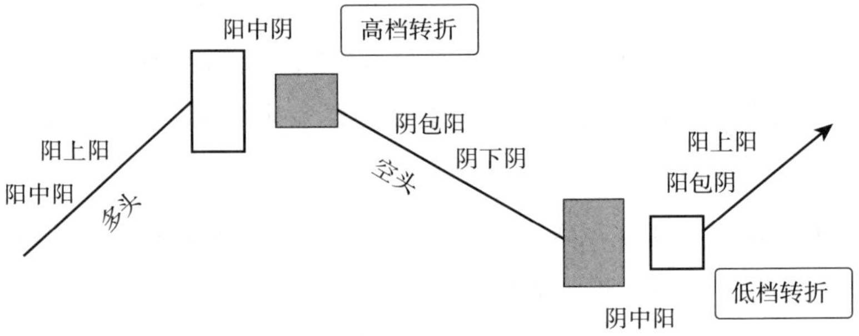

图 1－10

3. 三 K 理论的止跌转强

理论储备

行情由空转多时，可以根据强度由小到大依次划分为止跌、转强、转多三个阶段。两根 K 线看止跌，三根 K 线看转强。

> **特别提示**
>
> 转多和转强的区别，在于转强只是代表行情止跌，开始有多方力量进场，股价运行方向仍不明确；转多则是指从趋势上发生了由空转多的转变。

三根 K 线在表现止跌和转强时，一定会先出现“阴中阳”和“阳包阴”形态，形态出现之后，如图 1－11 所示，又会发展为两种不同的情况：一是转多成功。转强常常是转多的前兆，如果转多成功的话就有机会进入到上涨趋势。二是转多失败。一般在转多失败后通常会继续下跌一段。

下跌途中会不断出现空头三K，虽然偶尔会有“阳包阴”型态转强，但是如果后续没有见到“阳上阳”确认转多的话，则可能会继续下跌，直到出现三K转强转多。

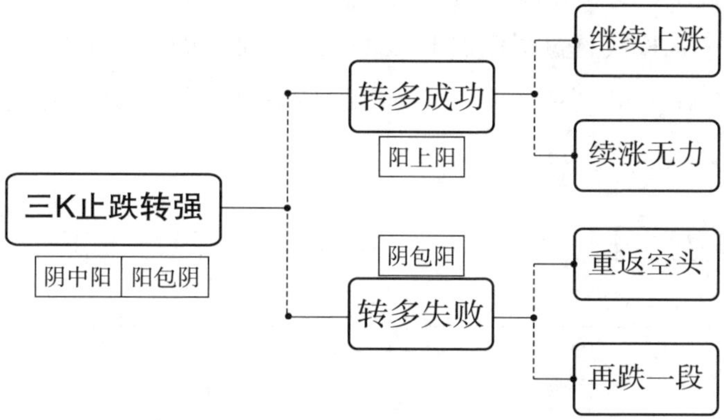

图1－11

【案例分析1】

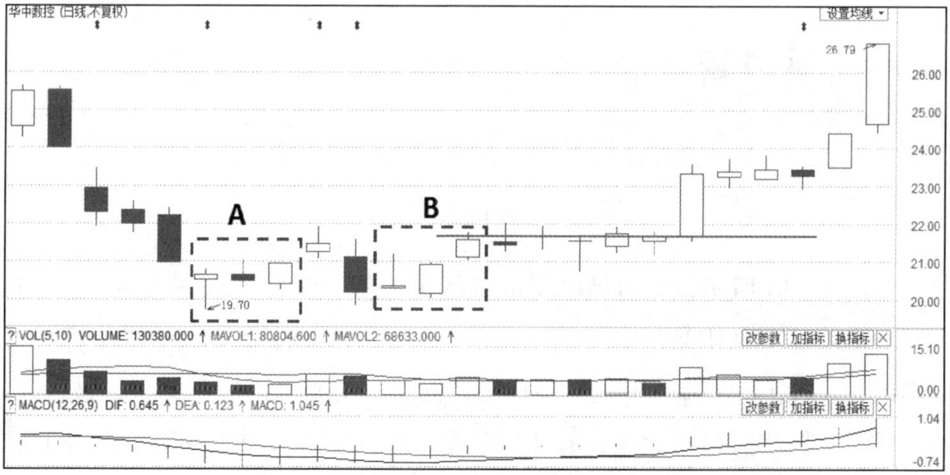

图1－12

如图 1－12 所示，为华中数控的日线走势图。在标示 B 处，股价仍处于下跌趋势中，量缩走出带长上影的小阳线，说明股价有止跌迹象，但上方仍有卖压，需进一步确认。次日成交量再度萎缩，反而低开高走收中长阳，直到第三日股价跳空高开，伴随着量能微增，行情出现转强，之后经过一段时间的横盘整理，量能显著增加并且对应走出一根大长阳，突破了近期形态高点，多方动能开始发动进攻，行情趋势扭转，正式进入多头。相较于标示 A 处，虽然第三根 K 线越过了低点 K 线的高点，走势转强，但后续并没有出现连续的“阳包阴”和“阳上阳”，反而缩量下跌，行情转多失败，只能重新寻找机会。

【案例分析2】

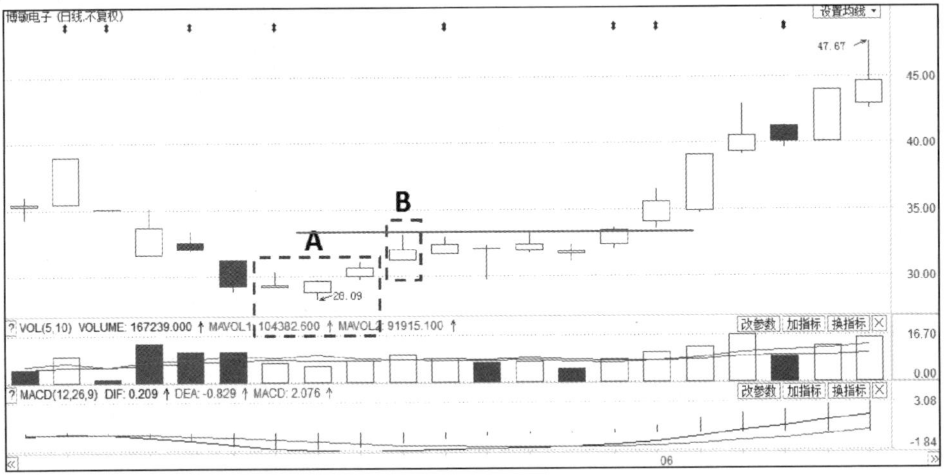

图 1－13

如图 1－13 所示，为博敏电子的日线走势图。股价下跌一段时间后，在标示 A 处，中间的阳线将前一日假阳线实体覆盖，可看做“阳包阴”，虽然量能萎缩，一度下探至 28.09 的阶段低点，但同一交易日内股价即再次被拉起，收于前一日阳线收盘价之上，有止跌迹象。第三日成交量温和增加，出现了跳空高开的“阳上阳”，并越过前期高点。第四日，在标示 B 处，股价再次跳空高开，收盘于前一日之上，且上影线回补了之前的跳空缺口。量能与股价配合良好，空方动能已经趋弱，虽又经过了几天横盘整理，但一方面，成交量保持较低的水平，卖盘压力减小，另一方面，价格适中没有再破前低，反而在整理后，带量突破形态高点，趋势由空转多，进入上涨阶段。

4. 三K转强后续走势

对于上涨趋势来说，一般情况下三K在转强之后顺利转多；相对的，若在三K转强之后又转多失败，则会经历盘局或者下跌。

对于下跌趋势来说，一般情况下三K在转弱之后顺利转空；相对的，若在三K转弱之后又转空失败，则会经历盘局或者上涨。

其中，上涨趋势和下跌趋势由两极理论中的正南极小北极、正北极小北极来确认。两级理论会在下一章详细展开讲述，这里不作为重点。

【案例分析1】

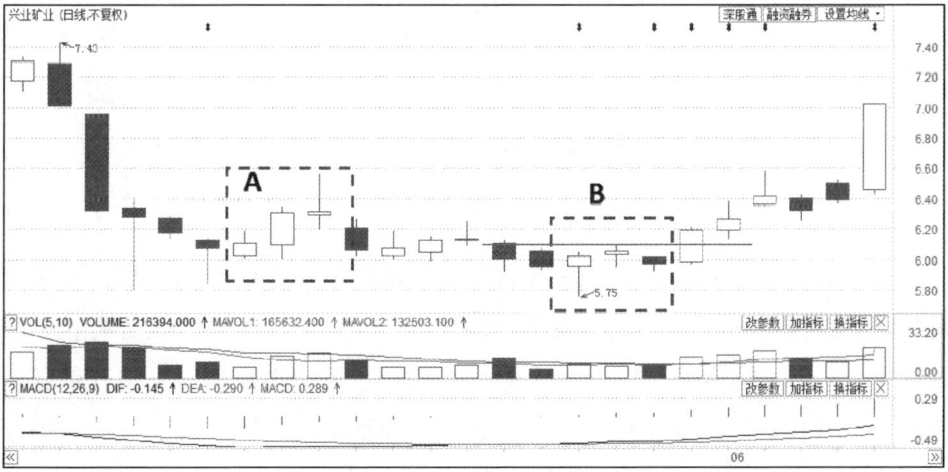

图1－14

如图1－14所示，为兴业矿业的日线走势图。显然期初股价一直处于下跌趋势中，在标示A处，连续出现了三根阳线，第一根K线并没有覆盖前一日阴线实体，第二日量能增加，并走出中长阳，包住了前一日阳线实体，可作“阳包阴”看待，股价有转强迹象，但第三根K线留下长上影线，下行的均线对股价造成了压力，第四日股价再次跳空低开，且量能萎缩，说明多方力量依然没能完全压制空方动能，行情转强失败。之后股价弱势整理，在标示 B 处，再次跌破前低，下探至 5. 75 的低点，这一次，连续走出三根阳线对应成交量稳增，第一日为“阳包阴”，一举将前高越过，后面两日出现“阳上阳”，站在前形态高点之上，行情转多成功，开启一轮上涨。

【案例分析2】

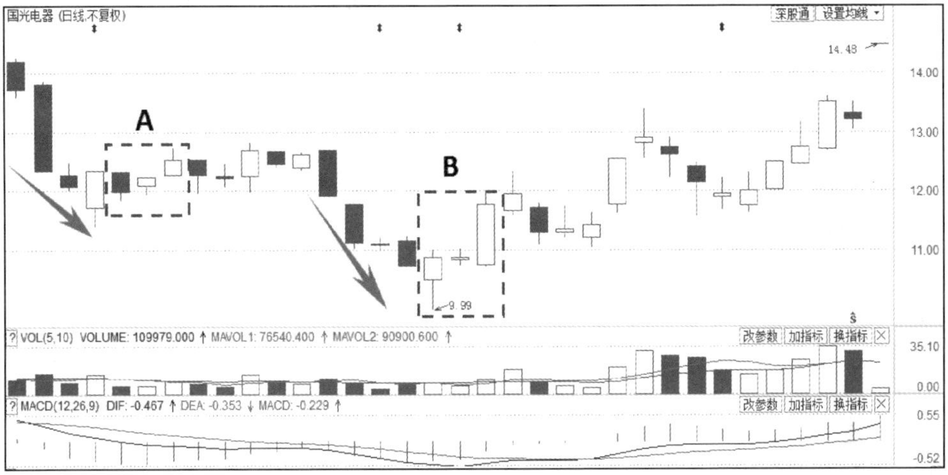

图 1 －15

如图 1 －15 所示，为国光电器的日线走势图。和上述案例相似，该股股价一路下跌，在标示 A 处，出现了“阴中阳”和“阳上阳”，股价有止跌转强的迹象，但是第四日，股价再次无量下跌，行情转多失败，再次开启新一波的无量下跌。直至标示 B 处，股价下探至阶段新低 9. 99，之后成交量终于有所增加，再次出现了“阳上阳”，第四日股价持续上涨，之前的高点不断被突破，行情最终转多成功。

专家提醒

在实战中，一旦发现转强的迹象并且转多成功的话，我们就可以持多续抱，反之，如果盘面出现转强迹象但是转多失败，出现“阴包阳”的话，我们就要及时退出。我们反复强调，买对就放任涨势，买错就赶快止损出场。要时刻牢记，风险的控制是重中之重，设置止损位，你的进场点也就是你的出场点。

小 结

如果说二 K 确认止跌，那么三 K 就进一步帮助我们判断股价走势是否转多，由多方力量主导。请大家牢记，三 K 理论永远只看最近的三根 K 线，当今天的 K 线收红且实体部分的最高点完全越过了前一天的最高点，这是转强讯号！反过来说，当今天的 K 线收黑且实体部分最低点跌破了前一天的最低点，这是转弱讯号！

大胆使用它，你会发现三 K 理论具有极强的实践性，不但帮你在越来越多的个股中，筛选出那些已经从跌势中转折，具备上涨动力的“潜力股”，而且能够帮你在持股期间，做出续抱或是获利出场的有效决策。

选股、持股、卖出的整个过程，三 K 都可以辅助我们进行操作，这样容易上手却行之有效的战法难道我们不该赶快学起来吗？

四、四 K 转多

在上一节内容我们提到了，在股价下跌的过程中，三 K 显示出转强迹象，是多方力量反扑的表现，但反扑是否成功，关键要看第四根 K 线。

1. 四 K 理论释义

理论储备

如果多方反扑失败，股价会再次进入下跌行情；如果多方反扑成功，则走势成功转多。也就是说，三 K 所发出的信号，在第四根 K 线处得到进一步的确认。第四根 K 线的走势，是前三根 K 线共同作用的结果。

【案例分析1】

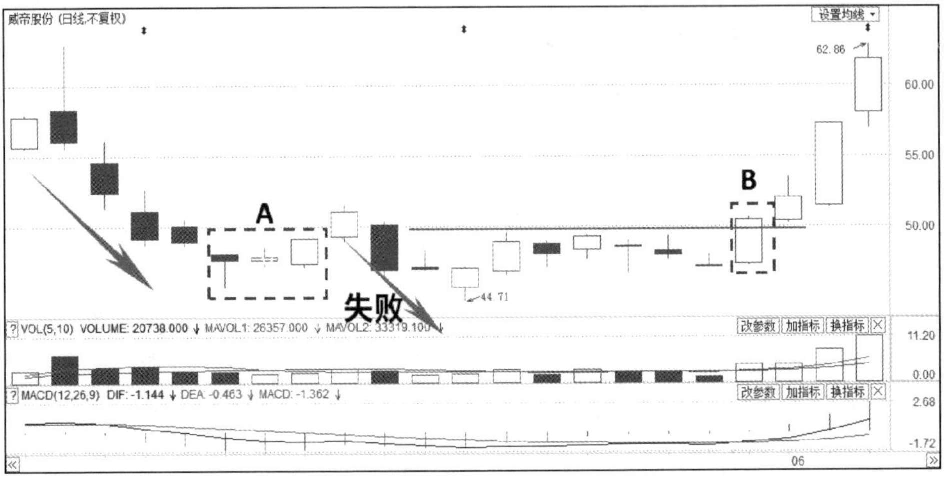

图 1-16

如图 1-16 所示，为威帝股份的日线走势图。图中标记 A 处，在连续下跌的过程中，三根 K 线出现“阳包阴”转强讯号，隔天又出现“阳上阳”的转多信号，这里可以看作买进讯号。但“阳上阳”之后没有延续上涨的趋势，反而出现了缩量的“阴包阳”，代表转多失败，如果之前根据转多信号入场，此时那应该就止损出局。股价经过再一次下探之后，在标示 B 处，三根 K 线再度出现“阳包阴”转强讯号，之后横盘震荡五天后，走出了放量的“阳上阳”，同样视为转多的买进信号，可以进场做多，之后股价开始持续增量上涨，放任涨势，直至下一次空头信号到来为止。

【案例分析2】

如图 1-17 所示，为梦洁股份的日线走势图。在图中标记 A 处可以看到它在连续下跌过程，三根 K 线出现“阳包阴”转强讯号，但是隔天第四根 K 线它并没有转多，而是出现缩量跳空下跌，转多失败后再次下跌一波，

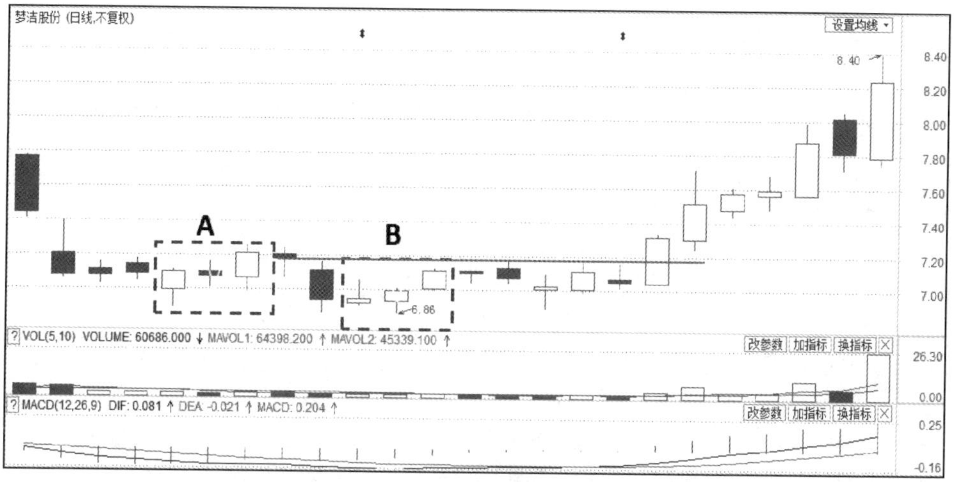

图 1-17

并跌至阶段最低点 6.86。出现新低的隔天，在标示 B 处再次出现“阳包阴”的转强信号，止跌转强，但这还不足以确认行情将会转折。经过五天的缩量横盘整理后，出现“阳上阳”转多，这根 K 线也是买进讯号，之后都没出现“阴包阳”的出场讯号，这时候我们所要做的，就是放任涨势，让利润奔跑！

2. 四 K 与多头通道

理论储备

三根 K 线呈现“阳包阴”型态，这是止跌转强的信号，而第四根 K 线恰恰决定了转多成功与否。

对第四根 K 线进行观察，如果第四根 K 线没有延续多方买气，而是收阴，出现“阴包阳”型态，则表示转多失败，这种情况下通常会有再一波的下跌；如果第四根 K 线依然收阳线，出现“阳包阴”或者强势整理的话，则明显是多方力量的延续，此时我们确认转多成功，股价将进入到多头通道中。

【案例分析1】

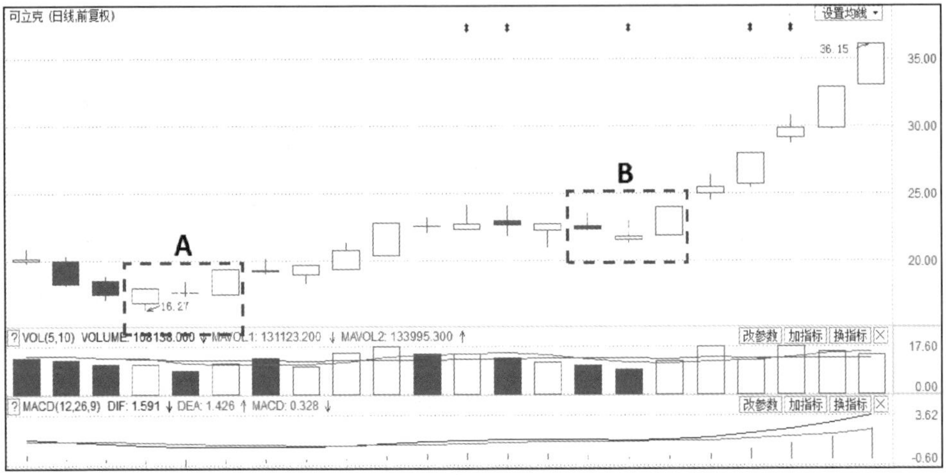

图1－18

如图1－18所示，为可立克的日线走势图。图中可以看到在标示A处，股价最低下探到16.57，之后两天，上涨的阳线越过了最低点K线的高点，就是转强讯号。随后三天，又出现“阳上阳”，股价不再跌破前低点，代表转多成功。在一波小幅上涨之后，股价进入多头通道，尽管中间股价进行了横盘调整，但股价并没有出现“阴下阴”的破低，而是在标记B处又出现一组“阳包阴”，之后便再度过高，进入了新一轮的上涨。

【案例分析2】

如图1－19所示，为维宏股份的日线走势图。图中可以看到，股价经过一段时间的快速上涨之后，进入了短期的调整。在标示A处，股价已经拉回一段时间，此时它不再破低，而是出现了“阳包阴”的止跌转强信号，之后股价再次缩量跳空上涨，并且在下一日就进行了补量，再次进入多头通道，在标示B处虽然出现了阴线，但是仅仅只是一个“阳中阴”，短暂量缩整理后，行情再次持续上涨。

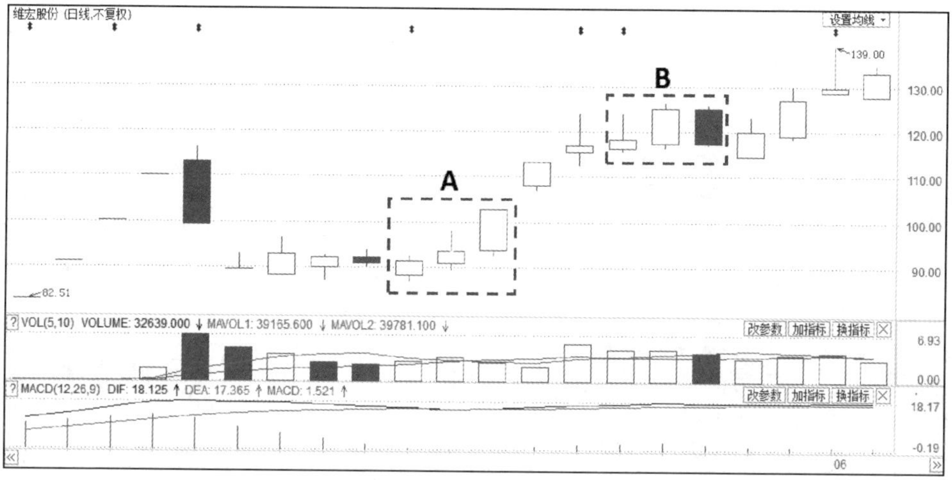

图1－19

3. 四K与空头通道

理论储备

三根K线呈现“阴包阳”型态，这是止涨转弱的信号，第四根K线决定了转空成功与否。

观察第四根K线，如果其没有延续卖方力量，而是很快止跌，进行多方整理甚至是拉出一根阳线，出现“阳包阴”继续上涨，就代表转空失败，这种情况下通常会有再一波的上涨；如果第四根K线进行弱势整理或者再次收阴，则空方力量得以延续，此时确认转空成功，股价将进入到空头通道中。

【案例分析1】

如图1－20所示，为焦点科技的日线走势图。在标示A处，一根阴线直接跌破了前两日的阳线范围，为行情转弱信号。第四日，股价继续缩量下跌，连续出现“阴包阳”和“阴下阴”，代表此时该股的热度已经退潮，有人出场。之后股价继续下行，量能出现背离，股价缩量调整，暂时止住跌势，但股价始终没有突破横线处的形态高点，短暂过高后，次日便跳空低开，向下

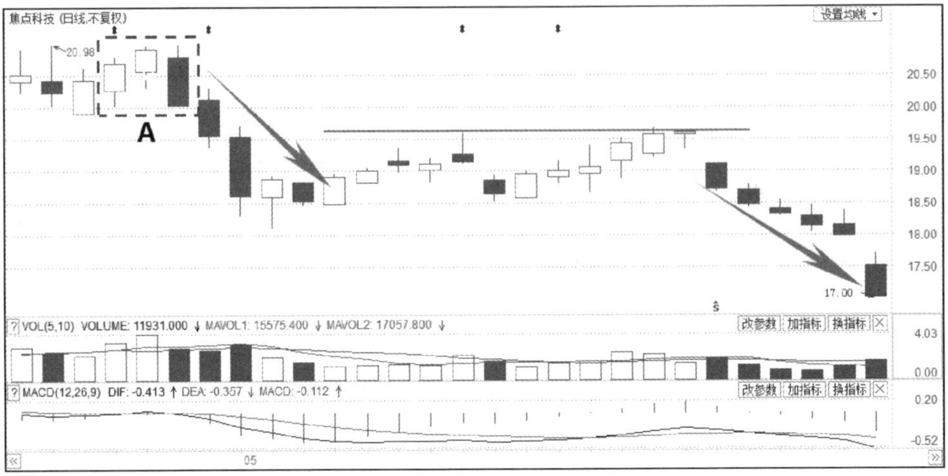

图 1－20

跌破颈线位，股价开启一波下跌趋势，且量能持续萎缩，空方势头强劲，股价进入空头通道。

【案例分析2】

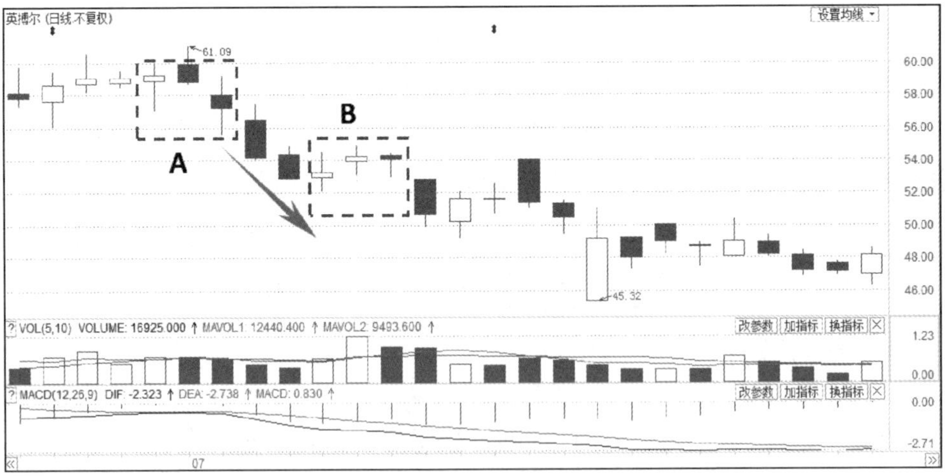

图 1－21

如图 1－21 所示，为英搏尔的日线走势图。在标示 A 处，出现了“阴包阳”和跳空向下的“阴下阴”，行情走弱，投资者应该对此警觉。第四日，股价走出了一根量缩的大阴线，多方动能退潮明显。这时我们可以及时卖出手中持有的股票。在标示 B 处，股价止跌，出现两根增量的小阳线，但四三日，股价没有继续过高，而是缩量整理，第四日，股价继续缩量向下，转强失败，股价已经进入了空头通道，出现了持续下跌。

4. 四 K 与牛股发现

理论储备

股票在第四根 K 线出现“阳上阳”确认转多之后，随时都有可能出现一轮较大幅度的上涨。也许刚开始股价攀升缓慢，每次上涨的幅度不大但是非常稳定，一旦市场上出现了突发的利好消息，本就稳步上涨的股票受到利好刺激很可能会出现大幅的拉升。

如果我们追溯每一牛股的涨升，都可以明显发现在第四根 K 线处已经有明显的提示信号，也就是在出现“阳包阴”后再出现“阳上阳”，确认多方力量已经处于上风，并且能够推动股价上升。

【案例分析1】

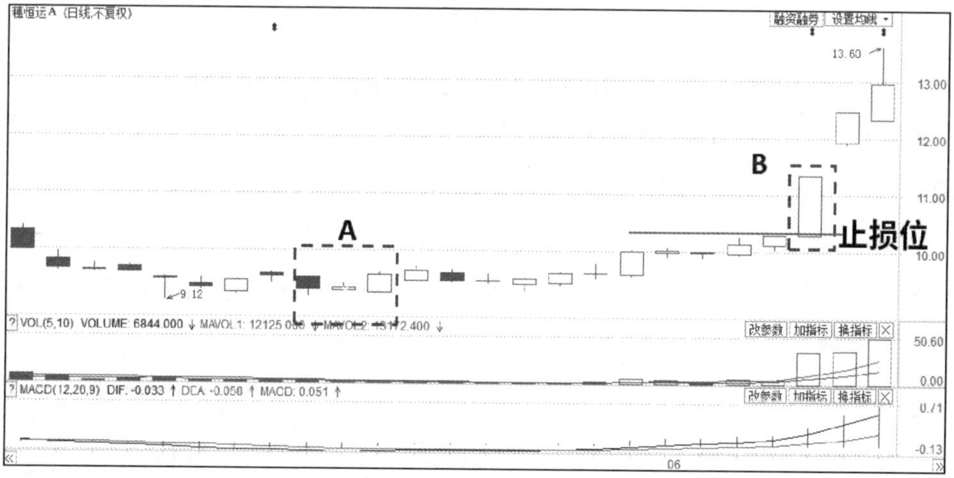

图 1－22

如图 1－22 所示，为穗恒运 A 的日线走势图。图中可以看到它在下跌过程都没有出现明显的转强信号，直到标记处 A 出现“阳包阴”，之后经历了短暂的横盘后，在标示 B 处又出现了放量的“阳上阳”，这里也是买点。买进后，可以将止损设在这根 K 线的低点。显然，这次转多信号有效，之后量能显著增加，股价快速上涨，连续两日涨停。

【案例分析2】

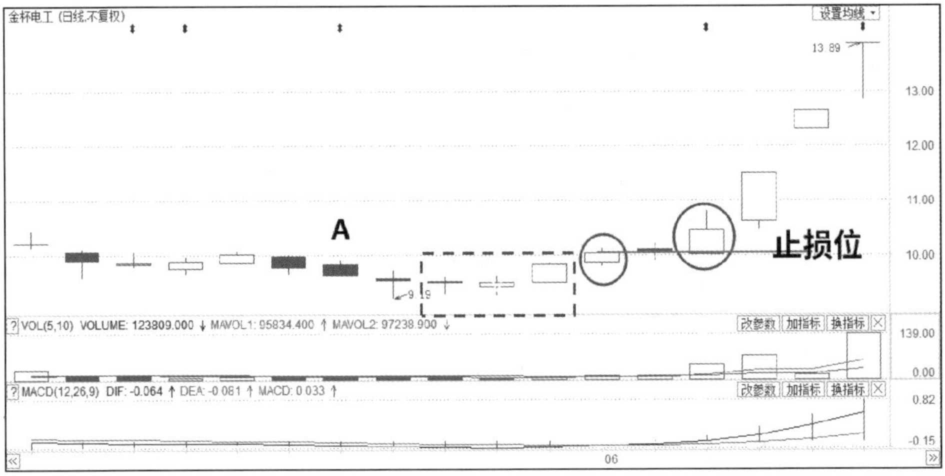

图 1－23

如图 1－23 所示，为金杯电工的日线走势图。图中可以看到它之前一路下跌，最低点在 9.19，没有继续破低之后出现了“阳包阴”，代表止跌转强，隔天又出现“阳上阳”是转多的讯号，这边看作买点，但是阳线实体小不太明显，震荡一天后再出现一根阳线过高，更加确认这同样是买点，那买进之后设好止损。之后股价出现了连续涨停的现象，说明该股受到市场多头青睐。

专家提醒

在投资实战中，按表操课是重点，我们根据K线型态，做出相应的操作动作，随时观察三根K线有没有转弱，第四根K线如果转弱就止损出场。

当然，原则上不鼓励大家追涨。追涨在客观上已经不是最好的买点，被套牢的风险也比较大，要求更高的技术分析水平以及相应的执行力和稳定的心态，这对于刚刚走近股票市场的投资者来说，显然需要更多时间的积淀。相对来说，如果我们细心观察，多加练习，抓住第一次的“阴包阳”，也就是最好的买点，相信获利空间也比追涨大得多，且能够规避我们情绪化操作的负面影响。

下跌趋势及时发现做错，没有关系，小亏出场，等待同一支股票下一次“阳包阴”的机会，再做买进动作，做对了，安心待涨，出现“阳上阳”时甚至可以继续加仓，获取收益……这样舍小取大操作下来，赚多赔少的胜算是很大的。

小　结

第四根K线，是在前三根K线的基础上，作转多或转空的确认。前三根K线代表昨天和今天是在转强或是转多，这三根K线共同作用下，便有了第四根K线的走势。在市场T+1的制度下，买股票买的是明天而非当下，那么，对于验证我们的操作和判断，第四根K线的走势就尤为重要了。对第四根K线的观察具有一下三个重点：①收阴线还是收阳线？②中间实体部分大还是小？③上下影线是长还是短？

五、五K抓趋势

之前我们提到过，很多技术理论分析过于复杂，不易理解和运用，比如日本《酒田战法》就包括了多达78种模型，初学者把所有内容浏览下来可能已经是一头雾水，要全部记在脑海里并且去运用更是难上加难。

而五 K 理论正是要透过现象揭露本质，将这多达几十种的模型，划分为多头或是空头两种阵营。比如说，多头 K 线出现前一定会先两 K 止跌，止跌后三 K 转强、四 K 转多接连形成，最后才会步入上涨趋势中，这是一个完整的 K 线型态。

1. 五 K 理论释义

理论储备

前三节已经讨论过两 K 理论、三 K 理论以及四 K 理论，现在我们进入五 K 理论的讲解。五 K 的运用如下图所示，我们要结合八个位置来理解，即：止跌、转强、转多、涨势、止涨、转弱、转空、跌势。

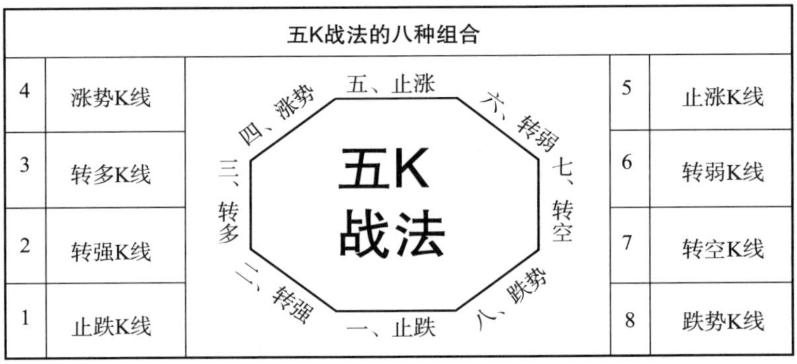

图 1－24

如图 1－24 所示，如果将五 K 战法的八种组合分别赋予“语言”，即为“阴中阳”“阳包阴”“阳上阳”“阳中阳”“阳中阴”“阴包阳”“阴下阴”和“阴中阴”，将其与上文提到的八种位置结合起来，就可以很清晰直接地界定当前 K 线型态中所出现的组合属于多头还是空头。而大家要重点关注的是，三根 K 线或是五根 K 线应该如何去对应这八种组合，从而做出不同的研判和操作。

五K战法的双八种融合

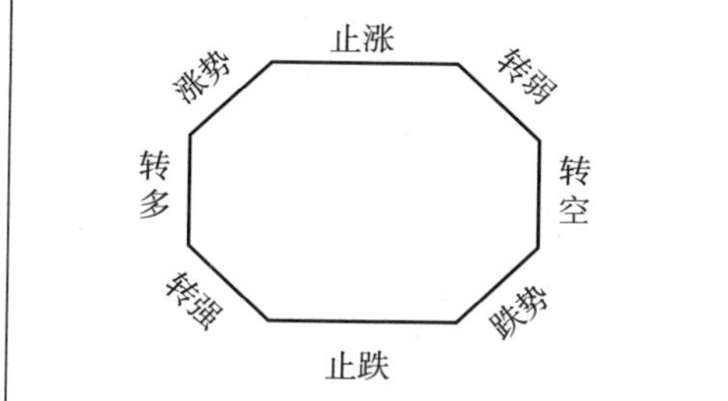

止跌	阴中阳
转强	阳包阴
转多	阳上阳
涨势	阳中阳
止涨	阳中阴
转弱	阴包阳
转空	阴下阴
跌势	阴中阴

图 1 –25

如图 1 –26 所示，我们可以将其分归类于两大趋势：多头趋势和空头趋势。

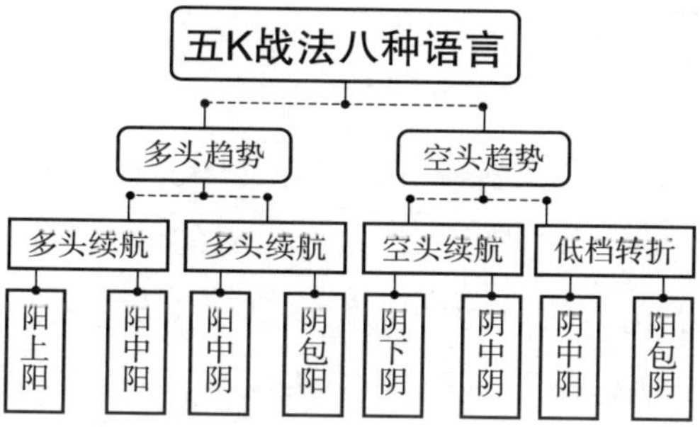

图 1 –26

在多头趋势出现前，会出现止跌信号，之后便会进入“阳上阳”“阳中阳”等多头 K 线重复出现的过程中。如果趋势将要转弱或转空，一定会接连出现“阳中阴”“阴包阳”及“阴下阴”的空头 K 线。在跌势变得更加迅猛的过程中，“阴中阴”出现，之后再次出现“阴中阳”确认止跌，进入转强并且“阳包阳”随之出现。这就是一轮完整行情的运行细节，每部分都有对应的组合可以帮助我们识别、操作。所以，熟悉八种语言是帮助我们学会从五 K 战法中寻找具备上涨潜力的股票的必备技巧。

以多头的角度说，两根 K 线定低点，出现止跌不再破低；三根 K 线判断转强，四根 K 线判断转多，五根 K 线则判断进入涨势，这是一般的规律。

【案例分析1】

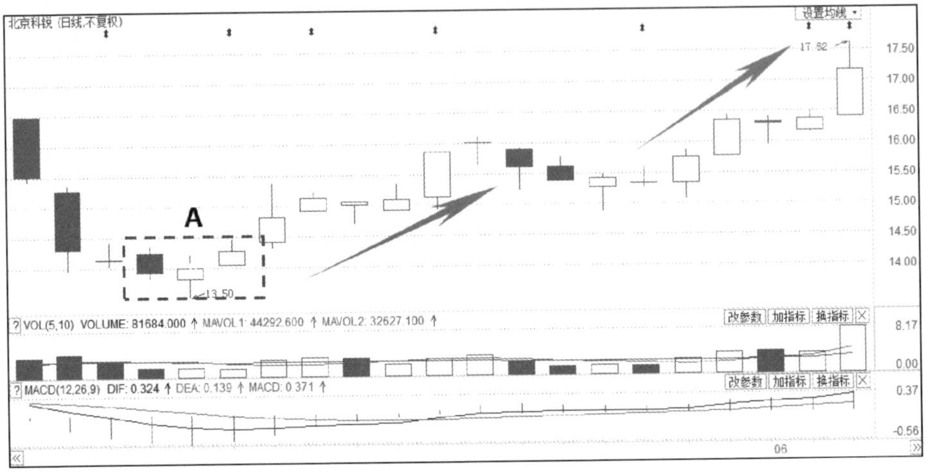

图1－27

如图1－27所示，为北京科锐的日线走势图。在标示A处出现“阳包阴”确认转强，之后又走出“阳上阳”转多，之后的两日走出阳线，量能温和增加，多方力量持续进场，为之后的上涨奠定了多方基础。在之后的走势中，股价出现了拉回的“阴包阳”，可看作空头反扑，有转弱的迹象，但是转弱后空方势力并没有得到延续，没有出现“阴下阴”，反而形成一组新的“阳包阴”和“阳上阳”，最终股价迎来一波涨势。

【案例分析2】

如图1－28所示，为江南化工的日线走势图。在标示A处，可以看到，股价出现“阴包阳”，和“阴下阴”之后，跌破了前期形态低点，之后进行无量横盘整理，直到标示B处，连续走出三根小阳线，包括“阳包阴”和“阳上阳”，之后又出现了一根微微增量的大阳线，向上突破颈线位置，行情确认转多，可以看做买入的信号。行情次日跳空高开延续多方的强势，如果已经入场，则等待获利即可。整个股价运行过程即先破低，后过高。

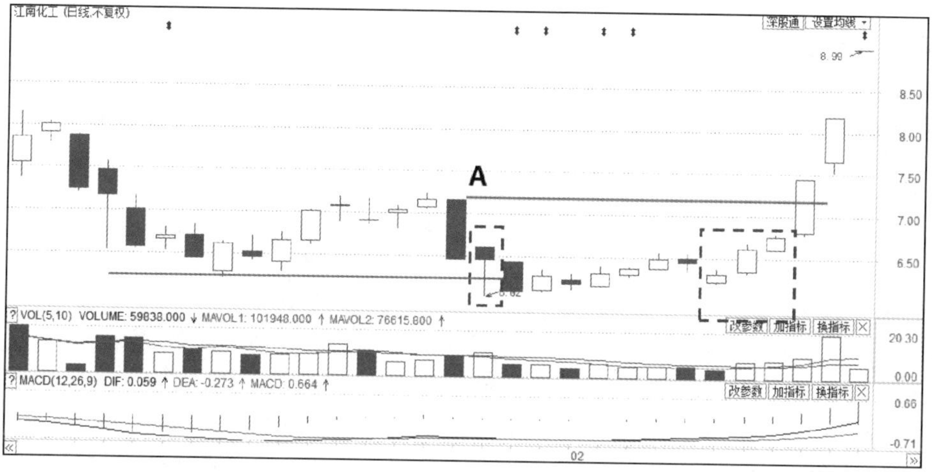

图1－28

特别提示

转折与再转折之间的距离就是价差，转折与转折间的距离越大则价差越多。转折不仅会发生在低档，也有可能发生在高档，接下来进入下跌过程中以及下跌过程中的另外一个转多的转折处，还是用五K来判断。

2. 让市场决定进出

理论储备

在对行情的研判中，我们由五K判断位置，是否已经接近底部，这时一定会有多头型态出现，确认底部的成立。一旦底部成立，可以进场做多，而持续出现的多头K线会促成持续性涨势；反之，由五K判断所处位阶是否接近头部，如果出现空头型态，则头部确认，视为做空信号。这是看盘、解盘的基本概念，可将其看作说明书，用“按部就班”的流程，取代情绪化的主观操作。

【案例分析】

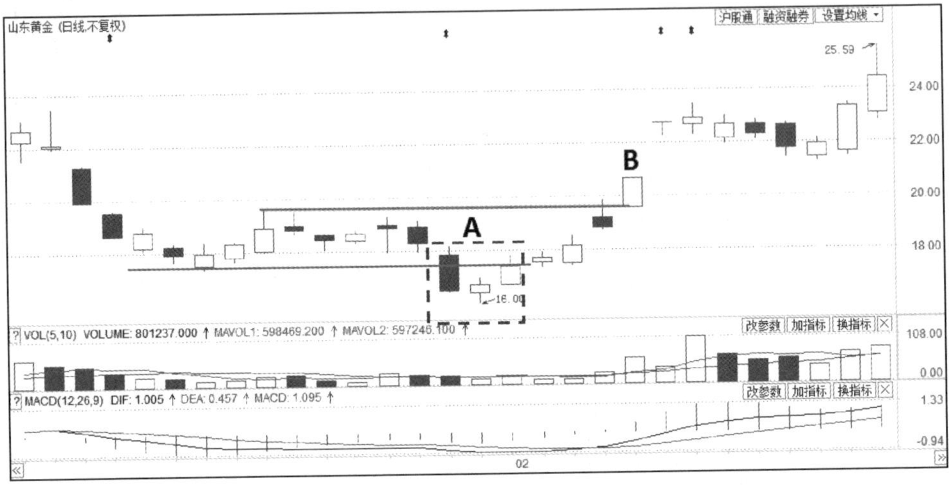

图 1－29

如图 1－29 所示，为山东黄金的日线走势图。在标示 A 处，很好地体现了在低档区域迎来转折时，一定会有两根 K 线的先行信号，再由三 K、四 K 和五 K 进行确认底部反转。本例中，底部型态在跌破前低后，出现明显的反转信号，即在标示 B 处，股价再次带量跳空过高，越过了颈线压力位，这时可以入场做多。之后股价虽然出现了短暂的回调，但量能萎缩，且很快重整旗鼓，增量上行，多头趋势确立后不会被轻易改变。股价一路上涨，甚至成交量一直维持较低的水平，说明控盘程度较高，涨势相对稳定。

3. 五 K 与五日均线

理论储备

在分析股票时，除了从五 K 理论出发，观察五根 K 线的走势表现，同时也可以搭配五日均线来研判。如果走出多头 K 线，且均线处于上行趋势中，则可以做适当介入；如果破线下弯，则即使出现多头 K 线，已经买入的股票也应该及时进行出清，等到趋势转好再进行操作。

【案例分析1】

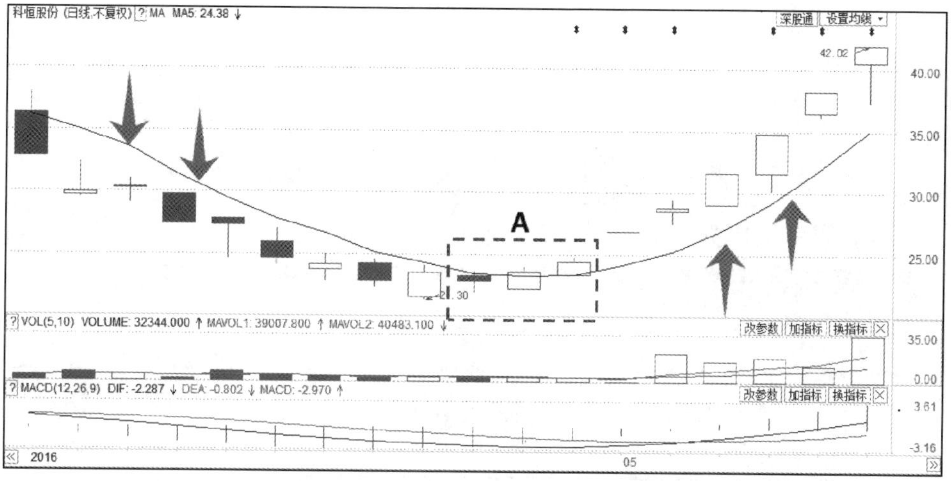

图1－30

如图1－30所示，为科恒股份的日线走势图。在标示A处，股价走出了“阳包阴”以及“阳上阳”，并站在5日均线之上，且此时均线趋势也相应从下弯扭转向上，开始上行，此时积极的投资者可以进场买入。之后股价一字板涨停，并且继续增量上涨，且量能控制得当，多头趋势明显，只要没有出现明显的空头K线，破坏上行的趋势，即可继续持股，使收益尽可能最大化。

【案例分析2】

如图1－31所示，为可立克的日线走势图。可以明显看出，均线处于上升趋势中，在标示A处，股价出现缩量下跌的“阴包阳”和“阴下阴”，但也很快，标示B处，该股增量上涨，股价再次站在5日均线之上，并且持续向上，5日均线支撑作用明显，多头趋势没有发生改变。在标示B处，是一个可以入场的买点，可以适当买进股票，等到向上的趋势得到进一步的验证，则可以安心获取收益。

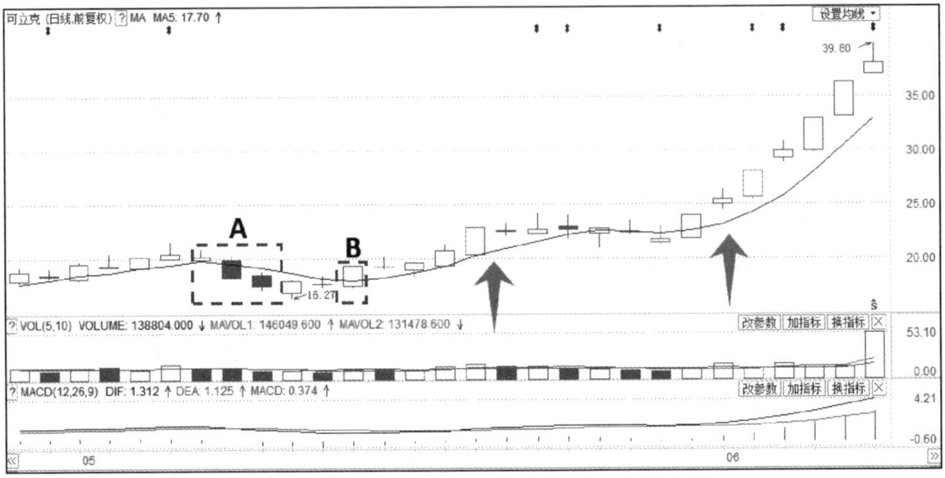

图 1－31

专家提醒

我们应该避免被细碎的行情“绑架”，而是应该只在关键 K 线处出手，一旦出手就直指盈利。为什么能够盈利？就是因为趋势一旦形成便不容易再改变，而改变正是来自关键 K 线。要做说明的是，关键 K 线并不代表最高点、最低点。股市中没有神，谁都没办法保证永远做到买在最低卖在最高，但是通过五 K 可以买在转折处。

小 结

在对行情的分析中，我们可以首先用五 K 掌握转折点，抓住入场机会。之后让均线主导趋势，放任涨势持股待涨，或者在期货、现货市场中放任跌势，让收益不断滚动壮大。在操作过程中，不应该依据主观臆断，而是没有负担的按表操课。在这个过程中追求的是赚多赔少，最后综合收益为正。希望读者用五根 K 线以及八种语言区分多空阵营，掌握八种组合的节奏进场下单，并借此收获实实在在的利润。

六、脉动、连动和波动

在股价行进过程中，会经历不同的阶段，比如多空相持的过程中积聚力量，等待方向的选择；比如行情经过某些因素的刺激，向上或者向下突破；又比如行情进入了上涨或者下跌的趋势中持续运行。这样的阶段，我们可以用脉动、连动和波动来具体理解和运用。

1. 三动释义

首先配合五K战法，需要先解释一下什么是脉动。如图1－32所示，所谓脉动，就是代表在低档位置向上回升时，会形成许多形似“脚”的形态，即主力在相对低档吸货的过程。而“脚”的形成则是用五根K线来确认的。我们所学习的两K、三K、四K及五K都可以看作是底部型态中的某一只“脚”的主要K线组合。五K脉动可能不止一个，单脚、双脚、多脚的情况都有可能出现。需要注意的是，单脚回升的情况是比较少见的，大部分的股票通常都是两只脚以上的多次脉动，行情跌深的话一般会有好几个脉动。

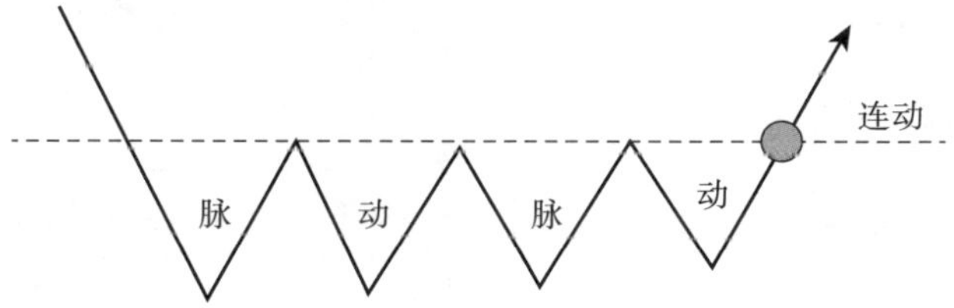

图1－32

如果股价向上突破，越过了近期脉动的最高点，就形成了连动。当股价突破最近脉动的高点出现连动之后，股价往往不会直接上涨，而是拉回修正后再涨。

所谓波动，是指确定性的趋势运行。要由脉动、连动进入波动，整个过程必须借助五根组合K线，通过五根K线观察主力吸货是否结束，如果出现过高连动的话，再等待小“N”型态并对其进行判别，再思考此次行情是否存在继续向上的机会，向上空间有多少。小“N”形态会在之后的章节里面详细介绍，本节不再展开讲述。

2. 五K脉动

理论储备

我们提到过，很少有股票表现为单脚回升，大部分的股票通常都是两次或者多次脉动之后，才能够形成连动。也就是说，股价向上突破，需要多方力量的集聚。如果从主力行为来理解，即在主力建仓的过程中，会借助股价反复上下震荡去收集廉价筹码来达到自己的建仓目标。

特别提示

当股价处于长期下跌的趋势中，通常市场氛围悲观，交投清淡。主力此时反复通过小单卖出，向下打压股价，使得该阶段持股的投资者出于股价进一步下跌的恐惧和担忧将手中的股票卖出，主力趁机回收。

【案例分析1】

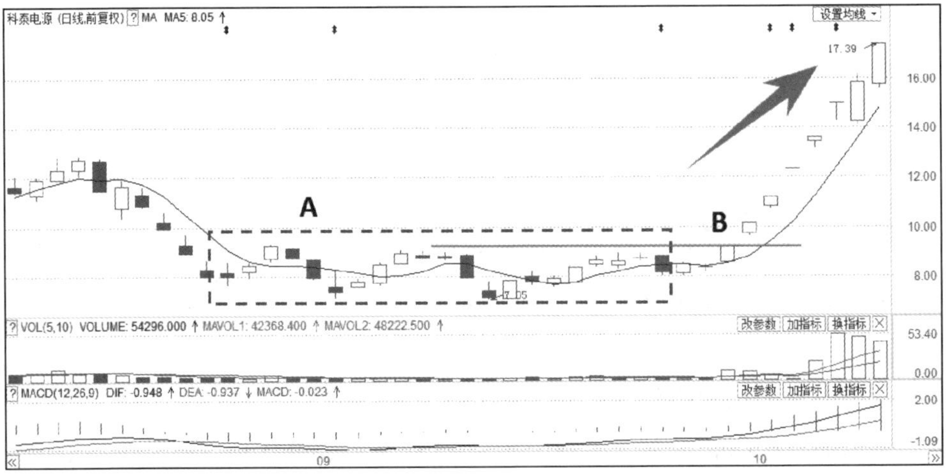

图1－33

如图1－33所示，为科泰电源的日线走势图。在整个相对低档区域，即标示A处，股价呈现出多脚脉动的走势。每一次脉动都没有看到成交量的配合，股价始终在一个狭窄的区域内反复震荡，没有上攻的意图。可以很明显地看到，在股价进入最后一个脉动时，在标示B处出现了一个很标准的跳空开高的“阳上阳”，多方动能持续入场，股价没有任何回踩现象，一路不回头地上涨，且连续跳空涨停，代表市场极度看好，短时间内已经出现了较大的利润空间，如果在上涨过程中出现了爆量，则应该予以警觉。

【案例分析2】

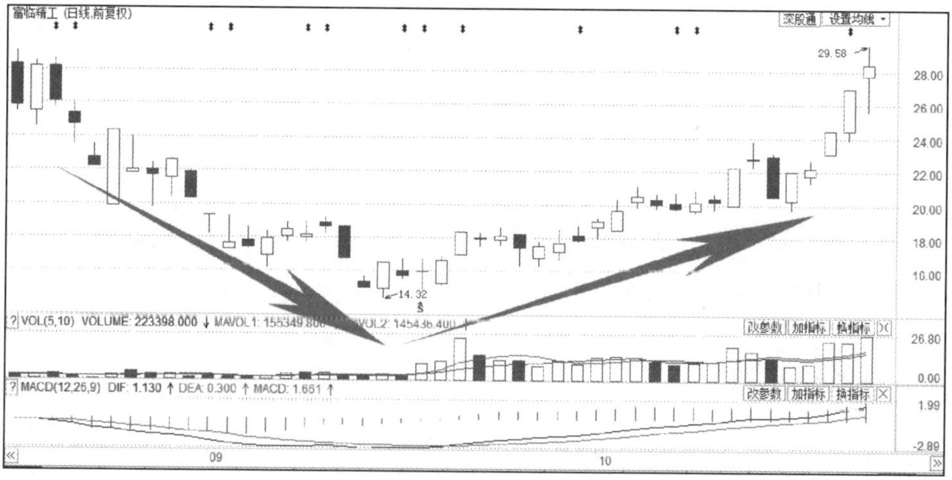

图1－34

如图1－34所示，为富临精工的日线走势图。显然，这支股票并没有出现多脚脉动，而是出现了单脚回升的情况，即一个脉动后，便直接上涨。市场的恐慌氛围在上涨的过程中被消灭，成交量配合放大，且股价无大幅度回档修正，稍作修正后便再次上涨，说明多方买入意愿非常坚决，通常出现单脚回升的个股，其之后的涨幅空间也会较大。但这样的走势较少出现，一般大部分股票需要不止一次的脉动才会进行突破。

3. 多脚连动

一般来说，连动突破可以从突破后的走势进行分类，一是往上直接走高，二是拉回修正测试；也可以从量能进行分类，即大量过高和小量过高。

（1）过高直接走高

理论储备

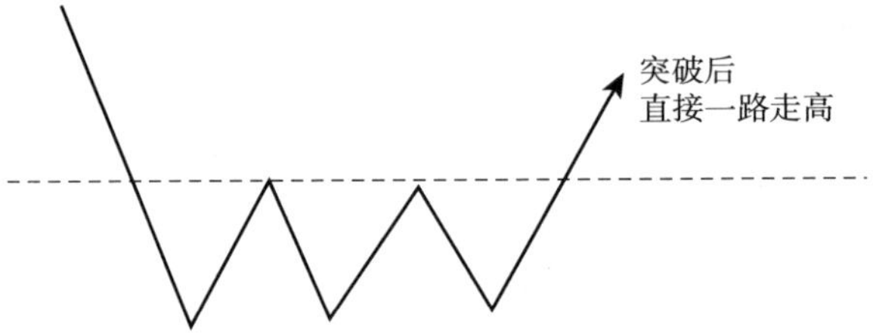

图 1－35

如图 1－35 所示，所谓过高直接走高，就是指在股价向上突破脉动区域时，没有回档，而是直接连续上涨。

【案例分析】

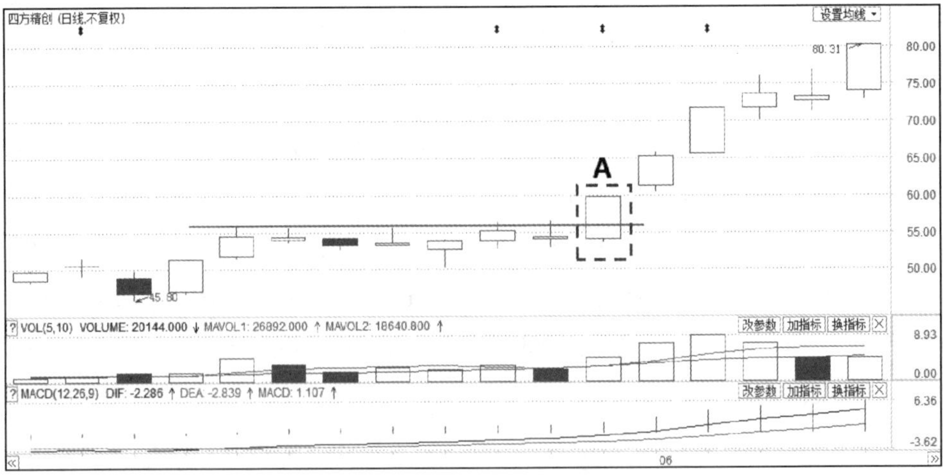

图 1－36

如图 1 – 36 所示，为四方精创的日线走势图。可以看到股价在经过一段时间的横盘整理后，在标示 A 处出现了微微的增量上攻，股价越过了颈线压力位。其后的走势不断出现“阳上阳”，并没有出现“阴包阳”或者“阴下阴”的空头 K 线，直接过高走高，代表多方气势强盛。

（2）拉回修正测试

理论储备

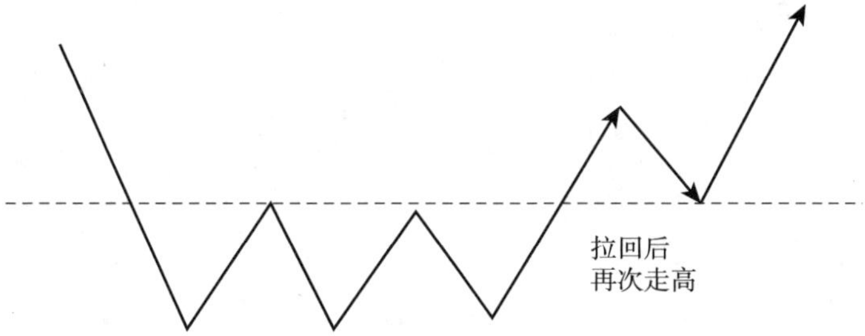

图 1 – 37

大部分股票过高会拉回，如图 1 – 37 所示，过高表示突破之前的压力，之后的拉回动作就是在测试之前的压力，看其是否能够变压力为支撑，也就是说这个位置有没有卖压，卖压重不重，买方动力是否能够占据上风。在拉回测试成功之后，也就是拉回的卖压不重，再加上在低档位置有承接力道，则通常都会走多上涨。

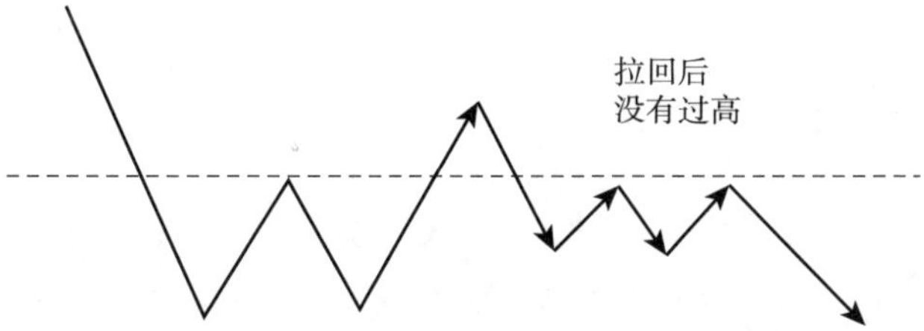

图 1 – 38

另一种情况如图 1 – 38 所示，如果拉回测试不成功，上方卖压较重，则股价通常会开启另一波下跌。

【案例分析1】

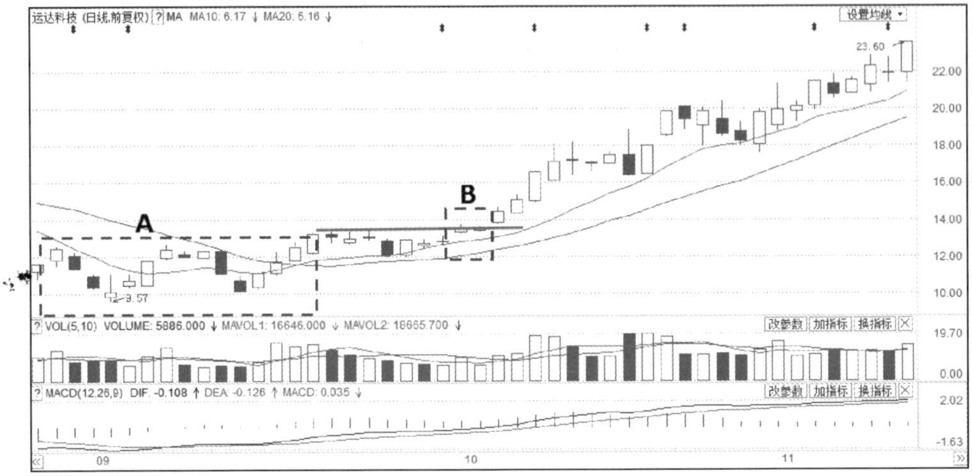

图 1－39

如图 1－39 所示，为运达科技的日线走势图。在标示 A 处，股价第一次突破底部脉动区域的高点后，并没有出现“阳上阳”，而是走出了“阴包阳”的拉回修正。在拉回修正的低档出现“阳包阴”止跌，随后“阳上阳”转强，在标示 B 处再次过高时，确认行情转多。低档的均线黏合之后，开始了新一波涨势，上扬的均线助推股价继续向上涨。在整个过高拉回再过高的走势中，用三 K 理论能够很好地把握趋势和买卖讯号，符合买进，设好止损。

【案例分析2】

如图 1－40 所示，为杭氧股份的日线走势图。可以看到在标示 A 处，股价在第一次突破前高时，出现了爆量并且收了一根较长的上影线。隔天，股价向下跳空收红十字星，标示此位置有较重的卖压，多方力量较弱，突破失败。之后的几次突破尝试都已失败告终，一旦碰到压力位股价就会被打下来，走势呈弱势格局，且没有有效的多方量能进场。最后，在标示 B 处，股价再次向上冲击前高点失败，伴随着量能的持续萎缩，进入了一波新的下跌。

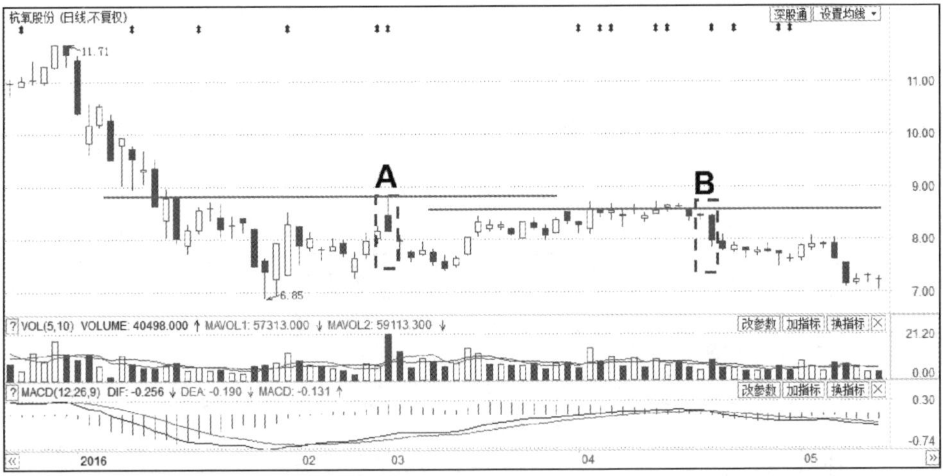

图 1－40

> **特别提示**
>
> 股价第一次过高是多头的讯号，过高之后的拉回动作有多重含义：拉回测试有没有卖压，拉回测试有没有买盘，拉回测试压力有没有变成支撑，拉回甩轿让涨势更健康，拉回让均线更加密合。而股价再度过高则表示多头趋势的开始。

（3）大量过高和小量过高

理论储备

当股票在低档呈脉动走势时，后期所有股价的过高，都蕴含着主力行为，只是分“小量过高和大量过高”两种。不论小量过高还是大量过高，用三 K 来确认是否形成多头结构，这时不能出现“阴包阳”的空头 K 线。一旦出现了“阴包阳”，说明主力需要拉回修正或者拉回不再过高一路下跌，是主力拉高出货的手法。

【案例分析1】

图1－41

如图1－41所示，为北京科锐的日线走势图。可以看到在相对低档出现了多脚的脉动，直到标示A处，脉动的最高点终于被明显的放量突破，一举越过了前方形态高点。股价没有回档，而是一路直接上拉，这就是多脚脉动到连动的转折。放量的次日，再次走出“阳上阳”，且量能萎缩，说明多方气势得到延续，且筹码控制稳定。

特别提示

放量突破的判断要因情况而定。放量，代表多空双方分歧较大，换手充分，要根据之后的行情走势，来判断放量究竟是大量资金形成的攻势，还是拉高出货的障眼法。

【案例分析2】

如图1－42所示，为普丽盛的日线走势图。在标示A处，低档脉动区域的高点K线相对应的成交量较大，随后股价进行拉回测试，说明该位置存在一定的卖压。将浮筹清理完毕过后，在标示B处，股价拉升就不再需要大的

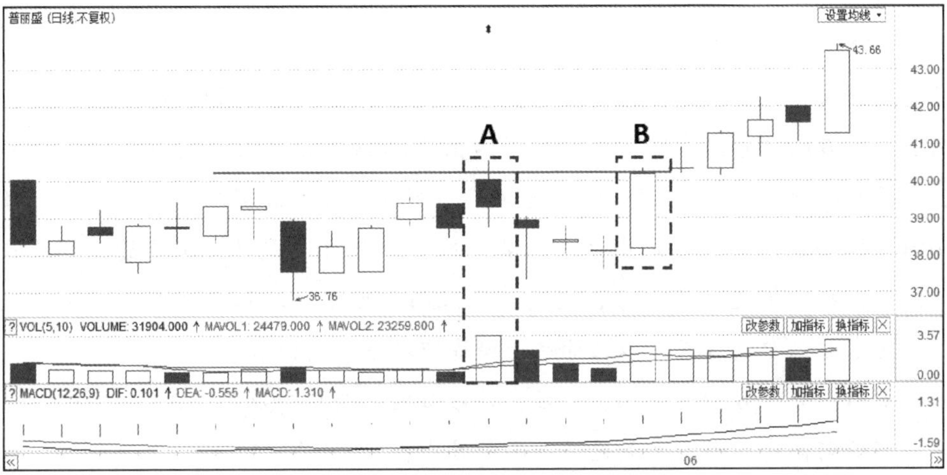

图1－42

成交量，仅仅小量就能够向上突破，这就是所谓的小量过高。这里的小量，代表多空双方的分歧并不大，大多数投资者一致看好该股，导致持有的人惜售，在之前的整理中，不坚定的浮筹几乎已经被清理，筹码集中度较高，这时股价要上攻就相对轻松。

专家提醒

脉动跟连动最大的区别，在于脉动中的两K止跌、三K转强、四K转多以及之后的涨势都是失败的，没有直接往上走。当行情转多之后再次下行，能否进入连动的关键，就是脉动出现后有没有进入持续多头，否则继续进行脉动循环。

[总结]

本章以K线为对象，通过双K止跌、三K转强、四K转多以及五K的综合判断，从各个方面讲解了在一段时间内，K线对应的内在涵义。最终，五根K线将会带领行情进入连动、波动，其中的波动可以用五日均线去确认和带动，不需加入过多的个人预判，过多的主观预测反而会造成判断上的干扰。

这里仍然要和大家强调一下，三K理论仍然是理解和使用的核心。三根K线已经是一种明确的盘面语言，它足以告诉你是多是空，趋势是开始、持续还是结束，所以我们只需要把精力放在最近三根K线，学会解读这种盘面语言，并且跟随它进行操作，再用第四根K线做确认，帮我们判定所做出的操作是对是错。如果做对就累积获利，如果做错就果断离场，就可以在大赚小赔中轻松获利。在股市中立于不败之地，不是永远成功，而是最大程度降低风险，把不确定变为确定，提高自己成功的概率。二八定律告诉我们，这种大赚小赔的盈利方式足以让你成为投资市场中的佼佼者。

最后，为了方便大家记忆学习，将核心内容精简为以下口诀：

突破前高有两种：大量过高，小量过高；

突破之后有两种：直接走高，拉回修正；

直接走高有两种：小“N”走高，价涨不停；

拉回修正有两种：拉回再涨，拉回转空；

三K止跌转强试单，转多失败止损出场；

转多成功加码买多，一支股票只买一成。

[课后思考]

1. 什么是脉动、连动？它们有什么区别？
2. 三K多头阳线是否标示行情转多？
3. 小量过高意味着什么？

第二章
两极战法

名家点睛

威廉·江恩说："如果你希望在股票市场上取得成功，就必须花大量的时间进行学习，因为花的时间越多，得到的知识也就越多，今后获得的利润也就越多。"市场的变化日新月异，投资的学习也是不断积累的过程。通过学习经典理论和实践不断论证，足以使我们打败大市场中多数的对手，大大提高盈利的概率。

一、两极战法概述

炒股当择时，择时又离不开对位阶的判断。目前股价处于什么位置，这里是否发出了进场信号，是我们应该着重观察和思考的问题。两极战法呈现的四个位置，会告诉我们做多或做空的区域，给我们的操作提供明确方向。

两极战法中的两级，是指"否极"和"盛极"。大家应该对"否极泰来"这个成语非常熟悉，我们这里说的"否"和"盛"的概念，正是来自于《周易》的"否""泰"两个卦名。为了使这两个略为生涩的概念变得更容易理解和生动，我们分别把否极泰来看做是南极，把盛极而衰看做是北极，从而构成两极战法的主框架。

万物生生不息，是循环往复的过程。否极自然泰来，盛极自然衰落。如图 2 - 1 所示，两极战法正是运用这个特点，说明行情处在不同位置，我们分别应该怎样去操作。

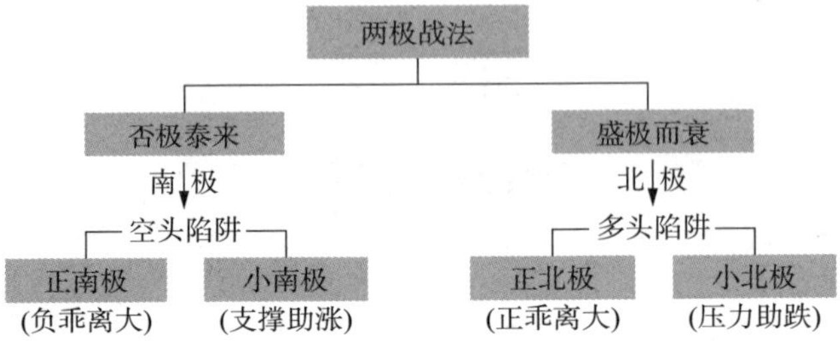

图 2－1

可以看到，两级战法包括正南极、小南极、正北极和小北极四个位置，分别归类于空头陷阱和多头陷阱。正北极为短空信号，正南极为短多信号。而小南极则为股价再度上涨买进的机会，小北极则为再度下跌做空的机会。

二、正南极

南极，也即否极，是指逆境达到极点的意思，将其在股票市场中的含义对号入座，即空方气势强盛，股价一路下跌至低档位置。“否极”之后，必定会出现转变，也就是在下跌后，负乖离率过大，卖方动能已经不足甚至耗尽，那么对应的反作用力买方动能就会占据主动，出现多头反扑的情况，这种情况我们称之为正南极。

1. 正南极概述

理论储备

正南极的关键在于负乖离大。这里的负乖离是指股票或者指数的走势低于均线时，其与均线之间的距离。而负乖离大，通常符合下列六个要点：

（1）来自下跌常态，也就是在下跌趋势中产生。

（2）卖力阶段耗尽，也就是说空方动能已经衰竭。

（3）指标出现止跌，这里主要指 MACD 指标，即通过 MACD 指标来辅助观察确认止跌。

（4）会有三股买盘力量：解套、技术和获利。之前被套牢的人，会通过低位买进股票摊低成本；技术派投资者发现底部信号，会提前买入进行埋伏；认为股价将要触底回升的激进操作者则会买入以获取短线差价盈利。

（5）时间和空间的修正，利用空间修正来赚取价差。时间修正不谈，我们把重点放在跌深反弹后的空间修正，空间修正代表有利差可言，利差是给我们带来盈利的基础。

（6）上有压力助跌，在正南极位置，均线趋势向下，上方压力较大，起到助推跌势的作用。

在下跌的过程中，股价或者指数逐渐偏离趋势下弯的均线，将远离均线行情的低点和均线的距离称为负乖离，负乖离大也就是正南极，正南极通常是多头的买进机会，因为在跌深过程中空头力量不断释放和发泄之后，会引来三股买盘：获利买盘，技术买盘，解套买盘。而这三股力量很可能会导致行情出现反弹。

【案例分析】

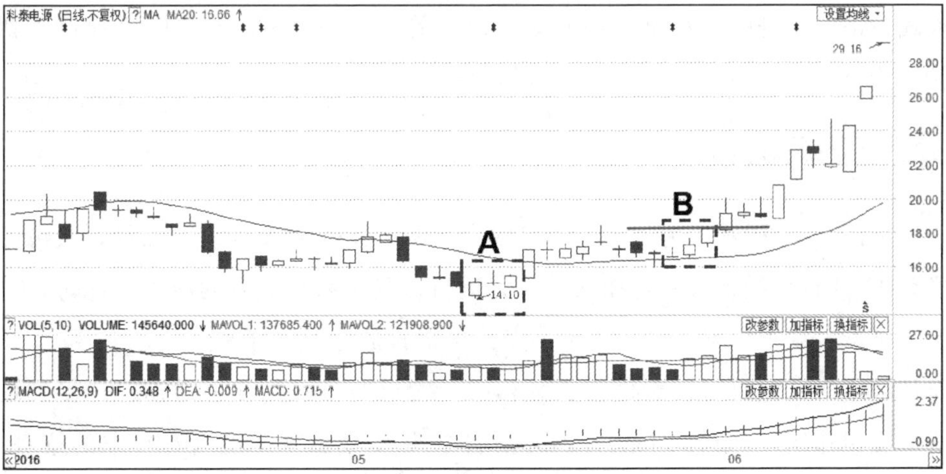

图 2－2

如图 2－2 所示，为科泰电源的日线走势图。图中可以看到，该股在跌破 20 天均线，行情逐渐转空的过程中，出现了两次负乖离过大（正南极）的情况。这时，我们观察 MACD 指标，发现在标示 A 处，股价和指标相背离，同时从三根 K 线来看，出现了“阳包阴”的多头 K 线，可以看作是正南极的弹讯。当然，首先仍然只视为反弹，但是当股价在最低下探 14.10 反弹之后，竟然受到均线的支撑不再破低，并且之后在标示 B 处，越过了前期形态的高点，多方量能持续进场。反弹确认变为反转，之后股价就出现了较大幅度的上涨。

2. 正南极买讯

理论储备

在下跌趋势中，股价逐渐偏离下弯的均线，负乖离过大后，来到正南极位置，这时通常可以看作是多头买进的机会。因为在跌深过程中，空头力量不断释放，会引来三股买盘：获利买盘、技术买盘和解套买盘，股价通常会产生反弹，这时候会出现“阳包阴”K 线。

需要提示的是，股价出现回升，我们应该先将其看作是单纯的反弹，如果在行情的演进中，发现这是下跌过程中的最后一个负乖离，则反弹自然就转变为行情的反转。

【案例分析1】

如图 2－3 所示，为三力士的日线走势图。在标示 A 处，可以看到股价已经跌破 20 日均线并且一直在均线下方运行，受到来自上方的压力。此时，股价先破低，后走出增量的“阳包阴”，且次日放量继续上涨，并且回到了 20 日均线之上，此时可以看做是买入信号。之后股价在均线上方运行，受到均线的支撑作用，一路向上涨升，并没有空头 K 线出现，也没有转空的迹象，因此可以安心抱涨。

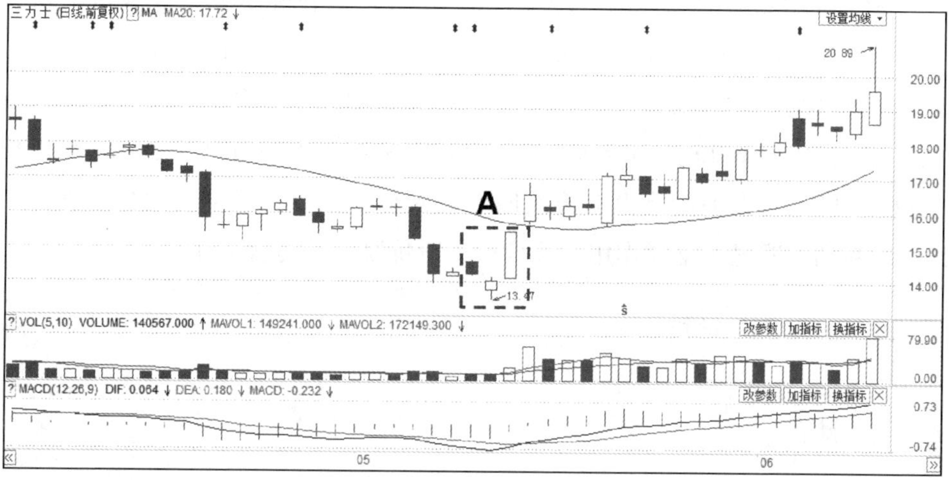

图 2－3

【案例分析2】

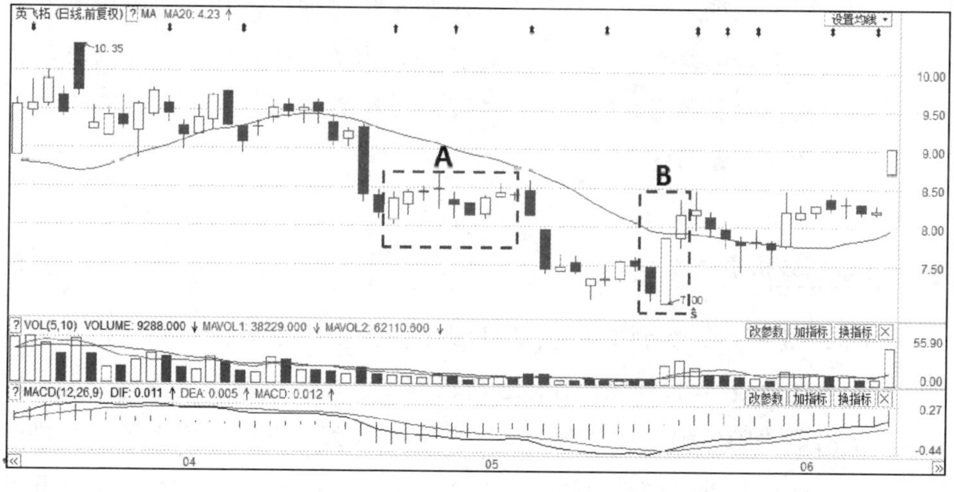

图 2－4

如图 2－4 所示，为英飞拓的日线走势图。在标示 A 处，股价跌破了 20 日均线后，出现了负乖离过大，出现“阳包阴”K 线，股价向上反弹。但是显然没有持续多方量能进场。经过几天弱势整理后，股价再次下行，最低跌至7.00，标示之前的反弹依然是多头在“逃命”。在标示B处，股价下跌再次出现负乖离较大的情况。不同的是，下探至阶段最低点的隔天，行情便走出了一根增量的大阳线，“阳包阴”之后又走出“阳上阳”，且量能继续增加，股价再次回到20日均线之上，可以作为进场买入的时机。之后虽然出现连续几日的调整，但始终没有再次向下跌破形态低点，且再次增量上涨，20日均线起到了明显的支撑作用。几日后，股价跳空开高直至涨停。

3. 加码买进时机

理论储备

在负乖离大时，出现“阳包阴”的多头K线之后先做买进的动作，后续如果演变成由空转多，则再加码买由空转多的线上过高。

特别提示

每一种经典模型出现之后，大概率会走出类似的走势，但不可能完全将历史复制。因此，我们最好通过资金运用的控制和管理，将风险限制在自己可承受的范围之内，以应对可能出现的“例外”情况，在操作中做到进可攻、退可守。

【案例分析】

如图2－5所示，为科新机电的日线走势图。图中可以看到，在标示A处，股价再次跌破20日均线，并创了阶段新低，之后出现了负乖离过大后的反弹，走出了“阳包阴”和“阳上阳”的多头K线，此时投资者可以买进部分底仓。在标示B处，该股微微增量上涨，重新站在了20日均线之上，并且越过了标示A处“阳包阴”阳线的高点，此时可以进行加仓。当行情演进到标示C处，明显放量上涨，且突破了前期形态高点，均线再次上行，行情确认转多，可以再次加仓。

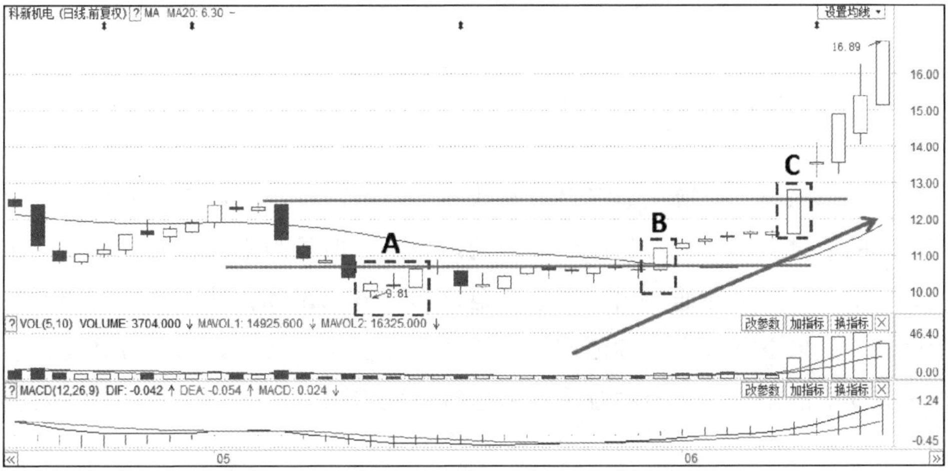

图 2－5

专家提醒

牢记四句操作口诀：线下不做多，反弹找空点，线下只短多，主轴再做空。均线趋势向下的时候不盲目做多，等到反弹之后，可以找机会放空（针对现货和期货），也可以抢反弹的短多机会。所以，当出现正南极买讯的时候，买入股票有两种策略：一是先做短多，抢反弹。等到确认行情真正发生转折后继续加码；二是反弹时暂且观望，不操作，等待转折确认后再入场买进。

小 结

在正南极中，负乖离大搭配三 K 理论中的阳包阴，通常可以比较确定趋势将会发生转变，可以先买反弹。如果反弹之后没有空头 K 线，不排除行情可能会由空转多，这时买进的多单不用动，甚至可以在线上过高的时候再加码多单。

在下跌趋势中，如果股价已经来到相对低档，这时出现的每一个负乖离，都可能是行情转折前的最后一个。所以，负乖离之后的“阳包阴”可以视作是转多的机会，积极的投资者可以适当买进；如果均线刚刚下弯，之后出现的第一个负乖离反弹，往往是多头逃命，而多头逃命后还会再破前低！

三、小南极

所谓小南极，是指在上涨趋势确认后，股价进行空间修正回档后，将再度扬升的信号。在上涨过程中，多方动能充足，但是当涨幅积累营造了一定的利润空间，自然会涌现出一些获利盘，卖出筹码出场，从而造成价格的空间修正。如果空方势力持续涌现，可能会改变多头趋势；如果空方动能快速被多方动能消化，则不会对股价当下运行方向造成根本上的影响，只是短暂调整。

1. 小南极概述

理论储备

在上涨过程中，正乖离大之后有可能会进行空间修正，空间修正通常会受到上扬均线背景的支撑和助涨。支撑助涨是均线向上的两个重要特性。因为是两级战法里非常重要的概念，这里将对支撑和助长进行详细的说明。

首先，支撑助涨的五个要点如下所列：

（1）支撑助涨的定义：涨势形成不容易再改变。

（2）支撑助涨的意义：利用上涨趋势做多赚钱。

（3）支撑助涨的现象：三种人主导支撑和助涨。

（4）支撑助涨的战略：利用上涨趋势专心做多。

（5）支撑助涨的反转：未见空头信号前都做多。

之所以会有支撑和助长的作用，主要是趋势在发挥力量。这里我们对趋势做统一的定义：趋势指股价沿着某一方向运行，且轻易不发生改变。每次一旦趋势发生转折，短期内又将会沿着转折后的方向运动，依然不易改变。

在多头趋势中，如果上涨幅度已经较大，正乖离过大时，出现拉回修正是很正常也很多见的情况。通常，拉回时也会带动短期均线和长期均线在多头扩散之后形成多头收敛。但是只要均线系统不形成空头交叉或死亡交叉，就表示只是暂时的扭曲而不是趋势扭转。在这种情况下，我们将股价或指数在上扬的均线之上或之下位置，修正之后的止跌转强转多称为小南极。

通常由空转多确认之后会有第一个由于正乖离大而产生的回调。因为此时多头力量还不够强势，无法完全把握行情走势，通常还会出现一定的缓冲和调整，等待动能的进一步蓄力。股价在拉回过程中，会不断出现三 K 的空头组合，但刚刚上扬的均线对股价有支撑助涨的作用，当“阳包阴”“阳上阳”的多头关键 K 线出现时，即为小南极。

【案例分析】

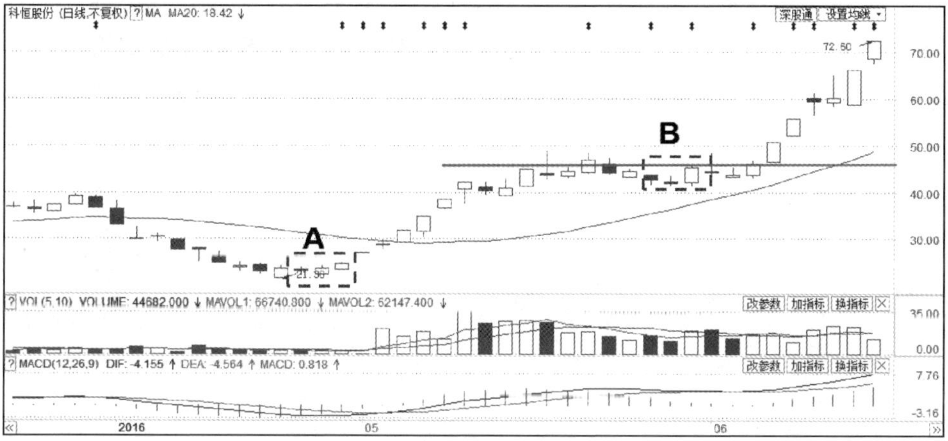

图 2-6

如图 2-6 所示，为科恒股份日线走势图。起初，股价仍然处于下跌阶段，在标示 A 处，股价已经跌破了 20 日均线，负乖离过大，出现了“阳包阴”的 K 线，股价反弹回升，此时为正南极的买讯。当出现明显的增量后，股价再次站在了 20 日均线之上，并且越过了前期形态高点，进入了多头趋势。股价已经上涨了一定幅度，出现了回调，回靠均线附近。均线显然起到了支撑和助长的作用，股价始终没有跌破均线，只是进行了窄幅的调整。很快，在标示 B 处，再次出现了“阳包阴”K 线，也就是我们所说的小南极，之后多方不断上攻，并迅速越过了该阳线的高点，再次开启新一波的上涨。

2. 小南极买讯

理论储备

通常在行情由空转多确认之后，在上涨过程的初期，会出现正乖离，之后股价大概率会产生回调。而此时均线趋势开始上扬，对股价有支撑助涨的作用，股价在拉回过程，虽然出现了三根 K 线的空头组合，但空方动能一般并不强势，等到出现了“阳包阴”“阳上阳”的多头关键 K 线，就是我们买入的时机，也就是小南极的买讯。这种模式通常变现为小“N”形走势。如图 2－7 所示，是多头的表现模式。也有人用波浪理论中的三浪模式来理解小“N”形的走势，这时要注意，中间的调整浪幅度一般不超过第一浪的四分之三。

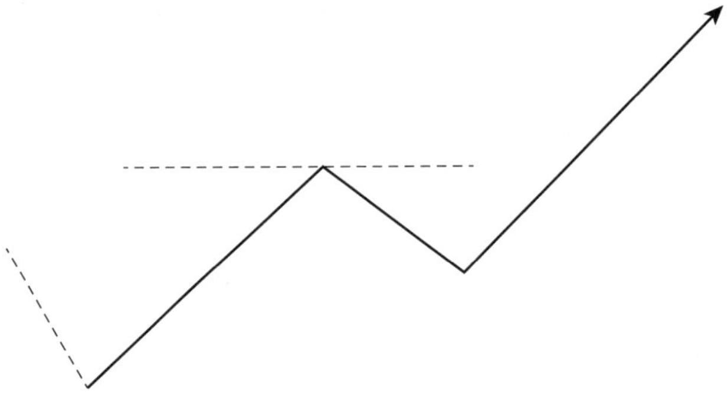

图 2－7

特别提示

和负乖离相对应，正乖离是指当股价上涨过快，其最高点和均线的距离。如果正乖离过大，股价会存在向均线靠近的现象，也就是可能出现回调。

【案例分析1】

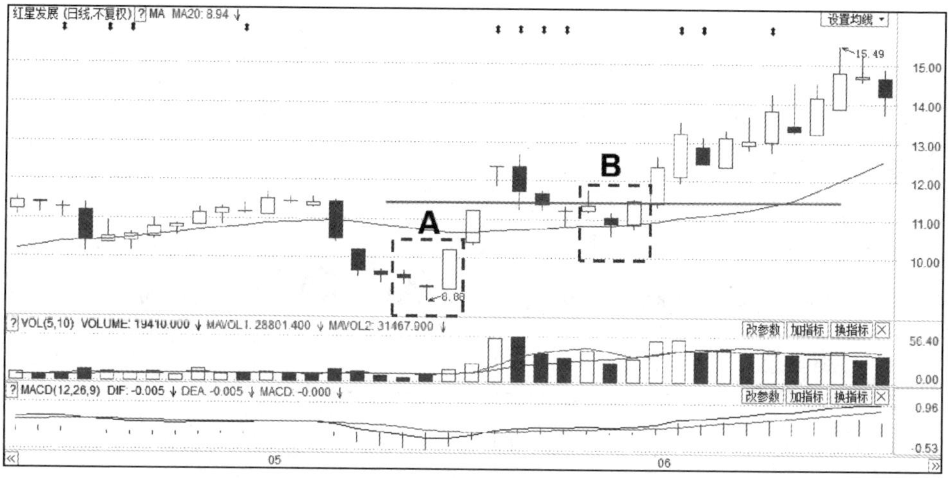

图 2－8

如图 2－8 所示，为红星发展的日线走势图。在标示 A 处，股价下探至最低点 8.88，随后出现“阳包阴”走强，次日又走出“阳上阳”的阳线越过 A 处高点，保持连续上涨，行情确认转多。此时，因正乖离较大，股价出现了回调，显然 20 日均线起到支撑作用，在标示 B 处，股价向均线靠拢后，出现了“阳包阴”和“阳上阳”的多头 K 线，此时可以进场买入。随后，股价开启一轮新的涨势，收益空间较为可观。

【案例分析2】

如图 2－9 所示，在标示 A 处，股价最低下探至 7.58，负乖离较大，随后股价出现多头阳线的反弹。随后，如横线处所示，股价带量上涨，越过了之前阳线的对应高点，如果之前稍微激进的投资者已经在 A 处买进，这里可以适当加仓。股价在均线上方运行，均线趋势逐渐扭转向上。在出现第一个正乖离之后，股价短暂拉回，但受到 20 日均线的支撑作用，第二日便增量高开，走出了“阳包阴”，回补了前一日的跳空缺口，拉回过程中的最低点 K 线对应的高点隔天被一根大阳线包住，这就是小南极的买讯。

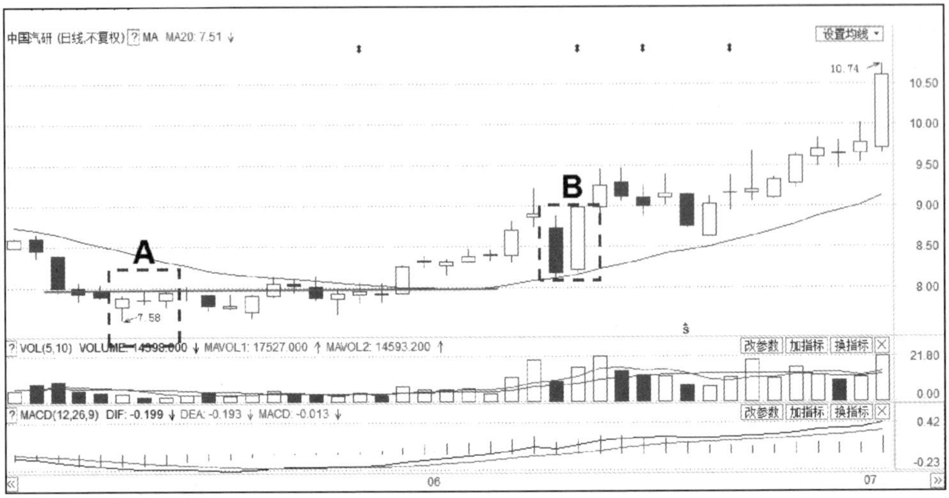

图 2－9

专家提醒

股价下跌或者拉回的低点 K 线对应的高点，被之后的阳线全部覆盖。在多头上涨过程中，涨多正乖离过大的拉回很正常，通常也会带动短长均线的多头收敛，但只要不形成空头交叉或死亡交叉，就代表只是暂时的扭曲不是扭转，则在上扬均线之上或之下，股价出现“阳包阴”大多可以看作小南极的买讯！

小　结

在上涨趋势中，小南极是指股价回调之后再度转强转多。小南极的出现，常常代表着投资者参与涨幅的入场券。如果将股价的上涨比作登山，那么小南极就像是爬到某一高度后，需要进行一定的补给和休息，从而更好地出发。

四、正北极

北极，也即盛极。盛极而衰，股价一路上涨，出现正乖离过大，即为正北极。此时多方动能逐渐被空方力量压制，慢慢减弱，股价见顶，空方动能占据优势，股价相应下跌。

1. 正北极概述

理论储备

正北极关键在于正乖离大，正乖离过大包含下列六个重点：

（1）来自上涨常态，也就是在上涨趋势中产生。

（2）买力阶段耗尽，也就是说多方动能已经阶段性耗尽。

（3）指标出现止涨，这里主要指 MACD 指标，即通过 MACD 指标来辅助观察确认止跌，在循环战法中会重点讲述。

（4）会有三股买盘力量：解套、技术和获利。之前被套牢的人，会通过低位买进股票摊低成本；技术派投资者发现底部信号，会提前买入进行埋伏；认为股价将要触底回升的激进操作者则会买入以获取短线差价盈利。

（5）时间和空间的修正。

（6）下面压力助跌，均线下弯，对股价走势造成了压力，会起到助推跌势的作用。

正北极是空头的机会，针对现货和期货，可以进行短空操作。当然，A股市场没有完善的做空机制，能够进行融券的标的非常少。所以在实战操作中，小北极对现货、期货、股指期货市场更具意义。

行情由空转多之后都会有第一个正乖离形成上涨常态，正乖离会偏离均线就有可能做修正，通常第一个修正拉回就是做空的时机。当然，第一个正乖离之后的第二个和第三个正乖离都有可能是最后一个正乖离，也就是第一个正乖离之后的“阴包阳”需要特别小心和谨慎。

股价会上涨，一定是因为买方动能在源源不断进场。当价格上涨到买力耗尽，就会用“阴包阳”的空头 K 线来告诉我们，在这个时候应该退出或考虑做空，因为正乖离过大时，股价的空间修正会产生利差。上涨的过程其实是在累计多头的风险、等到涨幅满足时，就会出现“阴包阳”的空头 K 线。

特别提示

很多初入股市的学员会对修正这个概念有所疑惑，这里简单解释一下。在股票快速较大幅度下跌时，主要是恐慌性抛盘在发挥作用，但是抛盘毕竟有限，在下跌过程中逐渐较少，股价慢慢企稳，这时抄底买盘涌入，股价回升，就表现为股价的修正。相对短暂的技术性修正会在买方力量和卖方力量的博弈之后，进行方向选择。

【案例分析】

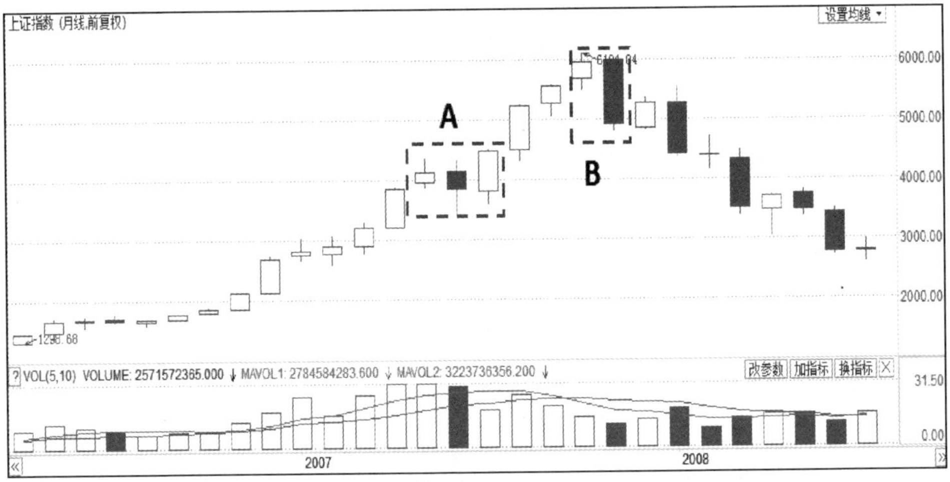

图 2－10

如图 2－10 所示，为上证指数的月线走势图。图中可以看到在上证指数向上运行的过程中，用三 K 来看，该股并没有出现“阴包阳”的转弱信号。即使在标示 A 处出现了一根阴线，但次日便被高走的大阳线覆盖。直到 6124 才出现“阴包阳”的空头 K 线，且量能出现了明显的萎缩。这根阴线把前面两根 K 线的低点全部跌破，代表指数的上涨惯性已经被打破，也就是涨升过程当中的买方动能开始退潮，出现了阶段性耗尽的情况。与上涨相对，从 6124 开始到 1664 中间，行情都没有出现“阳包阴”的转强现象。

2. 正北极空讯

理论储备

正乖离可能会出现很多次，而最后一次出现的正乖离没有越高前期高点，再出现阴包阳，之前涨升最高点的K线的低点、被之后的阴K线完全包住，会造成行情扭转成为空头，即为正北极，这时正是进场做空的机会。

【案例分析1】

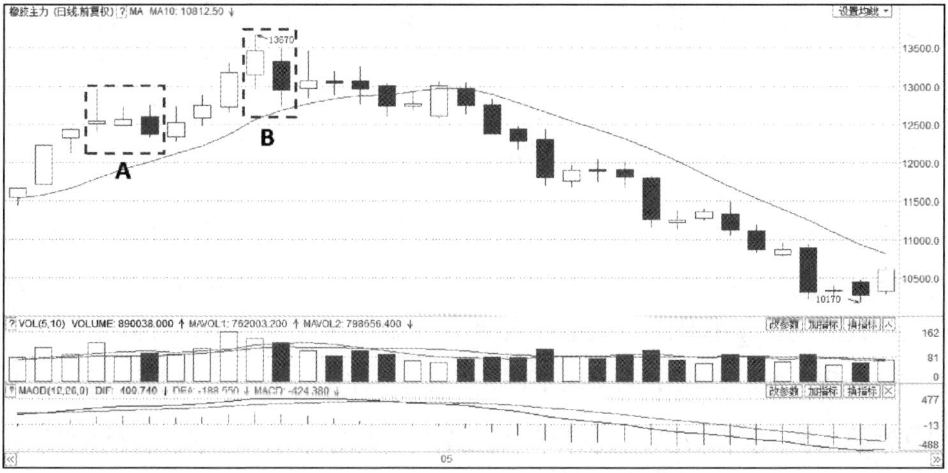

图2－11

如图2－11所示，为橡胶期货的日线走势图。图中可以看到，在标示A处，正乖离大，股价紧接着便走出“阴包阳”的转弱信号，进行回档调整，但迅速被第二日和第三日的阳线覆盖，并再次创出了新高，行情转空失败。直到标示B处，再次出现正乖离较大的情况。橡胶主力价格在创出阶段最高点时，量能呈现萎缩的状态，有多方能量退潮的疑虑。次日价格便低开缩量下跌，走出“阴包阳”的空头K线，随后，“阴包阳”的阴线低点再次被跌破，此时行情已经确定转空，为做空的时机，买方力量已经阶段性耗尽，空方动能开始占据上峰。

【案例分析2】

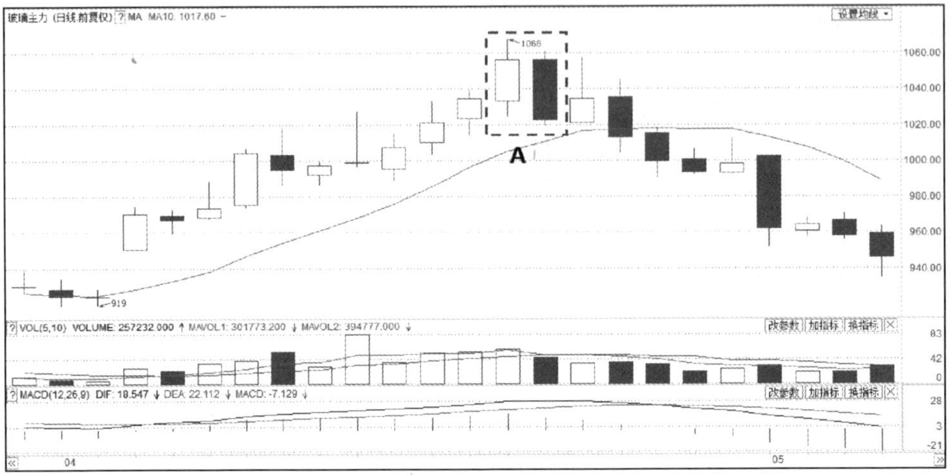

图 2－12

如图 2－12 所示，为玻璃期货的日线走势图。图中可以看到在标示 A 处，价格最高上涨到 1068，但是次日便走出“阴包阳”的空方 K 线，跌破了高点 K 线的最低点，且相对刚当量缩，有多方动能离场的可能性，可以在这里进行放空操作。而后又走出了“阴下阴”，随之一路下跌，空方气势强盛，空头趋势确认。在下跌过程中，始终没有出现多头 K 线来扭转趋势。假设加杠杆进行操作，利润空间是非常可观的。

特别提示

在低档位置寻找负乖离较大的低档位置时可以用两根 K 线确认是否止跌、三根 K 线的转强以及之后的转多。往往首次出现的负乖离过大弹起来就是逃命波。换句话说，行情刚刚由多转空，跌深后弹起来，之后再跌的概率很高。当然，如果此时又出现了关键 K 线带动均线系统呈现空头排列，做空的判断就更有把握，成功的几率也就更高。

3. 加码做空时机

理论储备

正乖离后价格不过高，反而再次出现“阴包阳”，趋势转空。此时均线对应下弯，价格会持续下跌，当价格跌破前低时，我们可以加码空单。

【案例分析】

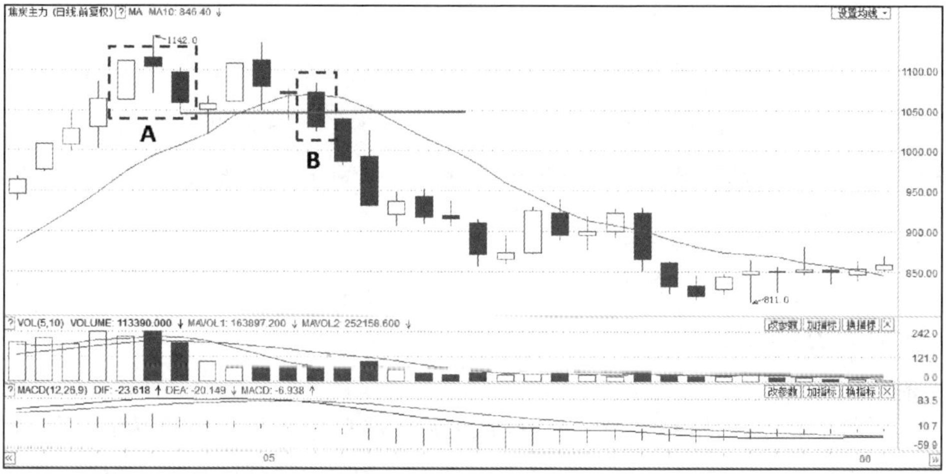

图 2－13

如图 2－13 所示，为焦炭主力的日线走势图。图中可以看到，在上涨过程中的标示 A 处，创出高点 1142，而高点 K 线对应的低点在隔天就被空头 K 线“阴包阳”跌破，代表行情转弱。激进的操作者可以在此时适当放空，但此时趋势尚未由多转空，上扬的均线具有支撑助涨的作用，因此价格下探至 10 日均线位置便再次回升，但从量能表现可以明显看出，多方量能在退场，上涨动力已经不足。之后，股价冲击高点失败反向下跌，在标示 B 处再次跌破了 A 处长阴的低点，空头趋势被确认，此时也为做空的时机。之后，股价接连无量下跌，多方动能毫无回击之力。

专家提醒

牢记四句操作口诀：线上不做空，拉回找买点；线上只短空，主轴在做多。在均线趋势向上时，不应该以做空为重点，可以进行短空的操作，但仍然应该以做多为主轴。每当价格拉回，可以寻找进场的买点。另外，所有的空单进场一定进行严格风险控制——设止损，进场的 K 线就是保命符，止损的设置也是这根 K 线的最高点和最低点的设置。

小 结

正北极可以进行短期放空的时机，即当上涨幅度较大后出现回调，价格进行空间修正时就是短空的机会。此外，可以在正乖离出现“阴包阳”的转弱信号时先行试单做空，在价格持续下跌并跌破前低时，再进一步加码空单，安全性会更高。

五、小北极

所谓小北极，是指通常在跌势确认之后，空间修正反弹后再转弱的信号。下跌过程中，空方力量占据主导地位，但是这其中也会出现空方动能阶段性不足，出现负乖离过大的空间修正。修正代表多头的反扑，反扑成功会扭转均线止跌扬升，失败会导致股价持续向下。

1. 小北极概述

理论储备

在股价下跌过程中，负乖离过大之后可能会产生反弹的空间修正，而反弹行情会受到均线下弯的压力和助跌。和支撑助涨一样，压力和助跌是均线向下的两个重要特性，其五个要点如下所列：

（1）压力助跌的定义：跌势形成不容易再改变。

（2）压力助跌的意义：利用下跌趋势做空赚钱。

（3）压力助跌的现象：三种人主导压力和助跌。

（4）压力助跌的战略：利用下跌趋势专心做空。

（5）压力助跌的反转：未见多头信号前都做空。

负乖离过大之后，反弹空间修正的高点可做空单，那如何找到更加细化的入场信号呢？这就需要用到三 K 理论里跟大家讲到的“阴包阳”的空头 K 线。所以，我们在跌深后的反弹处，不能盲目追空。确认整个行情走空并进场做空，等到每一次反弹被空头 K 线结束，也就是出现了小北极，方为最佳时机。

压力助跌是均线向下的两个重要特性，像之前提到的支撑助长一样，同样是趋势的力量。仍然需要再次强调一遍，我们对趋势的定义是不容易改变的走向，一旦改变短期不易再变。

在空头趋势下跌的过程中，下跌到一定程度之后，跌深负乖离过大之后进行反弹修正很正常，通常也会带动短期均线和长期均线在空头扩散之后的空头收敛，这时均线系统只要不形成多头交叉或黄金交叉，就表示只是暂时的扭曲而不是趋势的扭转。那么，在下弯的均线之上或之下，股价或指数的止涨转弱和转空，就是小北极。

【案例分析】

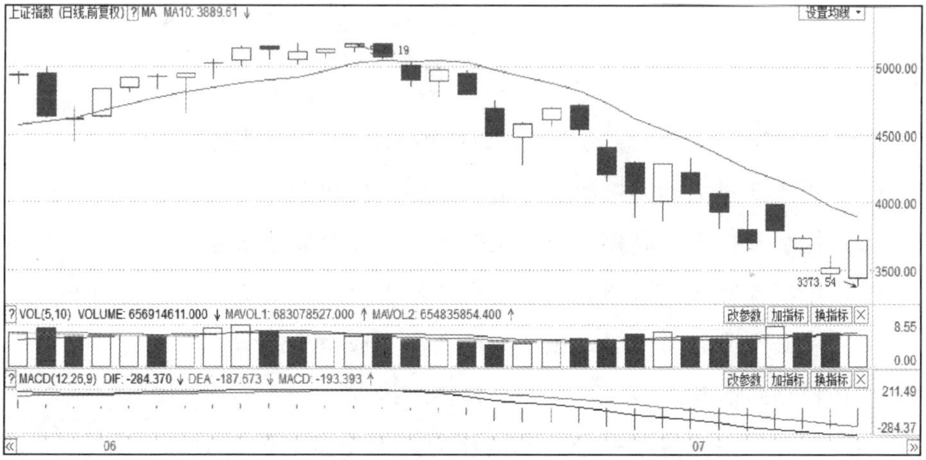

图 2－14

如图 2－14 所示，为上证指数日线走势图。指数从 5178 高点开始大幅度下跌，过程中每当负乖离较大就会出现反弹，但是每一次短暂的反弹都会被“阴包阳”结束，从而继续下跌。而这时，正是空头进场的时机。能不能抓住每一个做空时机，关键在于我们能否准确判断当时行情所处的位置。具体来说，下跌趋势的空点在小北极位置，即负乖离过大空间修正后走出“阴包阳”的位置。

2. 小北极空讯

理论储备

小北极可以说是盛极而衰反弹遇到压力，买力耗尽的位置，在下跌过程中呈倒“N”形，主要原因是负乖离过大情况下空间修正，而后遇到压力助跌再跌。倒“N”形，如图 2－15 所示，是空头的表现模式。

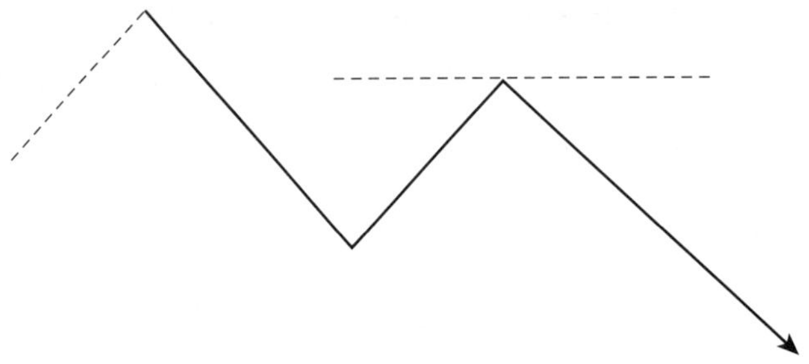

图 2－15

空头倒“N”形的下跌模式，可以归纳为以下六个要点：

（1）正乖离过大的盛极而衰，上涨是做空的机会。

（2）循环指标进入高档背离交叉向下，止涨时需要警觉。

（3）量能递减逐渐缩减到均量之下，量退潮通常对应价格也会向下。

（4）跌破上升趋势线时，短期回档会演变成空头趋势。

（5）价格跌破均线位置，可能会扭转均线向下。

（6）反弹修正测量第一个头部的压力，如果量能没有放大，为主力出场的讯号。

我们可以在出现第一个负乖离的反弹，观察没有出现“阴包阳”，也就是说第一个负乖离均线刚刚由多转空后会出现一个极点，紧接着弹起一般会是诱多或多头逃命机会，之后还会继续下跌，每次反弹上去出现“阴包阳”就是放空点。一般小北极位置会出现阴包阳和 MACD 指标的缩头，关于 MACD 指标的内容将会在循环战法章节中重点讲述，此时不再赘述。

【案例分析】

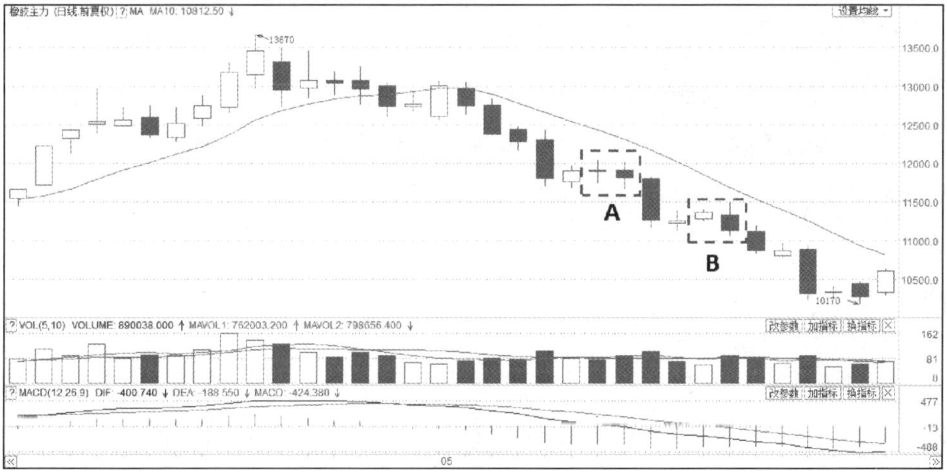

图 2－16

如图 2－16 所示，为橡胶主力日线走势图。在下跌趋势中，标示 A 处，价格转强失败，再次跌破形态低点，此时可以进行放空操作。在标示 B 处，同样短暂回升之后，价格再次破低，并进入另一波的下跌，在这个位置也可以进行追空。在均线下弯时，如果关键 K 线破前低，可以追空，应该将止损位置在“阳包阴”的高点，如果没有继续出现多头 K 线去扭转趋势，证明追空的操作是正确的。但是保险起见，还是是建议大家在价格反弹起来的高点 K 线对应的低点被破之后再放空胜算会更大。

3. 补充说明

我们多次提到，对小北极进行运用的前提条件，是确认当下正处于下跌趋势中。未了避免读者朋友对下跌趋势的确认感到困惑，这里特别做一下说明：

下跌趋势有几个背景：一是整个中期趋势往下；二是股价进行了空间修正；三是MACD指标缩头；四是三K理论出现“阴包阳”以及“阴下阴”。如果这些条件都成立，那么下跌趋势就可以说是非常明显了。如果这几个情况都符合，价格却没有下跌，可能代表此处是主力行为，也就是说主力可以打压股价，以收集散户手中的筹码。

专家提醒

上涨或反弹高点K线被之后的阴线全部覆盖时可以做空；在跌深过程中一定有反弹，风险偏好较高者也可以进行追空。当行情确认走空的过程中，任何反弹都是空点。

小　结

小北极和小南极相对，是下跌趋势中空方动能的短暂修正。在学习小北极的过程中，可以帮助我们去熟悉和掌握做空的思维，运用到股市中，更多对应着卖出股票。如果拥有多空两个方面思维，在寻找卖点的时候就很难被套牢。

当然，如果你是期货操作者，一定注意不要盲目追空！如果在自己判断的低点做空，却有一波逃命反弹的走势，高杠杆的交易可能轻松让你血本无归。最好的方法就是以逸待劳，等待最好的时机再出手，等到它弹起来，再做空。反弹什么时候结束？“阴包阳”出现的时候！

六、位阶循环和共振

中国人讲究阴阳两合，阴和阳的消长和变化是此起彼伏的，通常都是阴中有阳，阳中有阴，两者看似完全对立，却也互相依存、影响。而在股票市场中，正是这两股反作用力，推动着趋势的产生、发展、完成和扭转。

1. 位阶、循环、共振释义

位阶、循环、共振三个名词非常重要。下面将一一进行详细的解释和说明。

位阶，即行情走势的周期级别。比如长周期或者短周期。

循环，如图 2－17，即股价在上涨或下跌趋势中，同一级别波动的总称，由多头循环和空头循环组成。对于多空循环的表现和判定，可以把 20 天均线当作中级趋势，搭配 3 天均线或 5 天均线，就看到到底是一个多头循环或是空头循环。

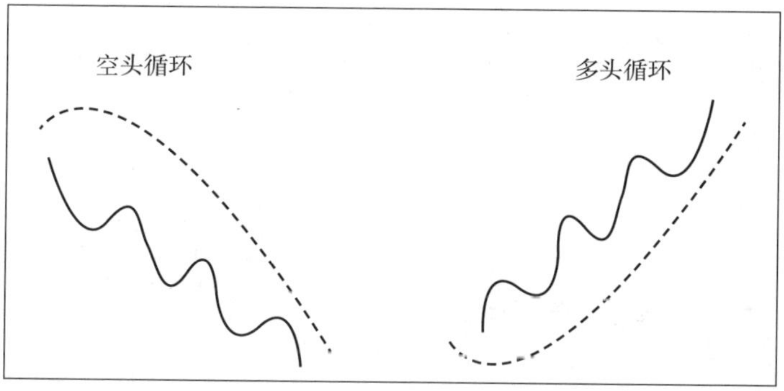

图 2－17

共振，也可以叫做接轨，指股价和均线两个通道同向运行的情况，分为多头接轨和空头接轨。所谓多头接轨，是指在总体处于上涨趋势时，股价出现向下修正，处在收敛当中，而均线依然保持向上的扬升。很快，股价在回档结束后回升，均线和股价再次处于同一个方向，即向上，我们称之为多头接轨，多头共振意味着可以买进多单。

反过来说，空头接轨就很好理解了。在股价处于下跌趋势时，股价出现反弹，处在收敛中，而均线依然呈现下弯状态。很快，反弹结束，股价继续下行，回到和均线一致的方向，即两个关键轨道同步向下。

2. 多方循环与共振

理论储备

多头循环中，会有小级别循环的回调，小级别循环修正之后，股价会再次上涨。此时，大级别和小级别的走势会表现为多头共振（接轨），等到大小周期多头接轨后，再进行做多操作即可。多头共振点，也就是小南极的做多信号。

【案例分析1】

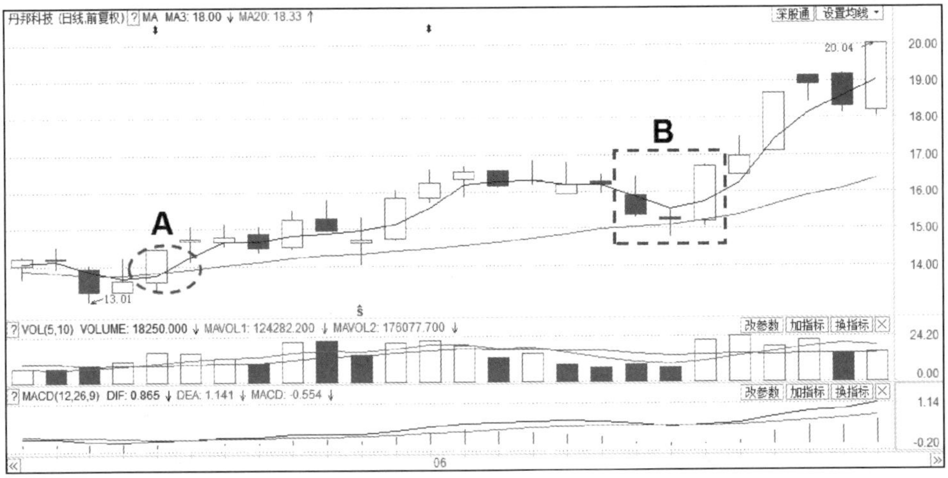

图 2－18

如图 2－18 所示，为丹邦股份的日线走势图。图中可以看到，在标示 A 处，3 日均线上穿 20 日均线形成黄金交叉之后，两根开始扩散。在标示 B 处，正乖离较大股价回调，均线再次收敛，而股价在 20 日均线处获得支撑，用“阳包阴”结束了回调，走出一根放量的长阳包住了前一天最低点 K 线的对应高点，同时也是收敛再扩散的位置。这就是多头接轨（共振）的位置，也就是买进的讯号，果然之后股价持续上涨，且量能控制稳定。

【案例分析2】

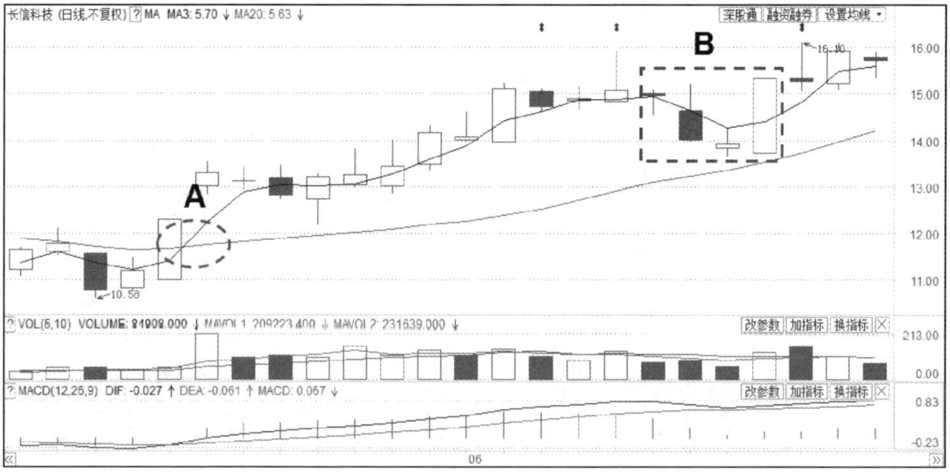

图 2－19

如图 2－19 所示，为长信科技的日线走势图。图中可以看到，在标示 A 处，股价处于相对低档，3 日均线和 20 日均线出现黄金交叉，此时，伴随一根跳空放量上涨的阳线，多方气势较强。之后，两条均线随着股价上涨出现扩散。等到股价上涨了一定的幅度后，在阶段高点出现了长的上影线，多方动能稍有冷却，有回调的需求。于是，在标示 B 处出现了空头 K 线，均线随之收敛。但股价并没有跌破 20 日均线，并在上扬的均线处获得了有力的支撑，便通过一根增量的大长阳恢复了涨势，3 日均线和 20 日均线再度扩散，同步向上，这是多头共振的位置，视作买入信号。

3. 空方循环与共振

理论储备

空头循环中会有小循环的反弹，小循环修正后再跌，出现空头共振（接轨），此时呈现出“倒 N”走势，空头共振点就是小北极的做空信号。

【案例分析1】

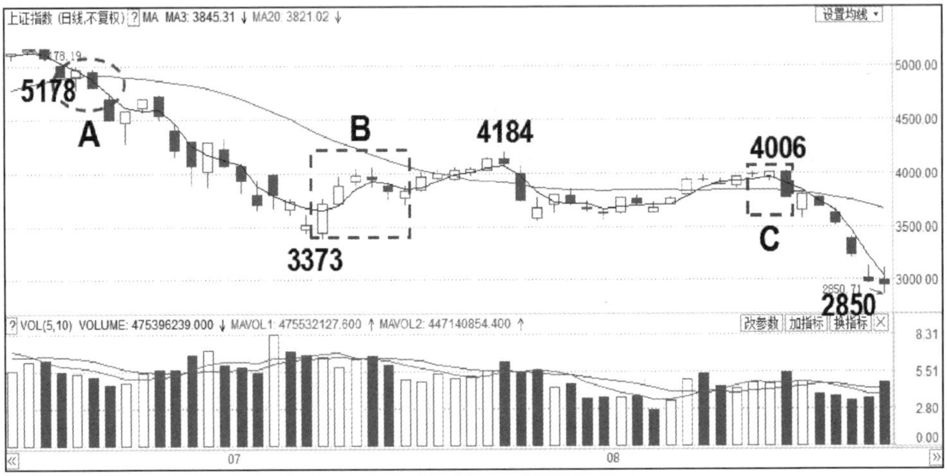

图 2－20

如图 2－20 所示，为上证指数的日线走势图。图中可以看到，在标示 A 处，上证指数最高达到 5178 点后，3 日均线下穿 20 日均线，明显形成了死亡交叉。之后指数一路不断破低跌至到 3373 点，在空头循环过程中，在标示 B 处出现了小循环反弹，也就是多方力量的反扑，均线呈现空头收敛，指数最终反弹到 4184 点，再次被量缩的跳空长阴跌破了高点 K 线对应的低点，空方力量依然强势，行情仍处于弱势。股价在反弹到 4184 点之后，一段时间内呈现出量缩的弱势震荡状态。但在标示 C 处，指数过高失败，出现了一根带量下杀的长阴，之后指数开始连续跳空向下，再次进入跌势，并且速度加快。这时 3 日均线和 20 日均线再次空头扩散，就是空头接轨和共振的信号。

【案例分析2】

如图 2－21 所示，为上证指数日线图。图中可以看到，指数在达到 3684 的高点后，出现了明显的量退潮，阴线跌破了高点 K 线的低点，趋势转弱，并且在标示 A 处，均线出现了明显的死亡交叉，之后一根大阴线向下击穿了 20 日均线，指数持续下跌，均线呈现空头扩散。在标示 B 处，出现了“阳包

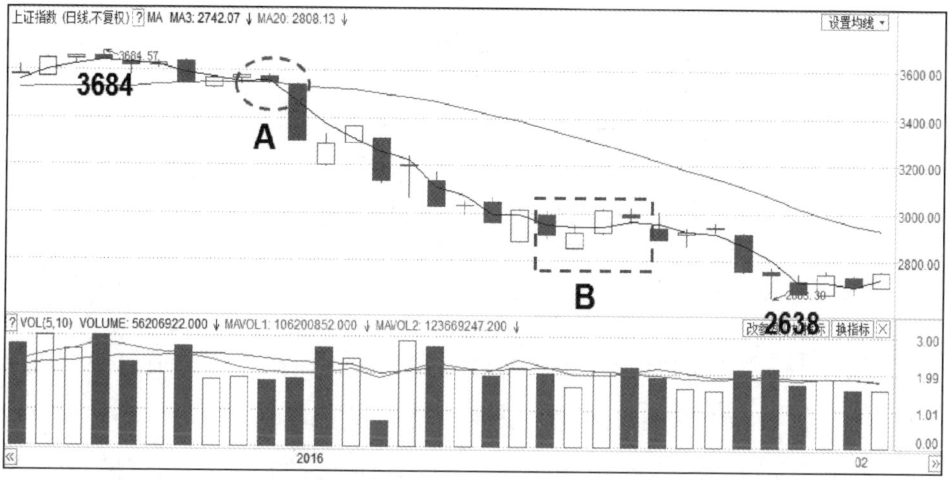

图 2-21

阴”的多头 K 线，5 日均线跟随向上，但是显然，上方的均线起到了压力作用，弱势反弹未能改变下跌的趋势，很快指数再次下跌，均线未能有效收敛便出现了空头共振，果然之后再度破低，最低跌至 2638 点。

4. 循环的实战观念

股市的行情是一个多空力量此消彼长的过程。没有绝对的多头，也没有绝对的空头，我们要关心的，只是在特定时间和条件限制下，多方力量和空方力量谁在主导引领着当下趋势和走向。所以对应的，我们在分析行情的多或空时，不能一面倒，也就是不能一味看多或看空。举个例子，假设当下月线、周线、日线都处在空方趋势里，仍然也会有大阴中的小阳存在，只是多方动能不足，战胜不了空方，无法完全扭转趋势而已。

从 K 线角度来看这个问题：假设一段走势中，刚开始是大阴中有小阳，那阴中阳的小阳要是不断变大，甚至可以包住这个阴线的话，也就是阳包阴，这就是扭转。扭转之后也可能会出现大阳里面有小阴的情况，但因为大阳包住小阴，并在小阴之后再度出现小阳，并被小阳包住，之后再次上涨。反之也是一样。图 2-22 明确展示出了大小阴阳 K 线可能出现的所有情况供大家参考。

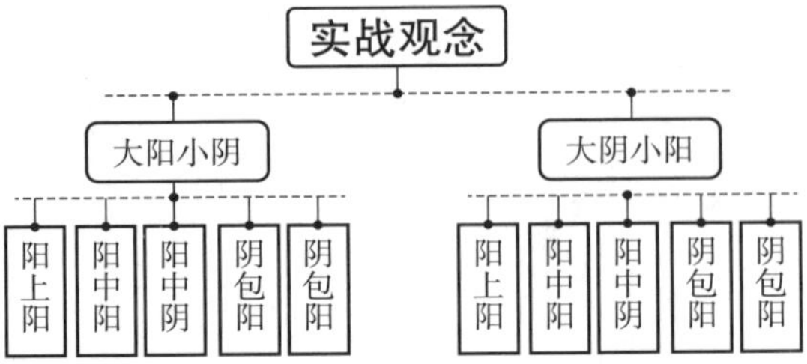

图 2－22

之所以引入这样的概念，是因为要提醒大家，在操作中，最忌讳的就是草木皆兵，被一些小的型态迷惑，反而忽略了多空的实质和趋势的力量。我们所有的操作，一定要基于市场客观的变化，而不是纯粹靠主观判断去“赌博”。市场的走向受制于各种各样的因素，要化繁为简，判断其到底是处在多头还是空头，是在多头要打败空头的过程中，还是空头已经占据上峰的状态……再做对应的操作。所有的理论，因为已经帮大家做过最简洁、最精华的整理，所以理解起来是很轻松的。那么，要成功运用这些原理去帮自己赢得财富，重点就在于坚定去做，让你的认知和行为保持一致。这才是股市中制胜的关键。

专家提醒

均线收敛的两个目的：收敛之后再扩散，或者交叉。为什么会扩散，因为 K 线上涨速度快于均线，所以产生扩散，之后一定要做修正。当然，要观察当下的修正究竟是最后修正之后的转空，还是只是某一个正乖离后的修正再涨。这里还是通过多头或空头 K 线的出现来帮助我们进行判断，即修正的尾端会告诉我们有没有出现“阳包阴”“阳上阳”，以及多头关键 K 线来告诉我们这个地方是不是多头再扩散以及多头接轨。

[总结]

我们要利用多空接轨进行相应的做多或者做空。无论是多头循环还是空头循环，买进和放空的位置就是处于多头趋势下的长周期均线收敛再扩散的位置，这往往也是多头关键 K 线或者空头关键 K 线形成与多头共振或者空头共振的位置。对于多头共振，拉回之后一直没有出现多头关键 K 线，那拉回之后有可能会带动均线走空。当然，在操作中，必然存在一定的风险。还是一样，以设置止损位来限制最大的亏损程度。其实，小“N”型本身也是一种循环，准确来讲，是一种不断走高的循环。相对的，倒“N”型则是一种不断走低的循环。

[课后思考]

1. 什么是多空接轨？
2. 在上涨过程中，是否只要出现正乖离的回调，就可以进场买进？

第三章
四象战法

名家点睛

拉尔夫·沃尔多·爱默生说:“致富的艺术不是勤奋,更不是节俭,而是选择合适的方法、合适的时机和合适的地点。”每一笔成功的投资都代表着对时机的准确把握以及策略的有效执行。

一、四象战法概述

事实上,在一些特殊位置,例如头部,总会出现一些相似的K线形态。如果总结其规律,将会对行情研判起到事半功倍的效果。四象战法正是立足于K线形态,将行情演进的整个循环过程划分为四个区间,对其特点加以探讨,并明确了每一个区间的应对方法。

四象战法中的“四象”是指红蓝四象,红即红单买进,蓝即蓝单卖出,四象则是代表行情的四个区间:底部、涨升、头部和下跌(如图3-1)。红蓝四象是以形态为着重点。

第一象,形态对应先破低再过高,或者不破低反过高;第二象,形态对应拉回支撑再涨,或者不拉回上涨。在第一象和第二象时,进行买多的操作。

第三象,形态对应先过高再破低,或者不过高反破低;第四象,形态对应反弹压力再跌,后者连续性下跌。在第三象和第四象时,对应放空的操作。

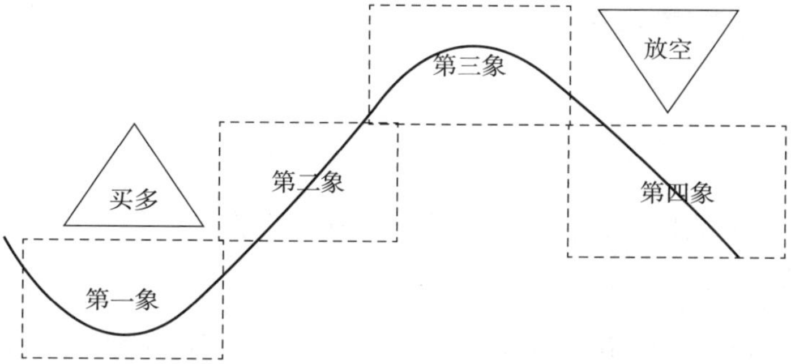

图 3－1

二、红蓝第一象之底部起涨

红蓝第一象简单来说，就是下跌常态到上涨常态所经历的过程。第一象对应型态有两种：一是先破低再过高，二是不破低反过高。

1. 第一象型态解析

第一象的形态之一，先破低再过高，表示股价之前较长时间下跌的惯性还在，一般来说，破低过程中会有反弹，反弹之后不会过前高。如此往复，直到某一天再次破前低后，次日股价又越过了前高点，打破了下跌趋势的惯性，出现转强。两度过高，则表明出现变态现象，趋势转多；而不破低反过高，代表在下跌常态中，某一天反弹又拉回时没有跌破前低点且之后还越过高点，产生变态，整个格局由下跌常态转变为上涨常态。

这里对两个大家比较陌生的名词做一下解释。一是下跌常态：表示高点不再出现，走势屡破前低。二是变态：指趋势方向的转变，在第一象中，就对应意味着由下跌常态转变为上涨常态的契机，即 K 线表现为不破低，后两度过高。

综上所述，第一象的内涵为相对低档卖方动能耗尽之后，其反作用力，也就是多方力量进场。

2. 第一象实战口诀

理论储备

第一象的实战口诀，也就是所谓底部战法，为二低一高过高再过高，进场买多止损设前低。

下跌常态中，如果出现一根 K 线，过了前一根创造新低 K 线的高点，表示转强，次日再度越过今日 K 线的高点，我们理解为行情转多。转多对应着买进的操作。

这种情况下，我们依然把止损位设在前低位置。这里和大家解释一下为什么设在前低，因为一旦行情进入上涨常态，也就是即使过高拉回，拉回后的这个相对低点没有破前低，之后二度过高，正确的情况下会出现 N 形走势，也是我们说拉回就是买点的基础所在。那么，如果过高拉回之后破了前低点，显然与我们转强转多的预判不符，也丧失了盈利的依据，这种情况下自然应该先出场，等待下一次操作时机。

【案例分析】

图 3－2

如图 3－2 所示，为华鹏飞的日线走势图。股价刚开始处于下跌常态中，不断弱势破低，在标示 A 处，一根跳空的大阳线带领股价突破前期高点，行情改变了连续破低的惯性，视为转强信号。之后股价带量拉回，释放了部分套牢盘的压力。此时较为激进的投资者可以酌情买进部分仓位，并且设置止损，如果行情转多确认，则继续加仓，如果转多失败，则及时止损出场。事实上，股价并没有再破前低，而是在标示 B 处再次突破 A 的高点，二度过高确认行情转多。较为保守的投资者可以等待行情回调时，出现“阳包阴”的多头 K 线再买入。

3. 实战要点

理论储备

股价先破低，再拉起过前高表示出现上涨征兆，征兆并不能代表完全改变下跌的走势，也可能过高再下行。这时候必须要两度过高的出现来确认多方趋势。过高后拉回测试低点，如果没有破低，就买进，止损位设在拉回的低点附近，如图 3－3 中的 L2 和 L3 位置，剩下交由市场决定赚或赔。

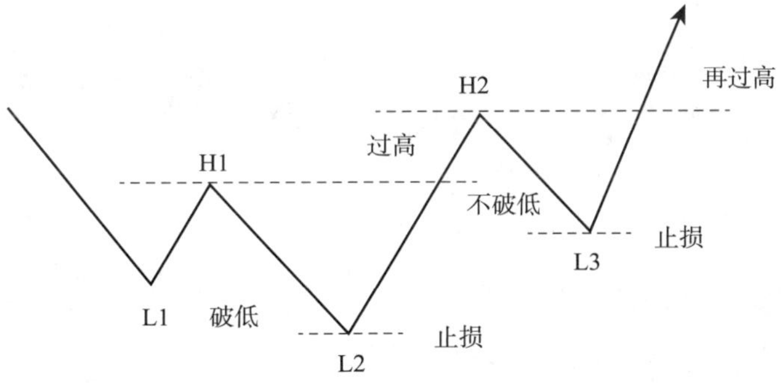

图 3－3

具体如何买进呢？这里，我们运用过高拉回买进的方法。

运用过高拉回买进的方法时，可以利用不同大小层次的浪级来寻找最优的买点。如 3－4 左图所示，只有满足了主浪过高的前提条件，才能够在次浪

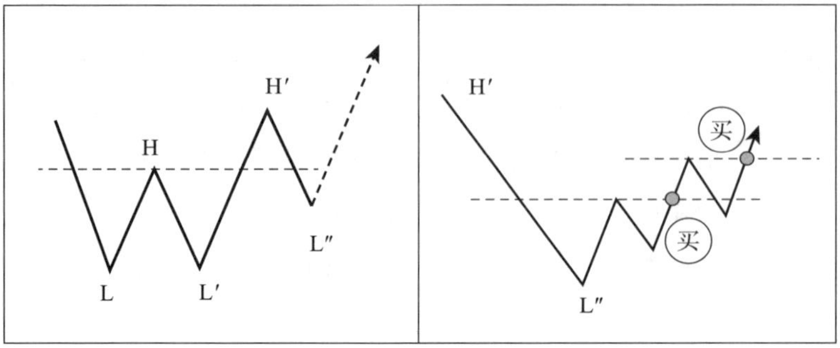

图3－4

中寻找买入机会。3－4右图中所表示的H’和左图是同一个位置，即右图是对左图部分主浪进行了放大。我们可以透过右图看到清晰的买点：即次浪突破前高时，拉回到支撑位附近时以及再次突破前高时。这三个买点，在K线表示上，都是利用拉回后的“阳包阴”作为信号买进。

【案例分析1】

图3－5

如图3－5所示，为南大光电的日线走势图。刚开始股价一直处于下跌常态中，不断刷新低点，之后出现的几次弱势反弹均没有突破前期颈线高度。

但慢慢地，股价不再破低，反而屡破前高，代表空方动能已经有限。在标示A处，股价首次突破前期颈线位置，虽次日便走出缩量的“阴包阳”，有套牢盘趁此时机出场，但没有再破低，下跌惯性已经出现改变。股价在回档后再次增量上攻，在标示B处，再次越过A处的高点，此时量能并无缩减，多方量能持续入场，走出了小“N”形走势。如果说第一次过高只是存在上涨的可能，那么二度过高则表示涨势确认，正式进入了多方趋势，直至标示C处，股价再次突破高点，股价处于上涨常态中。我们可以利用小“N”形大胆买入。

【案例分析2】

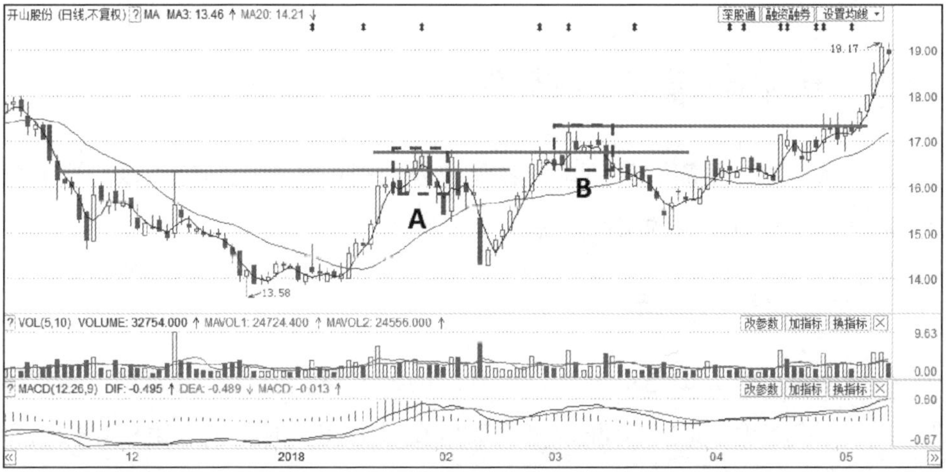

图3－6

如图3－6所示，为开山股份的日线走势图。股价期初处于下跌常态中，不断跌破前低，最低下探至13.58，交投清淡。慢慢的空方力量相对减少，股价开始增量上涨，并在标示A处首次突破前期形态高点，后股价拉回，未破前低，而是重整旗鼓，再次上涨，在标示B处突破了A的高点，量能控制稳定，此时多方趋势已经确认，在再次拉回后，可以大胆进场买入。

诚然，按表操作无法让我们次次都战胜市场，但是，在“二低一高过高再过高”的背景下做多，出现上涨的概率比较高。

专家提醒

买进的时候需要依据以下三种情况：下跌常态之后的“阳包阴”买进；时间修正后的“阳包阴”买进；空间修正后的“阳包阴”买进。原则上不鼓励追高，买进基本都是拉回后的“阳包阴”位置。

小　结

红蓝第一象，是指行情由空转多的区域。当我们在第一象中进行实际操作时，进场和止损都应该是被动的认定与执行，而非主动的预测和预判。学习的意义，正是用理智客观的判断取缔充满不确定性的猜测。

三、红蓝第二象之上涨常态

红蓝第二象，是能够帮助投资者最快赚到钱的区域。趋势不改，则利润会不断滚动，拥有足够的耐心，你就会成为赢家。

1. 第二象型态解析

红蓝四象的第二象是涨升区，涨升区的定义是：股价有空转多，不再破低，反而屡创新高，进入上涨常态，最后在买力耗尽时，进入第三象的头部区。当个股处于上涨区域时，它会有拉回的低点，但不会破前低而是再次过高，上行到股价因为正乖离过大而出现修正。

第二象对应型态有两种：一是拉回支撑再涨，二是拉回助长再涨。这里依然是源自于均线向上的过程里面会起到支撑和助长的作用。拉回之后会再过前高，就是我们的利润所在。

红蓝第二象一定是第一象底部区域的完成以及确认，从而进入到上涨常态中。要牢记，走势过高之后拉回的低点不再破前低，拉回就是买点。简单来说，确认上涨常态后，任何的拉回都是买点。

2. 第二象实战口诀

理论储备

第二象的实战口诀，即涨势战法为：二高一低破低再破低，进场放空止损设前高。当股价低点不再出现，而是屡过前高，进入上涨常态，就应该放任涨势。其中，过高是转强或者转多的信号，甚至是进场做多的买进指令，可顺势做多，在股价回档时寻找买点。而破低是转弱或是转空的信号，甚至是进场做空的防控指令，针对现货和期货，可顺势作空，在价格反弹时找空点。

下跌常态中，如果出现一根K线，过了前一根创造新低K线的高点，表示转强，次日再度越过今日K线的高点，则理解为行情转多。转多对应着买进的操作。

当然，市场表现是多重因素共振下演化的，风险必然存在，所以我们仍然要设置止损位，来应对少数异常情况的发生。就算无法避开所有风险，我们也要做懂输的赢家。

【案例分析1】

图3－7

如图 3 －7 所示，为兆新股份的日线走势图。图中可以看到，在标示 A 处它出现一个明显的过高，后面的拉回也是一样形成浪中浪，但量能萎缩，并未扭转趋势。之后再过高，股价进入上涨常态，在股价拉回时，应该把握买进的时机。该股量能随股价呈现阶梯式增加，多方动能源源不断涌入，连续两日出现涨停板便不足为奇了。

【案例分析2】

图 3 －8

如图 3 －8 所示，为新五丰的日线走势图。图中可以看到在上涨趋势中，股价的特点就是不断过高。要分辨多头和空头最重要的一点就是形态上的过高破低，形态只要注意八个字就可以：高点、低点、过高、破低，如果是多头它就一定是不断过高，一次过高不够，一定要两次过高才能证明它是在多头。

> **专家提醒**
>
> 在股价进入上涨常态时，投资者不要惧怕在拉回时买入，因为这里的回档并不违背既定趋势的延续性。

小 结

我们分辨行情是不是已经进入到红蓝第二象的涨升区，要通过这个过程里面出现的中段整理。中段整理结束我们会有非常重要的再度进场的机会，这里仍然以多头K线“阳包阴”为精准进场点。

四、红蓝第三象之头部型态

红蓝四象的第三象是指头部区。简单来说就是在高档位置发生的转折，表明相对高档的买方动能耗尽之后，作为反作用力的空方力量开始进场。

1. 第三象型态解析

第三象对应头部形态，其含义是股价在相对高档先过高后破低，一再破低甚至线下破低进入第四象的跌挫区。

多数投资者在第三象的操作瓶颈是不懂得如何正确卖出。在实际操作中。大家常常会有这样的疑惑：买对了股票，却总是抱不住，错失了利润。或者因为贪婪，没有及时出场，一路跌一路补，结果越套越深。那么这时，树立起空头的观念就十分重要了。如果大家有进行期货交易，会发现做多赚得多，而做空赚得快。主力吸筹往往是一个相对缓慢的过程，吸筹完成之后会有大幅拉伸。一旦主力要抽身，就会弃如敝履，价格将出现快速下杀。虽然A股市场属于单方向做多的市场，但是我们仍然要通过学习树立起空方的思维。多与空两个方向的思考和理解能够帮助你做出更加成熟可行的投资决策。所谓的空头概念，重点在于要识别出到底什么时候处在头部的区域，帮助避开下跌的风险。

2. 第三象实战口诀

理论储备

第三象的实战口诀，即头部战法为：二高一低破低再破低，进场放空止损设前高。

二高一低破低是指连续上涨后，先过高是由于多头的惯性，而前低被跌破之后则是对这种惯性的破坏和改变，第一次破低看作转弱，之后二次破低就代表行情转空，这时候股票投资者应该赶快出场逃命；期货投资者则应该进场做空，因为这里做空的胜算很大，但是仍然要将止损位设置在之前的次高点。

【案例分析】

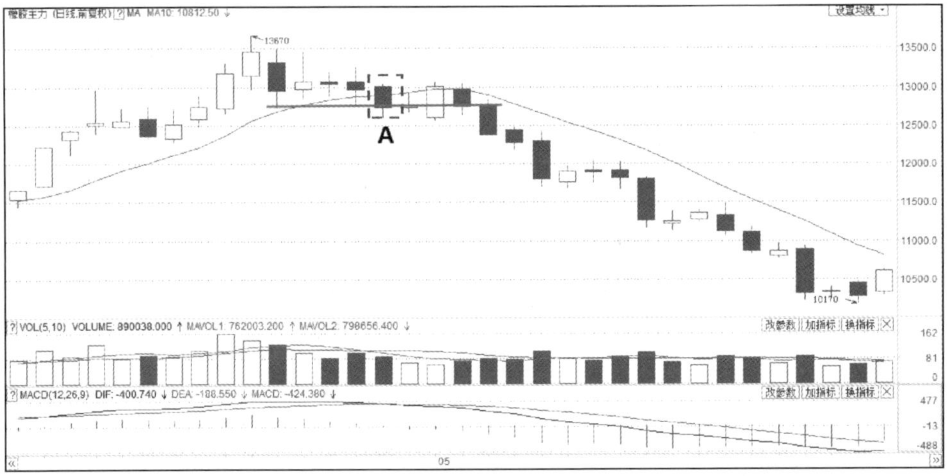

图 3－9

如图 3－9 所示，为橡胶主力日线走势图。在前面的涨升过程中，股价呈阶梯状，每一次反弹拉回的低点形成阶梯，随后会再次上行，直到 13670。之后价格反弹拉回没有过高，反转向下破低，隐含行情走弱或走空的风险。在标示 A 处，价格跌破前低，行情正式转空。在整个涨升过程中价格走势具有惯性，如果之前一直是做多，一旦惯性改变，操作也需要跟着改变。

如图 3－10 所示，为橡胶期货的 60 分钟走势图。针对现货和期货，我们可以借助小时线提前发现头部，确认头部就可以进行放空的操作了。因为有时从日线角度观察多空力量的演变会比较滞后。期货中是 22 小时的交易时

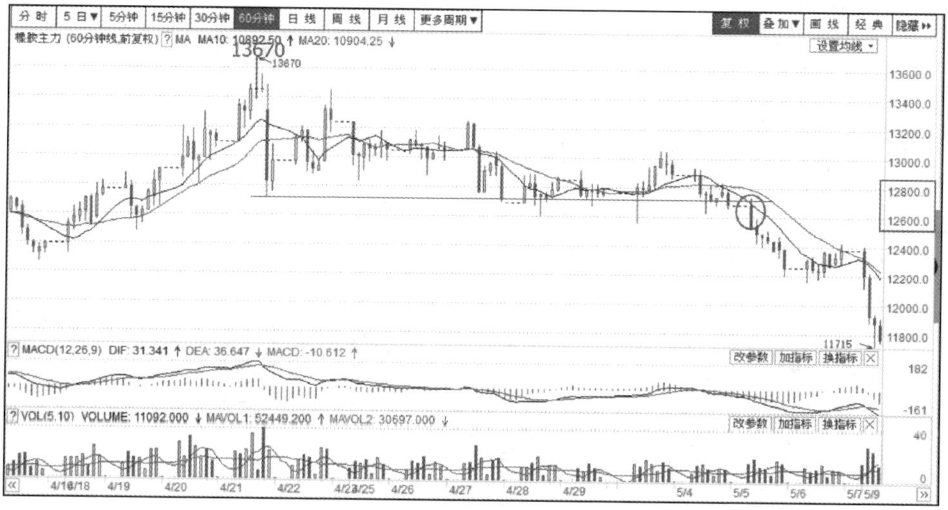

图 3－10

间，用日 K 线很慢，尤其受杠杆影响不能够用日线判断，只能运用日 K 线之间的组合看所属的多空背景，而真正的转折应该用小时线甚至 30 分钟、15 分钟 K 线。

在此案例中，开始的多头节奏很明显，13670 后开始转变，拉回破低后没有过高而是进行盘整，之后再破低形成跌势，整个头部很明显。

3. 实战要点

理论储备

所谓破低反弹空主要针对期货的交易者，是指在破低过程中还可以留意反弹的机会，通过不同层次的浪级寻找好的买点。如图 3－11 所示。

在破低反弹，寻找做空机会的过程中，可以对做空的位置进行细化：利用主浪破低为做空的条件，在此基础上，通过次浪的反弹寻找最佳的放空时机。破低反弹不要急于出手，应该等待次浪出现破低再破低的时候再进行放空操作。

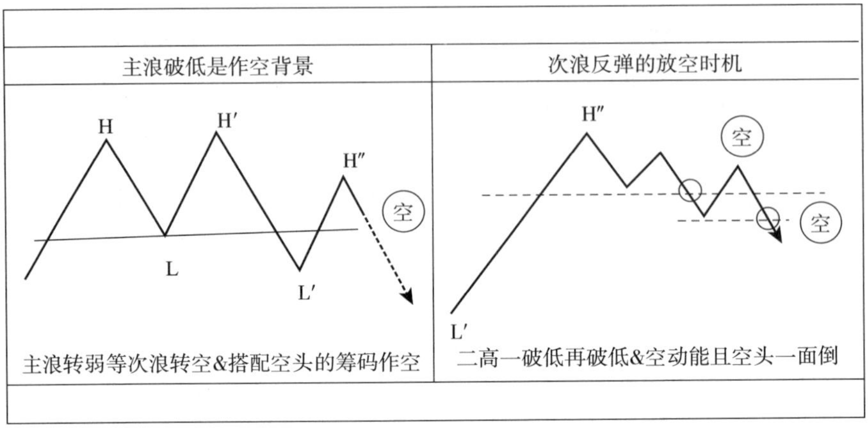

图 3－11

【案例分析 1】

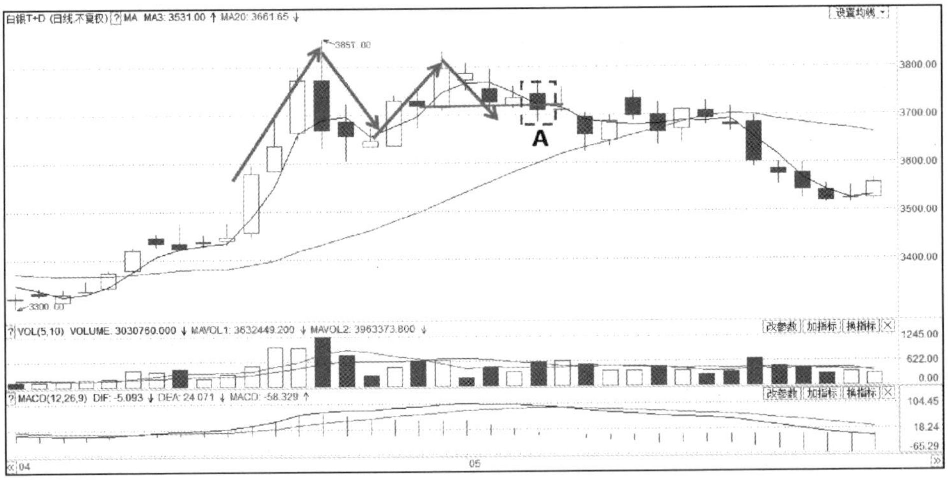

图 3－12

如图 3－12 所示，为白银 T＋D 的日线走势图。价格一路上涨到 3857 高点后，出现了拉回，拉回后的反弹并没有过前高，这时候应该警觉会不会形成双头。在此案例中，在标示 A 处的阴线跌破了前低，从 K 线上确实形成了双峰头部，后面也没有再出现“阳包阴”以及“阳上阳”的多头 K 线改变趋势，因此开启了下跌行情。

当价格高点之后的反弹未过前高时，我们就应该警觉是否形成双头，第二个高点的低点被跌破很可能形成双峰的头部区。

【案例分析2】

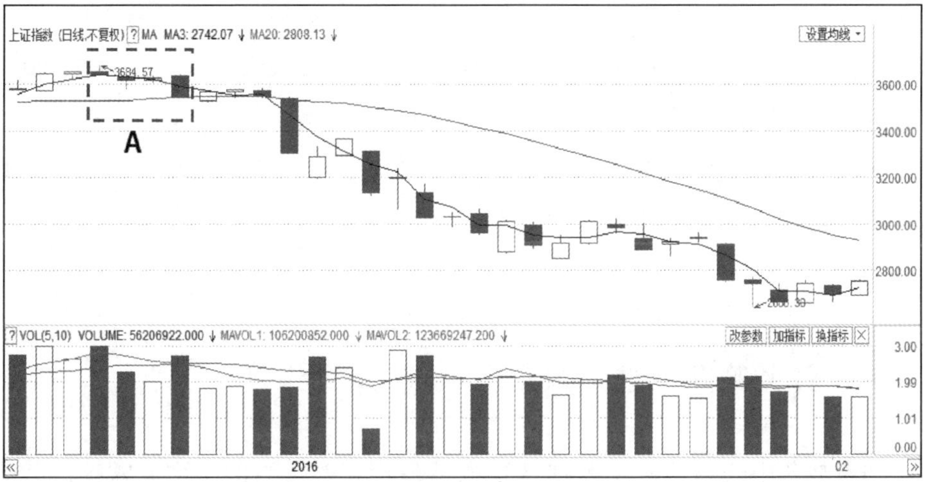

图 3-13

如图 3-13 所示，为上证指数日线图。用三根 K 线来看，一开始明显还处于多头走势中，但在标示 A 处陆续出现了“阴包阳”和“阴下阴”，在整个下跌的过程中，都没有出现任何转强和转多的信号。

所以，跌势对应着三 K 转弱和转空之后，一直没有转多信号出现。行情的转多转空一定要运用到三根 K 线告诉我们哪里是“峰”，如果进一步让均线由多转空，那头部就得到更明显的确认。

专家提醒

头部会表现为许多“峰”，就像底部的“脚”一般。峰的组成就看三 K，多峰是行情转弱后不断再转强的体现，直到行情完全转空，开启下跌趋势。在股价涨升过程中出现的“峰”，主要是拉回后出现的“阳包阴”形成的，如果后续没有多头 K 线出现延续多方的气势，股价会再次进入跌势中。

小 结

我们将市场中的投资者分为三个层次：第三层次是只会买不会卖；第二层次是只会卖但不敢做空；第一种层次就是敢于做空。做空赚得快，做多赚得多。即使不做空，掌握头部的特点，也可以帮助我们避开多头的风险。

四象战法中的第三象——头部的起跌中，主要是要做到头部形成后避开做多的风险，以及创造空单利润。它是在走势“先过高再破低，不过高反破低”的时候进行放空。过高是由于存在上涨的惯性，过高拉回后破低，之后高点不过前高反而继续破低就代表头部已经形成，后半部分均线通常呈现下弯型态。

五、红蓝第四象之下跌常态

四象战法中的第四象为跌挫区，也是一轮完整行情的结束。跌挫区代表行情由多转空，走势开始下挫，进入下跌常态，从而一直到下一个上涨常态的过程。

1. 第四象型态解析

第四象对应型态有两种：一是反弹压力再跌，二是反弹助跌再跌。当然，我们仍然需要用到三根 K 线来确认压力和助跌。

为什么会出现反弹？一般来说，股价下跌速度过快时，就会有回升的需求。一方面，反弹会测试上方均线的压力，如果压力较大，行情难以反转，则会继续下跌直到跌幅满足；另一方面，也可以看作是主力诱多入场再杀多的行为。对于主力来说，为了在最有利的价格区间抛出所持股票，会通过拉升股票来吸引散户进场接盘，所以反弹过后，股票会再次进入跌势。

在第四象中有三个重点：一是乖离和背离；二是压力和助跌；三是下跌常态。下跌常态也是日内操作者的做空区间。

2. 第四象实战口诀

理论储备

第四象的实战口诀为：高点不再，屡破前低。下跌常态，放任跌势。也就是说，当走势停止突破前高，而是开始不断跌破前低，就代表行情已经进入了下跌常态中，这时候的应对方法很简单，那就是放任跌势！

如图 3－14 所示，在跌挫区，行情受制于下弯的均线，当股价经历了连续下跌后，偏离均线过大，在标示 2 处出现了乖离和背离，这里可以进行短多的操作。在标示 2 到标示 5 之间出现的中段整理，一般是诱多再跌，投资者不应该被小级别的反弹迷惑，跌挫区的主轴在于做空。如果交易经验不够丰富，当然还是不要轻易反趋势操作。

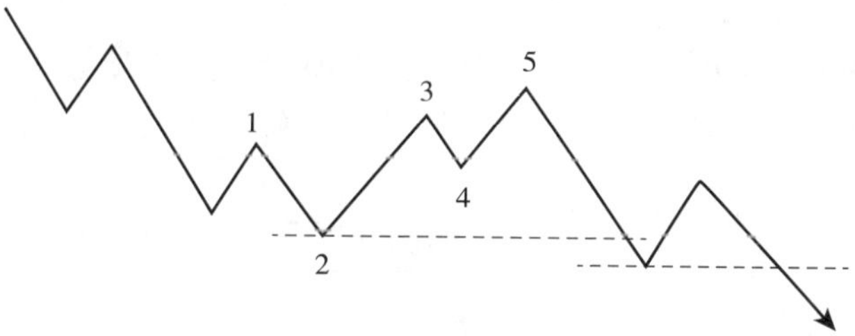

图 3－14

空头主浪和反弹次浪

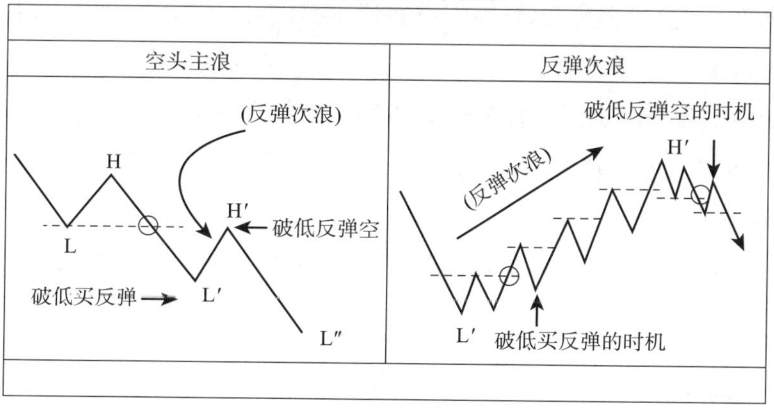

图 3－15

在跌挫区的实际操作中，同样要善用不同周期的共振选择精准的操作时机。如图 3 - 15 所示，左图是空头主浪，那在空头主浪里面也会出现反弹次浪，右边是放大后的反弹次浪。当反弹次浪没有不断过高，而是转向下跌，不断破低，也就是出现空头共振的时候，也就是我们做空的时机。

【案例分析1】

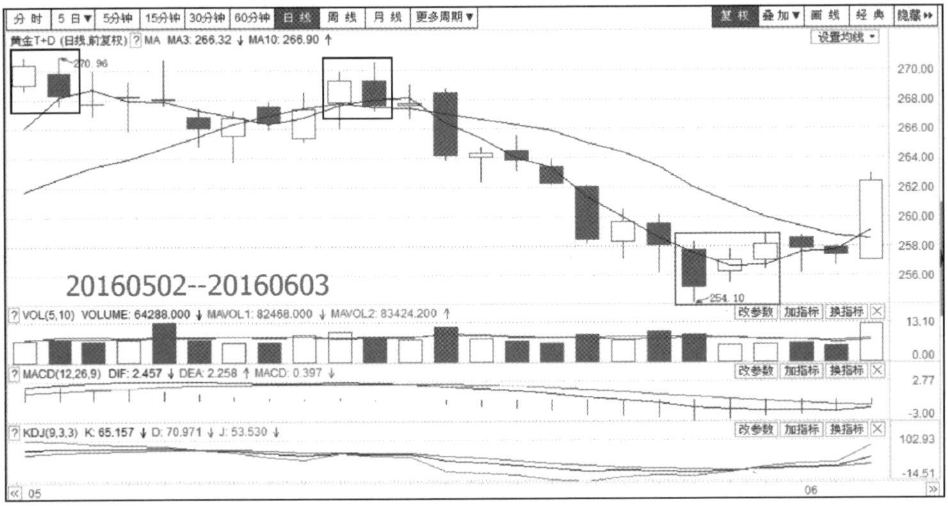

图 3 - 16

如图 3 - 16 所示，为黄金 T + D 的日线走势图。它在相对高档标示 A 处出现“阴包阳”，这是多头开始转弱的信号。两日后，价格在一根带量长阴的带动下再度破低，行情确认走空。之后的下跌过程中，并没有出现有效的多头 K 线，价格之后一路走低，直至标示 B 处，价格来到 254. 10 的低点才出现明显的“阳包阴”，代表行情可能会转强，在这之间整个下跌段，都是做空的机会，也是利润的空间。

如果在相对高档出现“阴包阳”，一般将其视为多头转弱的信号，除非之后再度出现“阳包阴”的多方反扑，否则就是作空的机会。

【案例分析2】

如图 3 - 17 所示，为螺纹钢 1610 的日线走势图。我们可以清晰地看到，

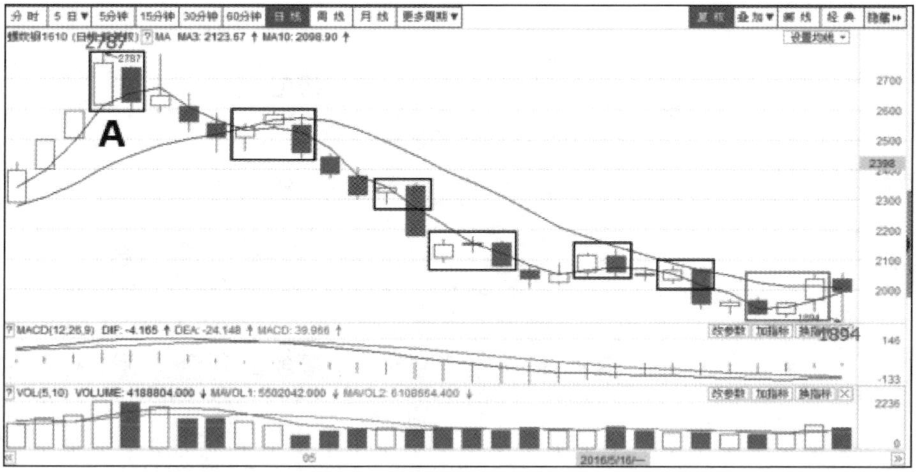

图 3－17

在标示 A 处的最高点 2787K 线被后一日的阴线几乎完全覆盖，且量能微缩，认为是多方力量开始退潮，之后两日价格再次缩量下跌，空方气势慢慢集结，趋势转空，进入下跌常态中。在下跌中，股价曾多次反弹，如标示 B 处，但每次多方的反扑很快就被不断涌入的卖方动能吞噬，出现空方 K 线“阴包阳”，这时出现的反弹都可看作是放空的时机。止损位应该设在阴包阳的阴线高点。

每一次操作都要承担相应的风险。所以，每当达到止损位，就一定要坚决执行。如果没有止损就代表做对了动作，那就放任跌势。我们不能保证每单都赚钱，但是我们一定要做对动作。

【案例分析3】

如图 3－18 所示，为橡胶主力的日线走势图。在标示 A 处，价格来到最高点 13670，但是隔天，高点 K 线的低点便被一根阴线跌破，高档的“阴包阳”代表多方力量已经相对耗尽，为行情转弱信号。之后再标示 B 处的再次破低，正式形成了空头的惯性，而下跌惯性就是我们放空盈利的基础。投资者可以在标示 C 处出现“阴包阳”入场放空。同样地，将止损设在反弹时出现的“阳包阴”的阳线高点。

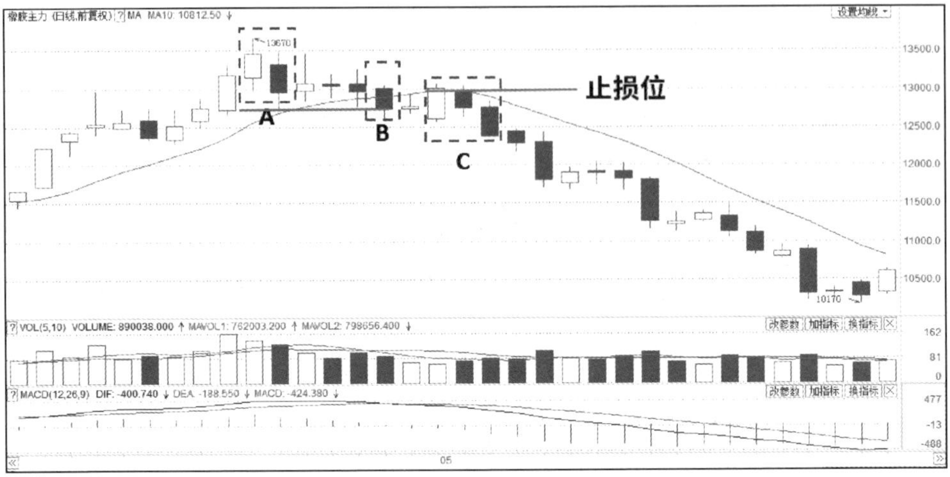

图 3 – 18

空头特点就是不断破前低，破低再破低形成空头惯性，所以利用空惯性进场作空，止损设在前高或者出现阳包阴。

专家提醒

下跌过程一般就是走阶梯，走阶梯就是不断破低，不断破低是空头，那空头会形成惯性。我们要利用空头惯性来赚钱，那形成空头惯性的第一次破低就很重要。但是，初次破低趋势并不能成立，所以要等到第二次破低才能确认下跌趋势，一旦确认，我们就要利用下跌常态的特点，反弹找空点。

小 结

本节主要讲到下跌的过程，在操作的具体运用中一定要充分了解背景，即确认跌势，之后利用反弹后的“阴包阳”放空。操作技巧就是反弹都是空点，空头不断下跌直到最后一个负乖离，最后进入第一象的底部区！

六、跳空与缺口

由于四象战法本身是在讲解型态，而型态中一定有缺口，为了四象战法的完整性以及大家能够更加全面的对四象战法进行深入学习和了解，所以本节将会和大家讨论有关缺口的问题。因为股票交易中，对缺口的分析较多，而现货、期货属于连续交易（22 小时），比较少出现缺口，所以本节仍旧以股票为分析对象。

1. 缺口定义及分类

缺口，代表的是一段没有成交的位置。如图 3－19 所示，缺口可以分为下跳空和上跳空。以日线为例，下跳空指某日股价的最高价比上一日的最低价还要低；上跳空是指某日股价的最低价比上一日的最高价还要高。缺口中间没有经过任何股票换手。

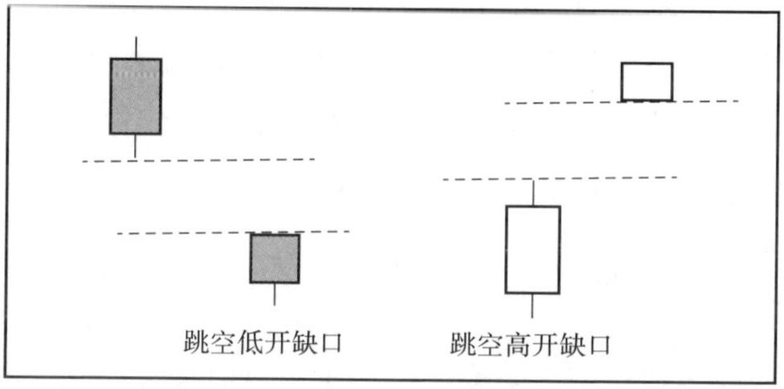

图 3－19

缺口其实是主力行为的体现，向上的跳空缺口和向下的跳空缺口都包含了四类，分别是起航缺口（包括起涨缺口和起跌缺口）、中继缺口（包括上涨过程中的中继缺口和下跌趋势中的中继缺口）、竭尽缺口（包括多头竭尽缺口和空头竭尽缺口）以及普通缺口。四种缺口如图 3－20 所示。

图 3 - 20

缺口的出现一般由以下原因导致：

(1) 除息、除权缺口，由于除权或除息在K线图上留下缺口。这样的缺口，可以向前复权观察之间量价结构以辅助判断，其他方面没有过度研究的必要；

(2) 由于平时价位波动所造成的普通缺口，今日与昨日价位并不完全连贯，上下落差不大，通常出现在一个交易频繁的整理区域；

(3) 由于股价突破而造成的爆炸性缺口，这是在操作中最有意义的缺口，这种缺口通常分为突破缺口、中继缺口、竭尽缺口。

缺口通常出现突发性消息，而且这个缺口不在盘中出现，一定在开盘的时候出现，所以收盘到第二天或下个星期的开盘间发生的消息会造成开盘跳空开高或跳空开低，如果缺口被很快填补则没有多大意义。

2. 突破缺口操作要义

突破缺口一般出现在型态明确之后，比如矩形整理型态、三角整理型态、头肩底型态。当某日股价以一个大小不一的缺口跳空上升，突破盘局整理型态，此缺口就是表示真正的突破已经形成。股价将顺着股价趋势行进上去，也就是说股价在型态上端突破，整理区域便成为支撑区，将有一段上升行情出现，如果多方能够继续把握主动权，股价将持续上升一段时间。

突破缺口包含两种意义：一是转折完成，即显示反转型态已经完成；二是加速，即表示未来走势将会在已有趋势上加速行进。

如果市场突然间出现了重大利好消息，股价呈跳跃式上升，在图形上留下一道缺口，之后继续上升，这种形成缺口的走势是最具爆炸性的。对于喜欢做短线交易的投资者来说，更要把握突破缺口所带来的后续上涨行情。实际操作中，如果能够在出现突破缺口时就势买进，获利的概率是很高的。

普通缺口和突破缺口的主要区别是：

（1）突破短期内不会回补，普通缺口短期内就会回补；

（2）普通缺口仍属整理型态，在整理型态范围内波动，突破缺口是对整理型态的突破；

（3）普通缺口出现时，一般情况下成交量与往年相比没有异常，突破缺口出现时，当天或第二天与往常相比具有较大成交量。

利用突破缺口来寻找具有较大幅度上涨潜力的个股，关键在于把握普通缺口与突破缺口的区别。因为普遍缺口没有操作意义，突破缺口才有操作意义。

3. 中继缺口操作要义

突破缺口之后，再产生的缺口称为中继缺口。如果说突破缺口标志着一个新走势的里程碑，而强劲的上涨动能不断涌现，股价将会仍然以缺口形势继续向上。这种缺口称之为中继缺口，造成持续性缺口的原因多数是突发性利好消息仍然发挥着作用，支持股价走高。

中继缺口出现的次数比前两种缺口要少，通常发生于直线式的暴涨或者暴跌时，也常常在股价突破型态上升后，至下一个整理，或反转型态的中途出现。因此中继缺口可大约预测未来股价移动的距离，所以又称为测量缺口。投资者可根据测算结果，判断中继缺口之后的上涨幅度，并且据此参与行情。

具体计算的方法为：从整理型态起算，股价最低点至中继缺口的垂直距离为标准，再以中继缺口为起点，向上增加同样的垂直距离，计算出此段行情最终大概能够上涨到的位置。

突破缺口表明一种股价移动的开始，中继缺口是快速移动或近于中点讯号，与之相对应的还有衰竭缺口，到底如何运作缺口做为操作依据，对投资者来说，是非常重要的一环。一般来说，股价留下缺口伴随着较大成交量，这便是多头行情的象征，应该继续持有股票或在回档时买进，中继缺口会在突破缺口之后出现，这两种缺口多数都不会在短期内回补。在一个长期的或者重要的升势中，可能出现两个至三个中继缺口，极端时会出现四个。

在实际运作中，突破缺口后可以作为买进信号，因为这代表转势的确立。而中继缺口也可以作为买进信号，因为从理论上来说，仍然还有一半的涨幅未达到。如果突破缺口 3 天之后还未回补，其基本可以确认不是普通缺口而是突破缺口，此时如再出现中继缺口，后面的升势就确实无疑，此时介入可获得一段短线的利润。

4. 竭尽缺口操作要义

兵法有云："一鼓作气，再而衰，三而竭"，当股价运行过程中相继出现了突破缺口、中继缺口，在一段趋势的末端再次出现的缺口就叫做竭尽缺口。

一般来说，热门股票的上升或下跌行情出现衰竭性缺口前，绝大部分已出现其他类型的缺口。当然，并不是所有股票在行情结束前，都一定会产生衰竭性缺口。

竭尽缺口可以通过以下几个标准来判断：一是根据成交量。如果缺口发生当日或次日的成交量相比过去交易日普遍成交量水平激增，且预期将来一段时间内，不可能出现比此更大的成交量，极可能就是竭尽性缺口。二是根据后一日的行情表现。如果缺口出现后第二天的行情发生反转，且收盘价正好落在缺口的边缘，就更加肯定是竭尽缺口。同理，下跌结束前出现向下跳空 K 线，成交量萎缩，此缺口亦是竭尽缺口。需要注意的是，空头竭尽缺口不像多头竭尽缺口，它不需要成交量增加来印证。

上升过程中，一般有完整的突破缺口、中继缺口和竭尽缺口。下跌过程由于大多具有阴跌特点，速度并不快，缺口也就不多见，完整出现突破缺口、持续缺口的就更为罕见。我们发现下跌中仅出现一个衰竭缺口的概率相对来说要大一些。竭尽性缺口就像中继缺口一样，伴随着快而猛的价格上升或下跌，若要分辨此两种缺口最好的依据就是缺口发生的当天或隔一天的成交量情况。衰竭缺口的出现，无论是在上升行情中还是下跌行情中都意味着原有的走势即将发生反转。就股市来说，我们不妨认为，突破性缺口是"一次鼓"，中继性缺口是"二次鼓"，那么，竭尽缺口自然是多或空某一方力量耗尽的表现。如果是在上升过程中出现竭尽缺口意味着升势即将结束，要注意及时卖出获利；如果是在下跌过程中出现衰竭性缺口意味着即将止跌企稳，便可以做好吸纳的准备。

5. 缺口模型应用

理论储备

我们将四种缺口的类型按照多头缺口和空头缺口进行划分，如图 3－21 所示，出现在不同位阶（打底、上涨、盘头、下跌）的缺口有不同的意义。

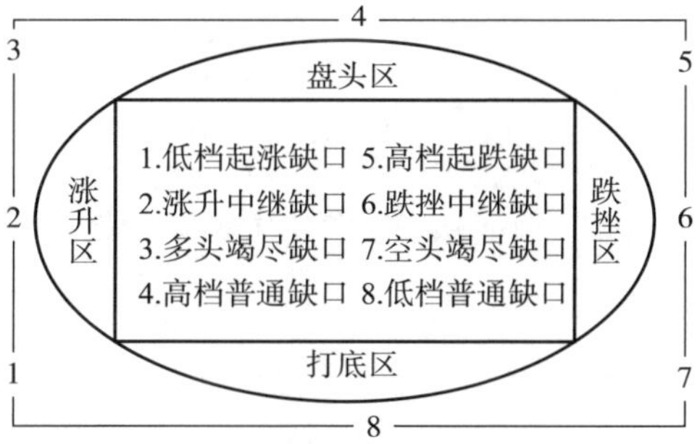

图 3－21

多头缺口包括空头竭尽缺口和低档起涨缺口。其中，空头竭尽缺口代表的是空头力量阶段性耗尽，当空头力量耗尽时，即使出现再大利空，缺乏空方动能的情况下也难以继续下跌；低档起涨缺口，如果 1 和 7 在相对低档不同时间出现的时候就有可能出现倒状，就是所谓的低档反转信号，这个地方一定要做买进动作，如果是热门题材会更好。

在股价上涨的过程中会出现中继缺口。也就是说，股价上涨了一定幅度之后，会进行整理出现跳空，跳空后继续涨。多头涨升有时候会用最后的拉升跳空，即以涨止涨，最后跳空会出现阴包阳，代表多头力量耗尽，可以称为多头竭尽缺口。

普通缺口是在相对高档出现多头竭尽缺口后又出现许多其他缺口，但是基本往上跳空后隔天填补、往下跳空隔天填补反反复复，缺口很容易被填补，呈现的是无意义缺口，没有任何参考性（转折确认开始、涨升持续过程、转空确认以及开始、下跌过程中继阶段），最后是竭尽缺口出现后止跌。

【案例分析1】

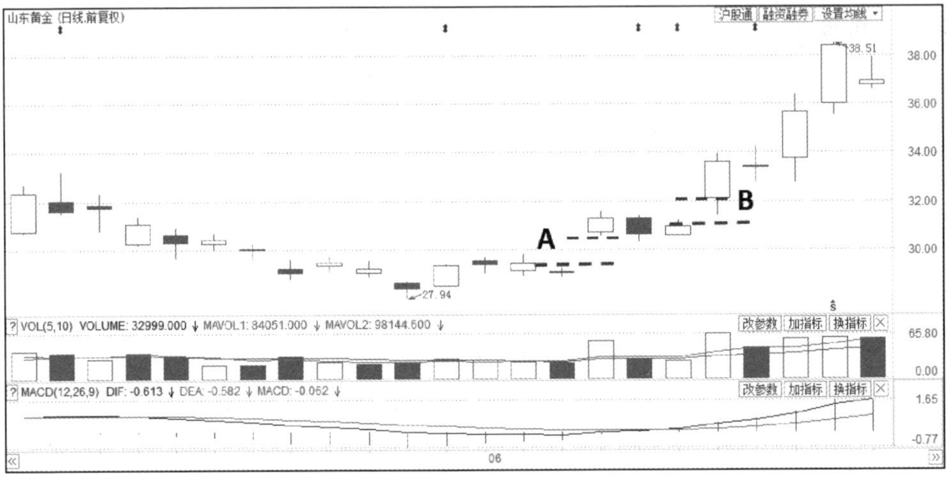

图3－22

如图3－22所示，为山东黄金2016.5.16—2016.6.16的日线走势图。同时间段，上海黄金交易所上海黄金走势跟这支股票基本类似。股价在上涨途中出现拉回后，走出了明显的“阳包阴”，并且在标示A处有向上的跳空缺口，则表明多方更加强势。平行线处是很明显的起涨缺口，缺口正是多头上攻意图的体现。隔天股价虽然稍微下落，但没有完全将缺口封闭，小阴线后第一天出现止稳，第二天在标示B处再次出现向上的跳空缺口，这代表充足的买方力量持续介入。缺口的填补情况能够说明多空力量强弱及耗尽与否。

通常技术分析在热门题材上发挥的效用明显。一些被投资者所熟知的技术内涵在K线图中显示时，常常会吸引跟风的投资者，而后更容易引发小“N”形走势再过高，将股价推升上去。

【案例分析2】

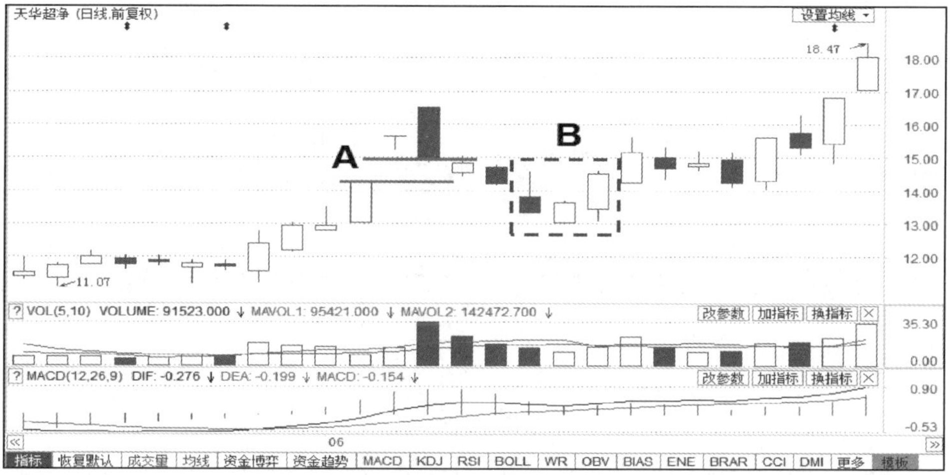

图 3－23

如图 3－23 所示，为天华超净的日线走势图。在股价上涨过程中，多头力量渐渐耗尽，在标示 A 处出现向上的跳空缺口，次日便被一根带量的大阴线跌破，三日内便回补了缺口，但此时成交量并没有放出天量，而是持续萎缩，不能认为这是竭尽缺口。这时，空方动能开始涌入，需要观察上涨过程中的最后一个跳空，之后有没有阴线将其缺口封闭起来，从而显示多头买力是否真正阶段性耗尽。当然，即使阴线将此缺口封闭，也不代表行情已经转空，但是至少会进入修正期。修正拉回后，在标示 B 处出现“阳包阴”“阳上阳”的多头 K 线，行情再度转强。

【案例分析3】

如图 3－24 所示，为三川智慧日线走势图。在标示 A 处，有一个小幅的向下跳空，虽然之后几天股价并没有向上回补，但在标示 B 处，直接出现了较大幅度的向上跳空缺口，中间几天的 K 线型态呈现“小岛”状，又叫岛状反转。在跳空出现之后，股价仍然稳步上涨，并且量能控制很稳定。

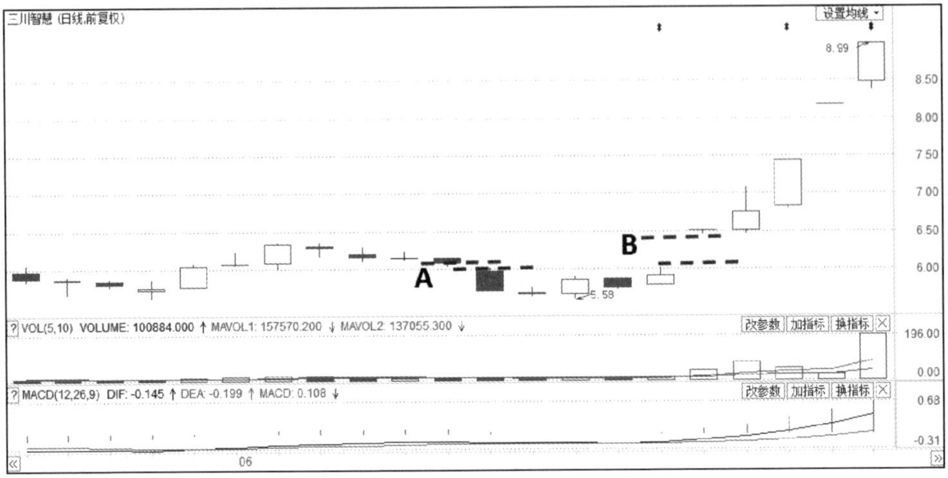

图 3－24

每一支股票飙涨前都有蛛丝马迹，只在于我们有没有去发现，知道它们的共性，就能抓住那些低档反转可以飙涨的股票。回到这档股票上来，第一次向上跳空缺口后隔天肯定难买到，但在标示 A 处跳空缺口隔日走出的小阳线，明显是延续了多方的气势，没有任何回补缺口的迹象，代表缺口确实是多方力量集中攻击的展示，可以找准机会介入。

专家提醒

缺口是在分析型态时非常有效的辅助性依据，我们可以从缺口出现的位置，缺口大小的程度以及类型，对趋势做出更加有保障的判断。在不同的缺口类型中，我们尤其需要关注的是起跌缺口、中继缺口以及竭尽缺口，把握这三种缺口，就可以洞察主力行为，紧跟节奏，从而获得利润。

以上的案例分析很多都呈现的是低档反转的“岛状”现象，展现更多的是五力中的空头力量或卖方力量的阶段性耗尽。空头力量耗尽是最大的利好，即使之后出现利空消息也跌不下去。判断是否最后一跌，需要观察缺口，大多为空头竭尽缺口之后是否接着出现跳空起涨缺口，如果正处于热门版块则更要买进。

[总结]

我们都知道，掌握趋势的脉络，在于抓住重要的转折，红蓝四象理论正是为大家提供行情在起涨、上涨常态、起跌以及下跌常态中的表现，即关键转折处的规律，帮助大家轻松利用趋势的力量实现利润滚动。但是，转折的认定需要图表上走势确实展现。如果胜算很小，或者是难以驾驭的情况，则应该放弃操作，也就是我们常说的“宁愿错过，不要过错”。

[课后思考]

1. 在红蓝第一象中应该进行怎样的操作？
2. 突破缺口该如何判定？

第四章

六合战法

名家点睛

威廉·欧奈尔说："股市中赚钱的全部秘诀就是在你已经错了时，尽可能少赔钱。"投资者不该为了幻想中的浮盈，不断打破自己立下的操作规则。这样做不仅会失去利润，甚至可能丧失本金。

一、六合战法概述

六合战法，总共包含了六种综合战法。它的运用以型态为基础，通过结果型态判断，做出相应操作的战法。

六合战法包含了过高型态对应的三种战略和破低型态对应的三种战略。我们将从表4－1中列出的12项重点内容为切入点，学习六合战法的思路和精髓。

表4－1

型态过高破低的意义	六合战法过高空回档
过高的三个意义及战法	六合战法过高回档买
破低的三个意义及战法	六合战法过高直接买
六合战法的基本模型	六合战法破低买反弹
六合战法的战略战术	六合战法破低反弹空
六合战法的实战口诀	六合战法破低直接空

要通过对过高和破低对应的三种型态含义和对应操作之后，我们所面临的问题是，如何识别这六种型态？也就是说，什么时候是多头陷阱，什么时候是空头信号，我们在看到什么样的盘面表现，才能对它们做出判断呢？这时就要用到六合战法中的六个基本模型，对应不同的模型，就能够轻松分辨出六种型态。如图 4 - 1 所示，二低一高过高回档破低是多头陷阱；二低一高过高回档再涨是多头信号；过高后二低一高过高直接走高是多头开始；二高一低破低反弹过高是空头陷阱；二高一低破低反弹再跌是空头信号；二高一低破低直接走低是空头开始。

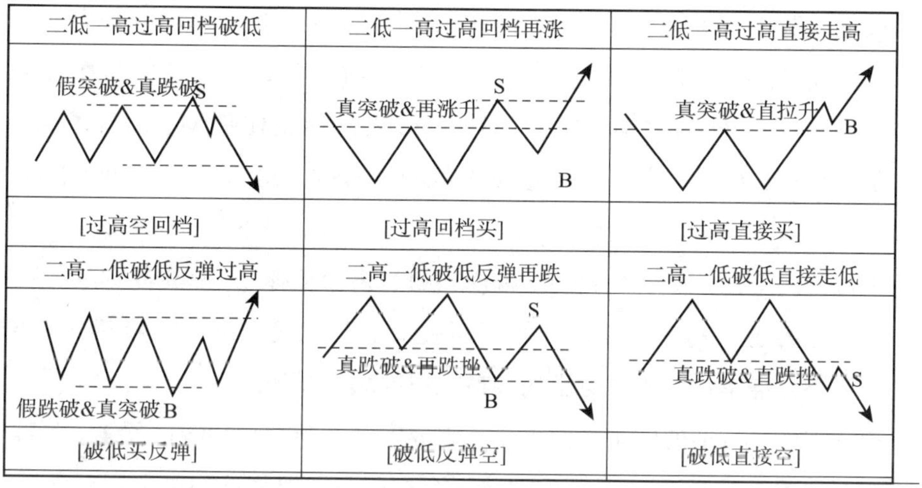

图 4 - 1

二、破低意义及三个战法

破低，是指价格跌破前期低点。行情每破前低，后续都可能出现三种走势，即反弹后回升、反弹后再跌、直接向下跌挫。针对每一种情况，操作方法也有所不同，因此需要学习破低的三个战法。

1. 破低三战法总述

如图 4 - 2 所示，破低三战法中，包括了破低买反弹、破低反弹空、破低直接空。

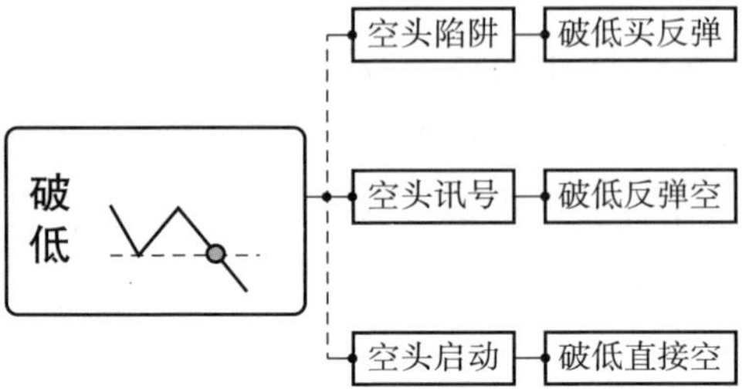

图 4－2

破低一般有三种含义：其一是空头陷阱，即在股价不断快速刷新低点，负乖离已经过大，但走势继续下行并且跌破了前期低点，看似空头力量空前强势。而此时，出现了“阳包阴”架构，代表已经止住跌势，出现了反弹；其二是初步空头信号，即在股价连续上涨的过程中，最后一个上涨常态的低点被破，通常是空头出现的前奏，但股价并非立刻转势下跌，大多数情况下，会再进行一次反弹，也就是我们常常说到的“逃命反弹”，投资者应该利用反弹机会迅速离场；其三是股价开始不断破前低，这代表空头已经正式登场，此时不要心存侥幸，而要及时出场，最大程度减少损失。

通常来说，行情的转折是由三条线来界定和判断的：切线、颈线、均线。

切线如图 4－3 所示，是指在股价运行过程中，把临近的两个相对低点或者相对高点连起来，形成一条向下或向上的切线。拿上涨趋势的切线举例，一旦上涨的切线被跌破，则很有可能表示上涨趋势减弱，是转弱的痕迹。

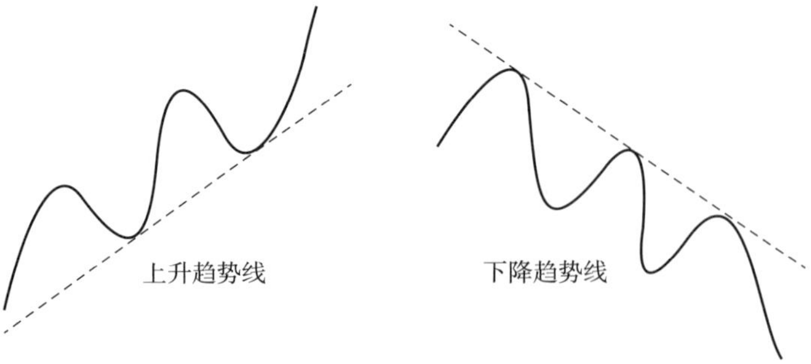

图 4－3

颈线，如图4－4所示，是指通过最后两个向上反弹的低点，画出一条平缓的趋势线。如果跌破更低的颈线，则为转空的信号。

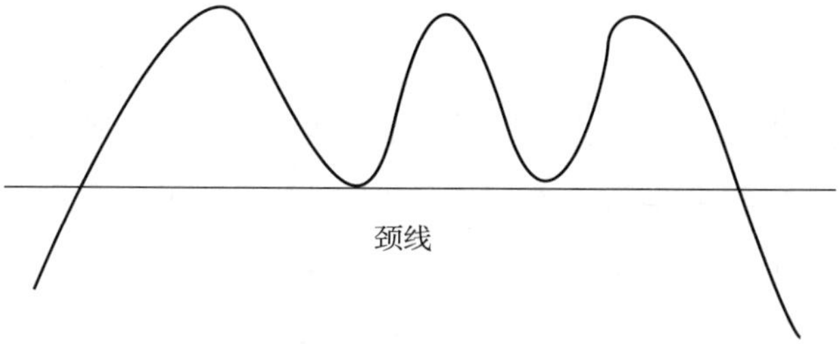

图4－4

均线代表着不同期限下市场的平均成本，当型态出现了二次破低，均线一般会向下弯曲，下弯之后都会有空头的压力和助跌的双重作用，这是整个行情做空的背景，易跌难涨。三个空头认证之下，执行破低直接空的实战操作。其实对三线的判断，就是对K线转多、型态转多，最后到趋势转多的判断过程。

假设我们要确认行情是否处于空头阶段，如图4－5所示，三线的用法分别是：用均线判别多空方向，确认价格走势是否向下；用颈线判断跌幅和位置，观察是型态破低或破低反弹后是否再次跌破前低；用切线观察下跌的速度，主要是通过下跌的角度（斜率）来观察当时空头的力量强弱。

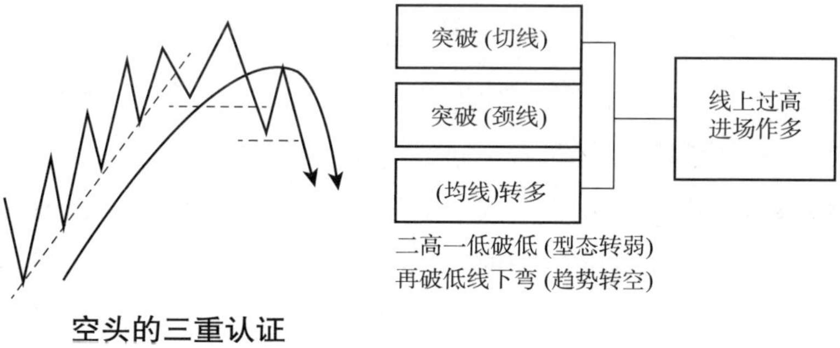

图4－5

2. 破低买反弹

理论储备

股价破低，也就是跌破了前期低点后，很可能会出现反弹。我们需要对反弹的内涵加以判断和确认，看它是一般意义的反弹，反弹之后股价回升，震荡极高，还是逃命反弹，反弹不过高，直接快速破低。

破低买反弹，可以拆分为三个部分进行解读。破低是指股价跌破前期低点，附加条件是股价处于相对低档，有卖方力量将要耗尽的意味，如图 4－6 所示，对应二高一低模式。买即买进，当然，如果是在商品期货市场，可以对应平仓空单，买进多单；反弹，则是指股价大概率会进行反弹修正。尤其是破低之后出现了“阳包阴”的 K 线，此时为买入的时机。

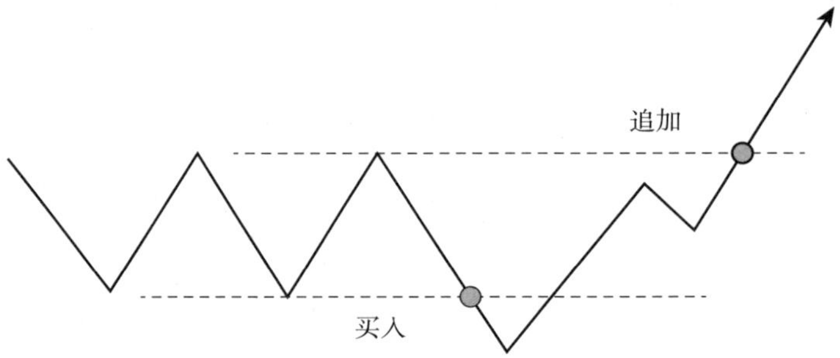

图 4－6

另外，我们还需要从另个一角度来综合思考——股价所处的位置。跌破前期低点，在高位和低位代表着不同的含义，后期股价可能会有截然不同的发展。通常，股价的高档出现反弹，多为夺命反弹，反弹过后股价会在短时间内跌破支撑位；而股价再低位时，一般意义上的反弹较多，股价多会出现回升，这时我们用阳包阴来进行确认，即在相对一档，一根阴线破了前低之后，又出现一根阳线，完全将阴线覆盖，代表多方力量强盛，可看做反弹或者回升的信号。最理想的状态下，是恰巧抓到了最后一次的破低，那么，就造就了所有投资者梦寐以求的进场时机——涨势开始的起点。

【案例分析1】

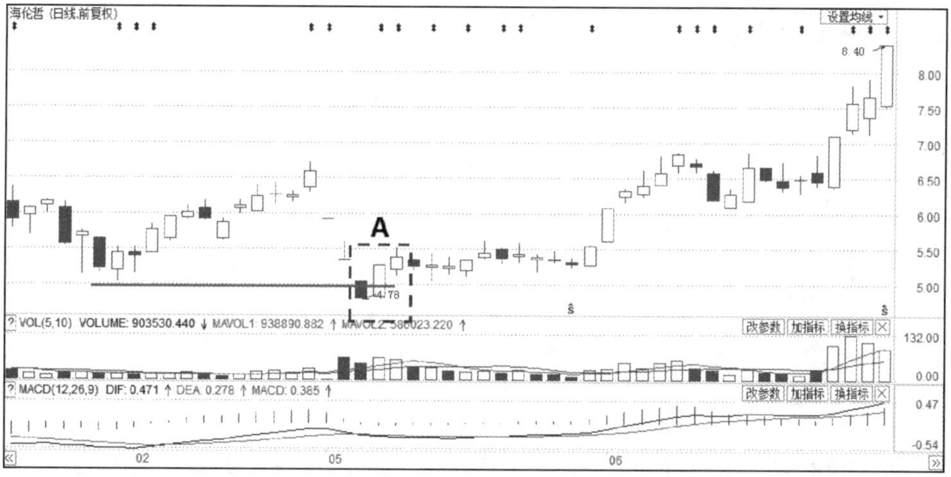

图 4－7

如图 4－7 所示，为海伦哲的日线走势图。在一段小幅的无量上涨之后，股价出现了急跌，连拉两个跌停板，又走出了一根大阴线，跌破了近期低点支撑位。但是次日在标示 A 处，即高开并且收了一根大阳线，将阴线实体完全覆盖，又重回支撑位上方，后一日多方力量持续，形成了假跌破，真突破。卖方力量已经阶段性耗尽，没有进一步下跌的空间，且对应成交量增加，说明此时多方反攻的意识较为强烈。经过几日的平台整理后，股价再度带量过高，出现 N 形走势，短暂回调时出现的“假阴线”，轻易被阳线反攻，如同上涨过程中的“调剂”，并不能改变趋势，也正是我们操作的买点所在。这时，行情确认转多，股价开始新一轮的上涨行情，伴随成交量温和放大，量价配合良好。

值得注意的是，卖方力量的相对枯竭，也可以看做是进场的标准之一，但不能绝对化。即使不立刻操作，我们也可以明确，一支股票已经跌无可跌，本身就是一种利好。这时一旦市场上出现了针对该标的的正面性消息，就足以催化股票快速上涨。如果是相对激进的投资者，在卖方力量出现枯竭现象时，就可以进场做多；而相对保守的投资者，则至少收到了信号——可以开始关注这支股票了。因为任何利好性消息的出现，都会使股价如鱼得水，开启一段涨势。

【案例分析2】

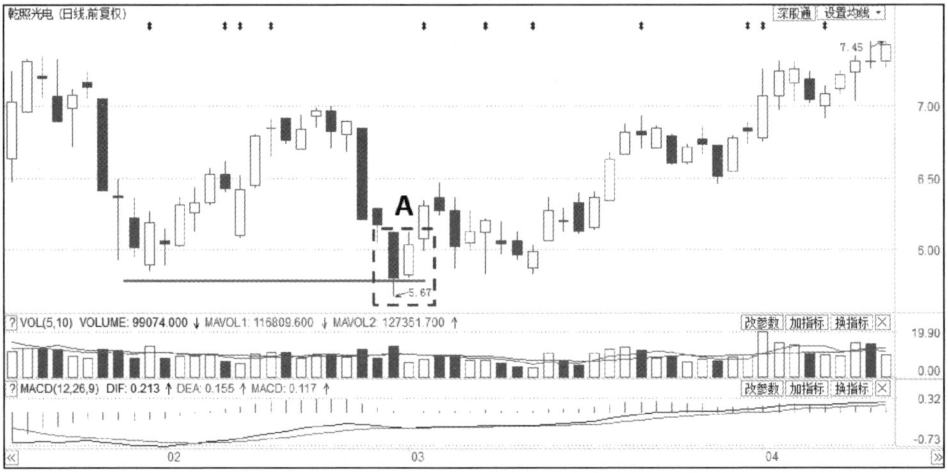

图4－8

如图4－8所示，为乾照光电的日线走势图。股价回档至前期低点水平，在标记处阴线破低，最低下探至5.67，但随后两天的K线包住这根破低阴线，且对应成交量相较于前边的一根下杀的大阴线来说很小，说明空方动能已经不足，股价企稳，微微增量股价便能跳空高开，筹码安定。此时可以判断，之前的破低很有可能是空头陷阱，之后尽管它再度拉回，但是没有再次跌破这个低点，而是震荡走高，走出了N型型态。

一个多头的确认，最好的型态确认是六合战法中呈现最后的破低，尤其当时呈现的一个模型是破低买反弹的时候，代表最后破低的卖力耗尽，它在跌幅满足的情况下都是多头，多头过程里面一定表现为小“N”形走势。

【案例分析3】

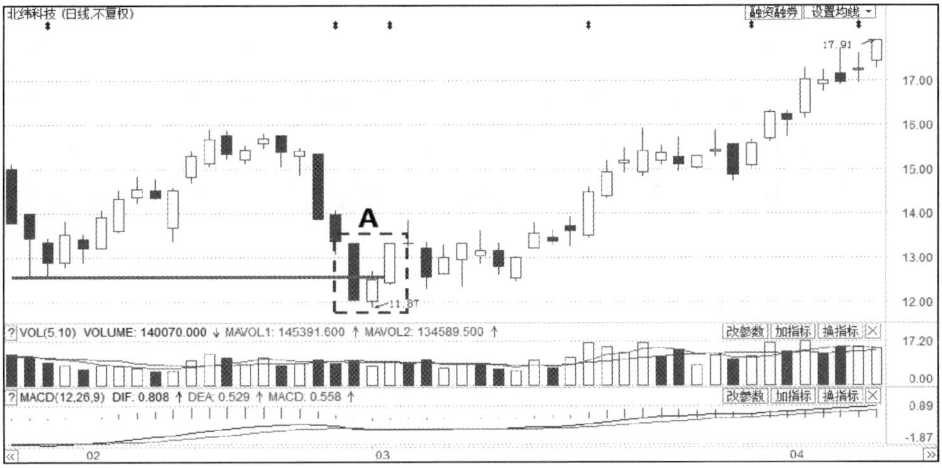

图 4－9

如图 4－9 所示，为北纬科技的日线走势图。股价在标记处 A 处跌破前低点，最低下探至 11.87，破低后当天就出现多头反攻，隔天再次走出一根大阳线包住了前一天阴线的对应高点，这代表卖方力量已经阶段性耗尽，多头已经在准备反攻。此时成交量比下跌当日要小，股价却轻松向上，完全将阴线覆盖，代表此时筹码稳定。尽管股价之后再度拉回，但是没有再创新低，而是随以 N 型震荡走高。

3. 破低反弹空

理论储备

破低反弹空，同样可以分为三部分来理解。破低，是指 K 线出现两高一低跌破前低的模式，可能预示行情由多转空；反弹，是指进入下跌趋势前的逃命反弹，意在引诱欺骗多头；空即卖出，在商品期货市场即对应放空单。

具体来说，在股价处于多头行情，任何跌破前低的现象都值得警觉。因为如果行情进入了多头的节奏，保持多头的惯性，是很难看到前低点被跌破的。也就是说，跌破前低使得上涨常态产生了变态现象。

如果在持续上涨过程中，股价第一次破低，视为多方能量减弱的信号。直到股价第二次破低之后，方能确认趋势已经转空。因此，第一次的涨高回调，并不代表空头确认。如图 4－10 所示，第一次反弹不过高，而是再次破低，就可以看做转空，之后的反弹一般也难以突破前高。期货和现货的操作者此时可以加码放空，并将止损点设在股价的前高点，即型态的第二高点。如果突破前高，则出场止损即可。

【案例分析1】

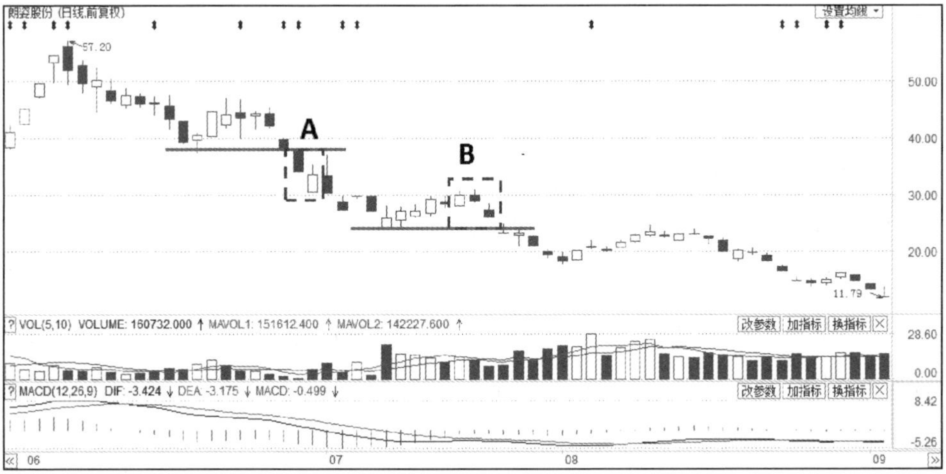

图 4－10

如图 4－10 所示，为朗姿股份的日线走势图。该股股价明显处于下跌趋势中，且长期运行在 20 日均线下方。在标示 A 处，当股价无量跌破前方的支撑之后，出现一根假阳线，股价继续阴跌，多方力量薄弱。之后在标示 B 处连续走出几天小阳线，股价暂时止跌反弹，但没有能突破前方的压力位，而是很快量能萎缩，对应股价跳空下跌，跌破了第二次的支撑位，此时确认趋势转空，如果持有该股票，应该及时出场。

【案例分析2】

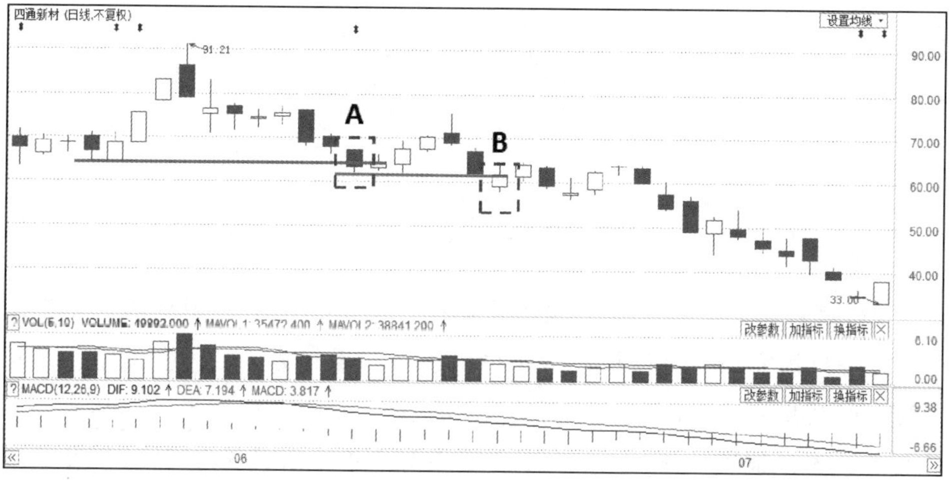

图 4 – 11

如图 4 – 11 所示，为四通新材的日线走势图。股价连续上涨之后，出现了高档爆量之后的阴线，趋势转弱，后出现阴下阴，成交量不断减少，趋势转空。图中标记 A 处跌破了颈线位置后，股价没有过高，反而在标记 B 处再次向下跌破了支撑，二度破低确认转空，这个时候我们可以大胆放空，止损设在前高，后股价一路下跌，反弹无力，继而放空时，可以放任跌势，获取利润。

4. 破低直接空

理论储备

将破低直接空分为三部分解释：破低，即代表头部形成的破低，之后再度破低，均线下弯，为线下破低。空头对应着股价不断破低。第一次破低需要警觉，因为这是涨势转弱的信号。如果再度破低，视为转空，跌势形成了"节奏"。节奏一经形成，不会轻易发生改变，投资者可以根据这样的节奏轻松赚钱。直接，代表无需等待，即刻放空。破低直接空的模型，如图 4 – 12

所示，代表着真跌破、真跌挫。

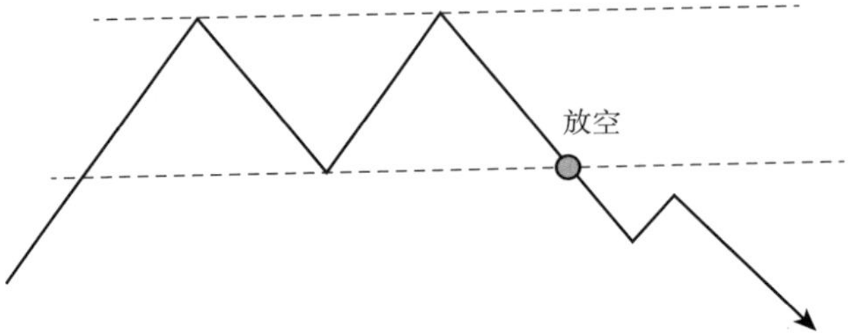

图 4－12

投资者在放空时，一定要设置止损位，给资金留下一道屏障。止损点在隔天一旦被突破，就应该立刻止损出场。如果趋势验证做空的动作是正确的，那么我们就不需要被短暂的反弹吓退，而应该积累更大的利润，利用大多数人的恐惧心理进行回补（空单），再利用其贪婪卖出。投资现货、期货杠杆往往加得很高，风险非常大，那么操作时机就更加不容错过。

从位置来说，破低直接空通常发生在头部，先跌破上升的切线止涨，再跌破平行的颈线转弱，之后扭转均线进入空头。虽然国内股票没办法做空，因为机制不完善，但是投资现货和期货是可以做空的。

直接做空的底气，来自于空头的三重认证：跌破切线止涨，跌破颈线转弱，均线下弯转空，以及红蓝四象中的“二高一低破低”形态。

下跌行情的产生，都会带动均线不同程度下弯，当股价反弹触碰到重要均线位置时，就会对当时的股价反弹上攻形成很大压力，会形成对当时行情的助跌作用，此时是我们再度放空的机会，但是不要忘记将前高设为止损点。

【案例分析1】

如图 4－13 所示，为中炬高新的日线走势图。在标示 A 处，股价在相对高位留长上影线，次日股价低开收中阴线，跌破了十字星的低点，发出了买方力量阶段性耗尽的信号，最终收在了 10 日均线上方。后一日股价弱势止跌后，在标示 B 处，一根大阴线一举跌破 10 日均线，并且在无量

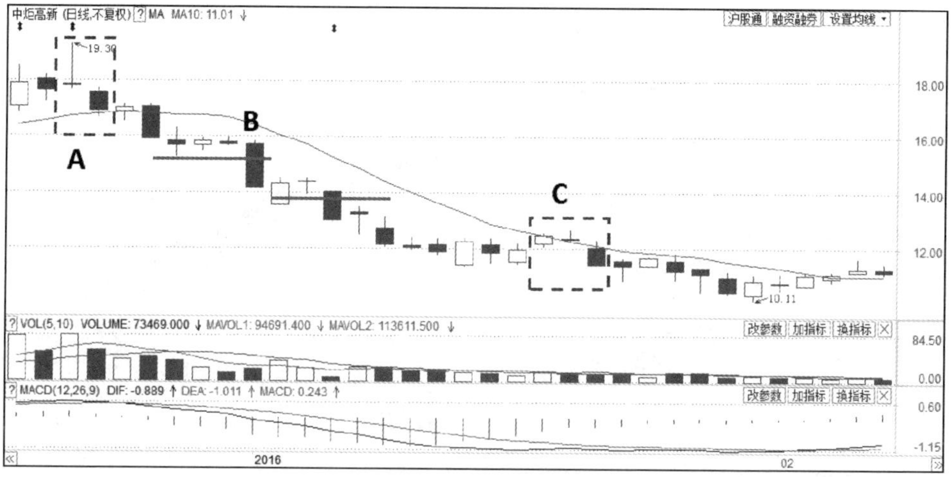

图 4－13

整理后，继续弱势下跌，行情确认转空。下跌一段时间后，在图中标示 C 处，股价出现了转强迹象，但明显被均线压制，没有再出现“阳上阳”，转多失败。一般情况下，转多失败后，大概率还会有新一轮下跌出现。

上述所示完全可以用三根 K 线掌握整个行情的起跌、持续和结束。平常关注的股票也可以挑选出来观察它关于三 K、四象或六合所形成的结构和节奏，以掌握买卖点，胜算会很高。

【案例分析2】

如图 4－14 所示，为中色股份的日线走势图。图中 A 处所示 14.45 的最高点所在 K 线对应的低点被跌破后，未出现比较像样的三根 K 线转强，所以在相对高档，我们只是认定这个地方出现的最高点所在 K 线的低点被跌破有很大概率是多头买力阶段性耗尽，当时并不知道会不会整个转空，整个转空是由三根 K 线决定。我们经常说，上涨过程中应该放任涨势，那么涨势什么时候结束？最高点所在 K 线低点确认被跌破转弱，转空与否由之后的表现决定，如上图 B 处所示，转弱的“阴包阳”之后又出现“阴下阴”，接下来到阶段的最低点都没有出现任何一组三根 K 线转强，代表三根 K 线在当时空头 K 线接连出现后启动跌势，紧接着持续，一直到阶段性低点出现都没有结束。

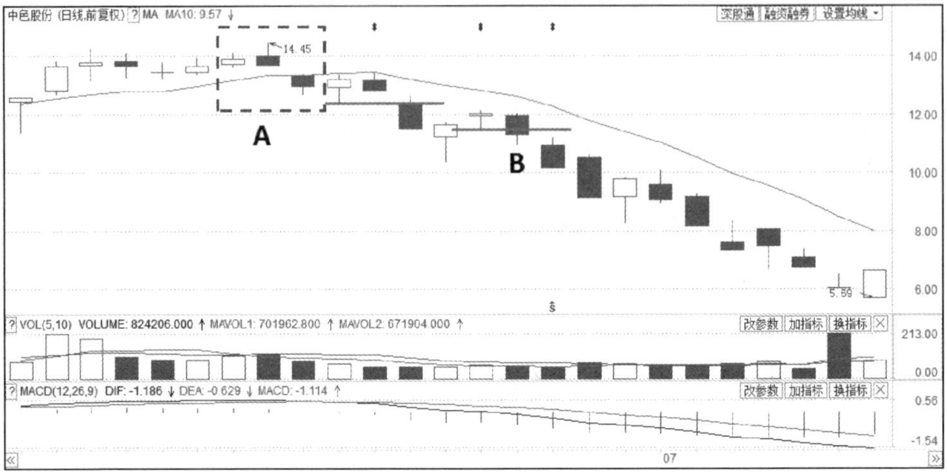

图 4 – 14

【案例分析3】

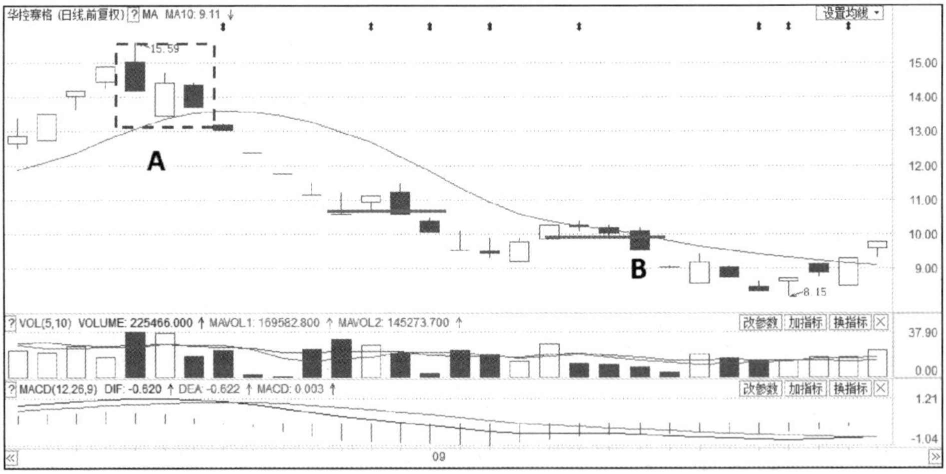

图 4 – 15

如图 4 – 15 所示，为华控赛格的日线走势图。在标示 A 处，股价在高档高开低走，收长阴线，第二日股价再次低开，勉强收于 10 日均线上方，为转弱迹象。之后出现阴下阴确认转空，再加上均线往下弯，在上方形成压力。

股价迅速大幅度跌破均线，连续出现跌停板。后出现缩量弱势反弹，但隔天在标示 B 处又再次出现中阴，该小红 K 的高点被跌破，代表转多失败。再次跌破前高，可以直接做空。

小 结

针对期货和现货，过高之后不同走势的做空方法，可以涵盖为下图中的内容。

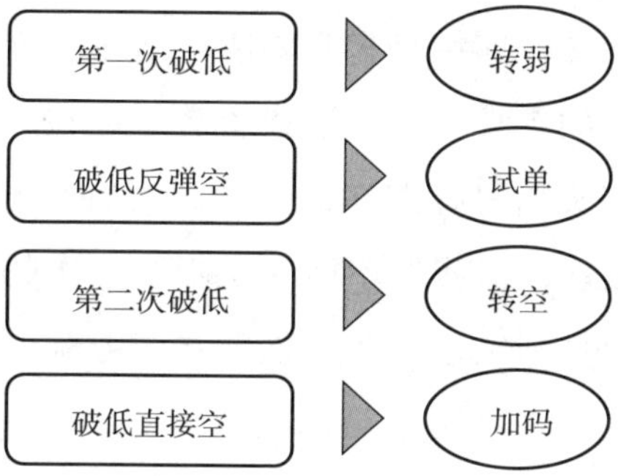

破低后可能会出现反弹，也可能会始终延续空方气势，不断下跌，但显然，仅仅出现破低，并不能代表多头没有翻身的余地。所以，要通过破低之后的走势，来决定自己的操作。

三、过高意义及三个战法

过高，即价格突破前期高点。和破低一样，行情每次突破前高都可以预估到后续有三种走势，即过高回档、过高回档后再上涨，以及过高直接走高。

1. 过高三战法总述

如图 4－16 所示，过高三战法中，包括了过高空回档、过高回档买、过高直接买。

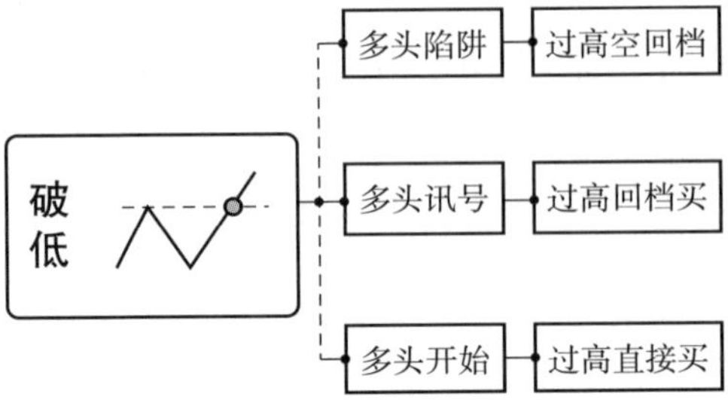

图 4－16

过高一般有三种含义。其一是多头陷阱，即在股价屡创新高之后出现拉回，并且迅速跌破前期的支撑位，普通投资者难以在短时间内做出反应，从而被套；其二是初步多头信号，即在连续下跌之后，出现了反弹过高，代表了有一定多头力量的出现，但我们不能完全把第一次的反弹作为确认多方力量反扑成功的信号，而是把它理解为一次测试，考验这个位置的压力大小以及买卖双方意愿的强弱，之后可能会出现拉回，这时，比较积极的投资者可以在这时进场操作；其三是多头信号出现后，拉回但不破前低，真正代表多头力量已经逐渐占据上峰，等到再次过高，不必犹豫，果断做多。

过高型态配合的战略中，尤其要注意，股价在止跌回升的过程里面，难免会多次出现拉回的情况，或者是出现了小“N”的走势，但是并没有破前低，此时的回档就是给了我们操作机会。一旦出现回档破前低的情况，就不能简单决断多空拉锯中谁是胜者，而是一定要结合 K 线战法进行判断。我们可以观察，在过高拉回中，何时出现了“阳包阴”的架构，确认多头力量真正显现，才可以尝试买进。

在跌势三部曲中，我们提到过，对行情转折的判断基于三条线：切线、颈线和均线。对应由多转空，确认行情转多的判断如图 4－17 所示：首先，在股价运行过程中，越过了向下倾斜的切点，股价初步止跌；其次，股价持续向上，突破了近期颈线位置，是转强的信号；最后观察均线，如果股价再次形成突破，站在均线之上，受到支撑作用，均线向上弯曲，则确认趋势转多。这三个条件，是由空转多的三重认证。

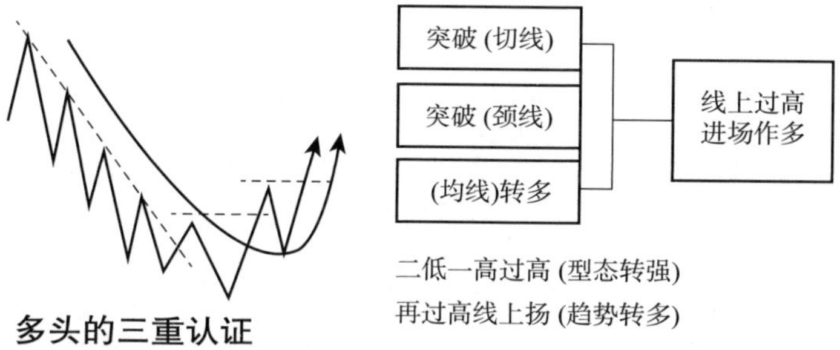

图 4－17

在这三个多头认证下，投资者执行过高直接买的实战操作，获利的胜算通常会比较高。当然，任何操作或任何高胜算都仍有风险，所以再高的胜算，进场实战操作依然要设好止损点，拒绝市场主宰你的风险。整个多头上涨趋势的结束也有赖这三个工具来做综合判断。

2. 过高空回档

理论储备

股价过高之后，会进入正乖离，在正乖离的三方卖压之下，出现回调是很正常的事，而股价修正回来会受到均线的支撑和助涨。只是要分辨是哪一种回调（用 N 型的方式再过高，另一种是拉回之后就崩盘），即区分过高之后甩轿和过高之后崩盘，这是非常重要的。

一般是用阳线来过高，但是要注意阳线过高之后是否有阴包阳，如果有的话通常会回调，更严重的会回跌。

【案例分析1】

如图 4－18 所示，为东华测试的日线走势图。在标示 A 处，当股价用一根阳线突破前期颈线的时候，出现了短期的修正，但拉回过程中，再度出现“阳包阴”，之后股价再次过高，但成交量低迷，且收长上影线。次日在标示 B 处，一根阴线跌破了前一日的高点，出现回调的几率很大。过高拉回之后，股价一路下跌，没有出现明显的“阳包阴”转强迹象，而是不断刷新低点，

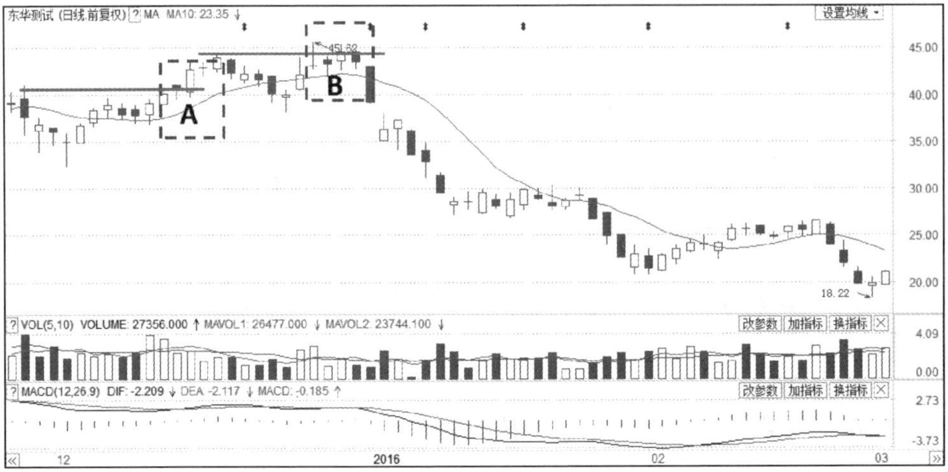

图 4－18

说明之前的过高可能只是拉回甩轿。

【案例分析2】

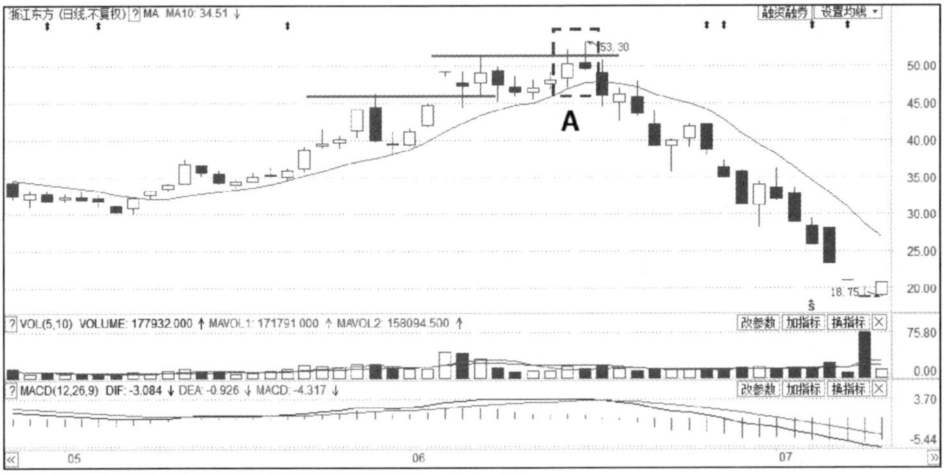

图 4－19

如图 4－19 所示，为浙江东方的日线走势图。可以看到，股价在上涨的末期，不断过高，回调，过高，再回调。直到标示 A 处股价创出 53.30 的高点，为最后一个过高。如果是最后一个过高，过高拉回的过程里面 K 线的组合都不会出现任何一组“阳包阴”，随后行情就会一跌再跌，跌到破当时候型态的前低不会止跌，这个行情崩盘腰斩。反过来说，如果在股价的拉回过程中没有破前低之前又出现了“阳包阴”的多头K线，它就有可能再度过高。之前的过高不属于最后一个过高，涨势还会持续。

3. 过高回档买

理论储备

过高回档买可以完全按照字面意思拆分为过高、回档、买三个部分来理解。过高是指上涨过程过高、多头涨升的惯性；拉回甩轿、诱引空头；利用回档买多单、利用甩轿再加码。如图4－20所示，当一个行情在线上过高时经常会正乖离过大会有三股卖压打下来，正乖离大之后会进入修正，尤其是遇到空间修正的时候会有支撑助涨，这是过高回调买的背景，是利用拉回之后的“阳包阴”买进。

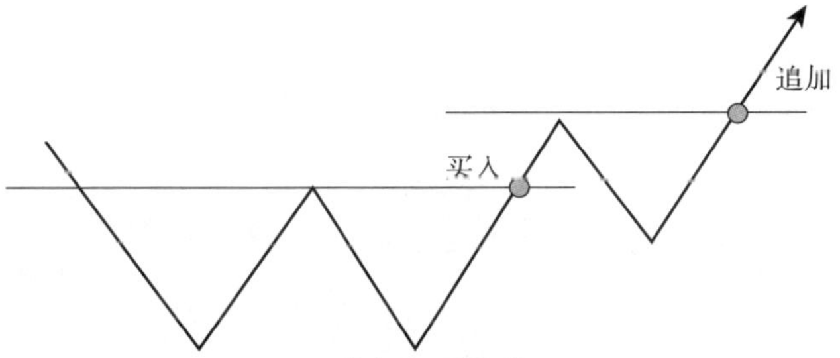

图4－20

如图4－21所示，在股价过高回档，而均线处于上弯趋势时，会对股价形成有支撑和助涨的双重力量。当支撑助涨令行情持续上涨，则行情会远离均线，形成正乖离，通常正乖离都会再次往均线方向进行修正。所以，过高涨高后都会有回档，但回档下来仍然受到均线的保护，因此是再度买进的好机会。

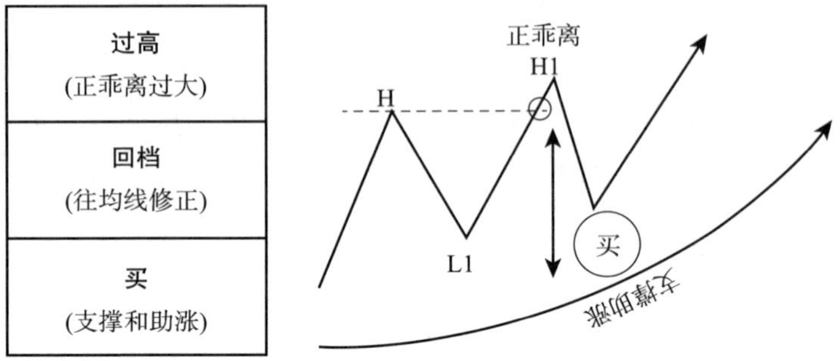

图 4－21

【案例分析1】

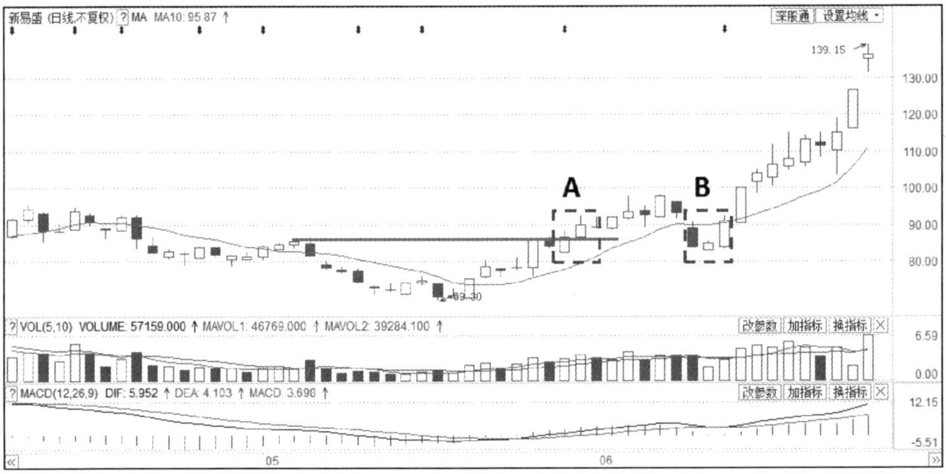

图 4－22

如图 4－22 所示，为新易盛的日线走势图。在图中标示 A 处，一根小阳线突破了颈线压力，伴随成交量温和放大，而后股价回档，向均线方向靠拢，但在 10 日均线处受到了支撑，在标示 B 处走出了多头 K 线“阳包阴”，且量能增加，此处可以入场买进。将止损位设置在阴线的低点即可。股价很快回升，开启一段新的涨势，且一直在均线上方运行。

【案例分析2】

图 4 – 23

如图 4 – 23 所示，为新莱应材的日线走势图。当股价停止破低之后，多方动能慢慢开始进场，很快股价便两度突破前期压力位，并在 20 日均线处得到有力支撑，行情确认转多，均线上扬。在标示 A 处，股价进行短暂回调，后股价跳空高开走出一根大阳线，多方气势不改，可以借此机会进场做多。相较于标示 A 来说，在标示 B 处，股价回调幅度较大，跌破了 20 日均线，且多方量能没有有效增加，股价上行无力，说明此时已经有投资者陆续获利出场，尽管之后股价再创新高，但要注意此时行情的可持续性。

【案例分析3】

如图 4 – 24 所示，为柏堡龙的日线走势图。可以明显看出，在下跌趋势的末期，股价加速下行，量能极度萎缩，只有股价不再破前低，而是小量走高，并且在标示 A 处是一根大阳线封闭前期的向下跳空缺口，并且突破了形态高点，是多方力量强劲的表现。之后股价短暂缩量调整，股价在 10 日均线位置得到了支撑，但很快又再度走出“阳包阴”以及“阳上阳”继续上行。当股价过高拉回后，再度走出强 K 线，就是买入的时机。

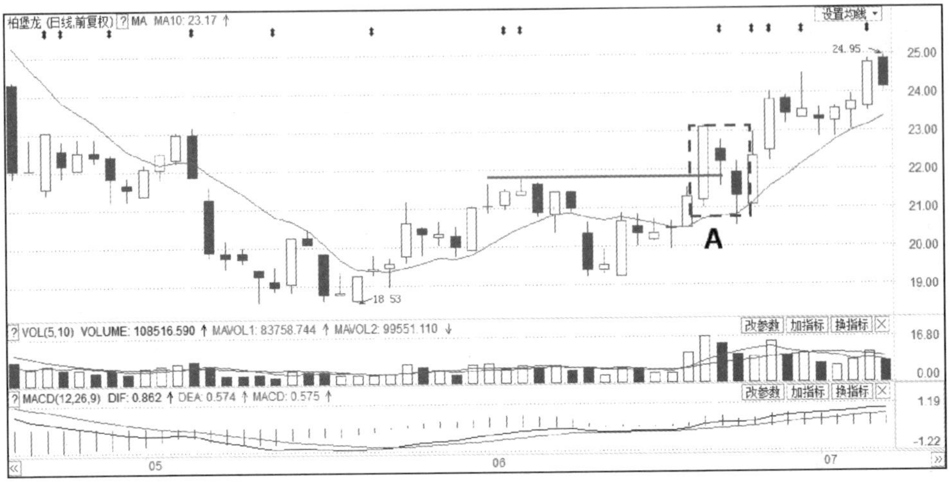

图 4－24

4. 过高直接买

理论储备

过高直接买中，过高是指在底部出现二次过高，带动均线上扬。直接买依然是指即使做多，无需怀疑和等待，只是要将止损位设置在前低位置。

过高直接买通常适用于底部位置。股价先突破下降的切线止跌，再突破平行的颈线出现转强迹象，从而均线扭转，进入多头。在两度过高完成后，股价直接走高。这时，对筹码的判断也很重要，筹码集中，有利于我们进行操作。

股价是多重因素作用的，而股价能够一路不回头地上涨、屡创新高的个股，通常会伴随消息面出现了重大利好，多方看好其前景，主力买进的时候直接拉高进货。

过高直接买受到均线支撑，之后确认涨势。当股票涨势确认的时候一般情况是直接买进，即使不对第二天跌破低点出场就好，有许多做投资的朋友相对来说比较保守。如果仅仅把重点放在买进的时机上，对何时出场、何时止损没有思考，操作不具备任何策略，那一定不是合格的投资者。

【案例分析1】

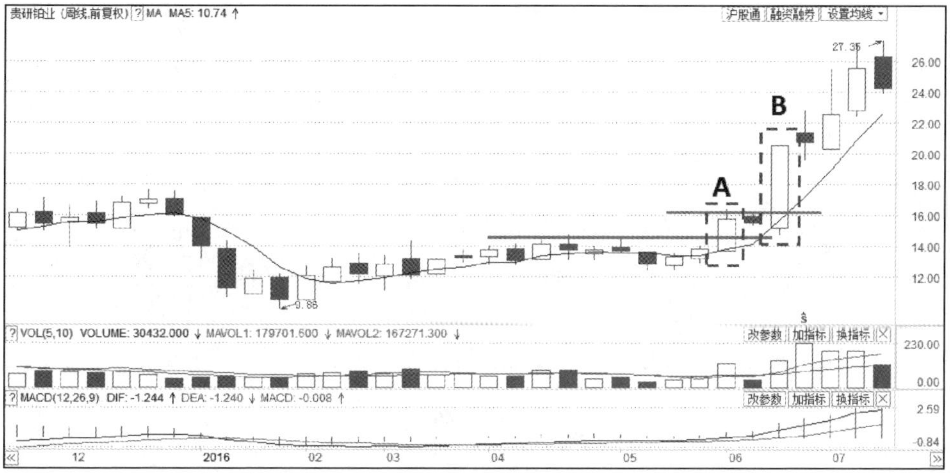

图 4－25

如图 4－25 所示，为贵研铂业的周线走势图。在标示 A 处，股价突破近期压力位，在长期的无量整理后出现了转强信号，而后在标示 B 处，量能微增，股价向上攻击涨停，成交集中度较高，筹码稳定，主力控盘程度高。股价经历了迅速上涨，均线扭转向上，趋势转多，这里可以不用再次测试压力，直接买进即可。

【案例分析2】

如图 4－26 所示，为可立克的周线走势图。股价紧贴 5 日均线慢慢上行，在标示 A 处，股价终于突破前期高点，过高后，仅仅调整了一天，便再次上涨，出现了“阳包阴”的进场信号。均线保持上弯的趋势，量能比较稳定，没有出现量能失控的情况，在标示 B 处，股价再度过高之后震荡上行。

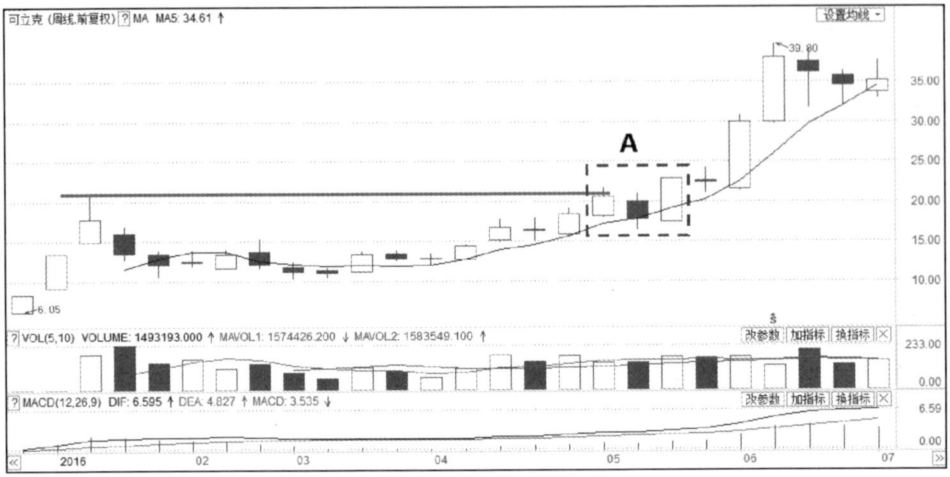

图 4－26

【案例分析3】

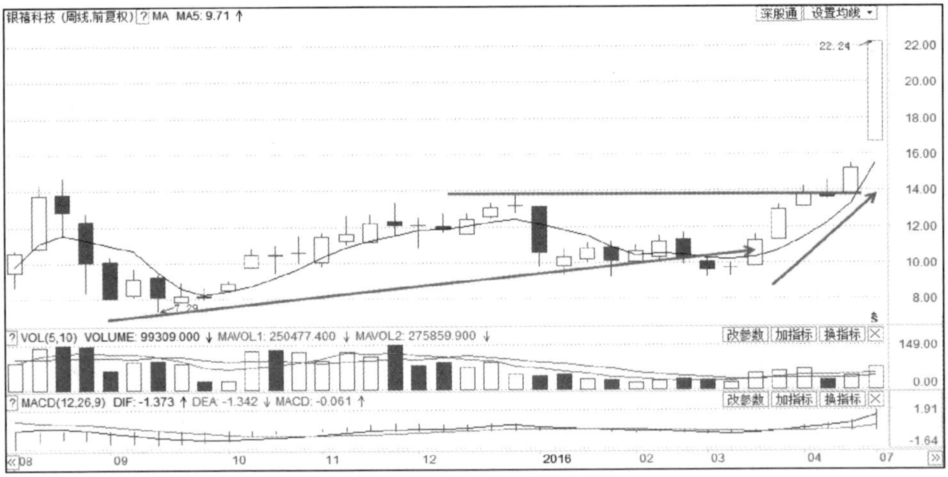

图 4－27

如图 4－27 所示，为银禧科技的周线走势图。可以看到，在该案例中，遵循了我们之前提到的切线、颈线、均线的三线判断原则，股价连续突破向上趋势线以及颈线的压力位之后，持续在 5 日均线上方运行。此时，可以将标示 A 处红 K 过高之后，拉回出现“阳包阴”的位置视为买点。

专家提醒

要符合条件的个股才能进行操作。如果操作正确，亏损或止损的概率会比较小。多头走小“N”情况下就不要追高，在“涨”和“峰”位置买进很容易被止损或套牢，但拉回后通过“阳包阴”买进，出现止损的概率很低。

小　结

过高之后不同走势的三种操作方法，可以概括为下图中的内容。在买进股票的时候建议不要一次性进入，应该分批买进。

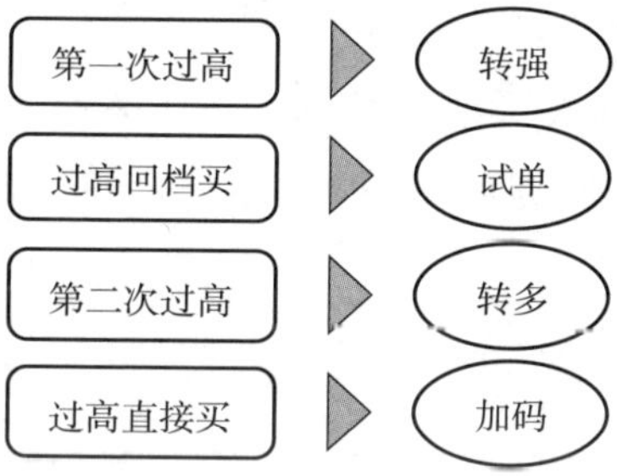

如果遇到买进的机会，不应该过多犹豫。要做到看对行情绝不缺席，看错行情修心养息。

四、做空时机和条件总结

理论储备

经过前两节的讲解，在过高空回档、破低反弹空和破低直接空三个战法时，对应放空操作，除了股票之外，也同样可以运用到现货和期货上。具体情况如图 4－28 所示。

一	涨幅满足 买力耗尽	行情不会永远涨 万般拉抬只为出
二	假过前高 轧空诱空	逼空单止损出场 诱多单进声追多
三	企图由多 转空退潮	过高却星空企图 表示涨升已支顶
四	型态二高 一低破低	出现头部的锥形 上涨常态的变态
五	反弹逃命 不再过高	最后的反弹诱多 确认头部的模型
六	型态再破 低线下弯	头部完成开始跌 专注下跌进行式

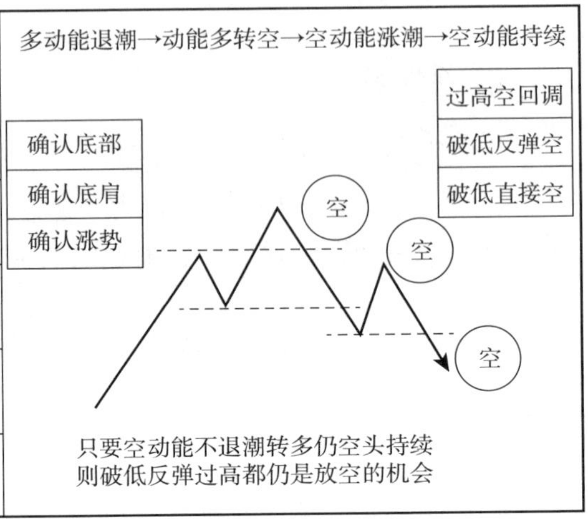

图 4－28

在操作上来说，股价上升出现最高点的 K 线，其低点被之后的阴线跌破且封闭，即阴线完全吞没了之前的涨幅，是多头转弱或转空的讯号。趋势走空后反弹的高点被跌破同样是转空信号。

【案例分析】

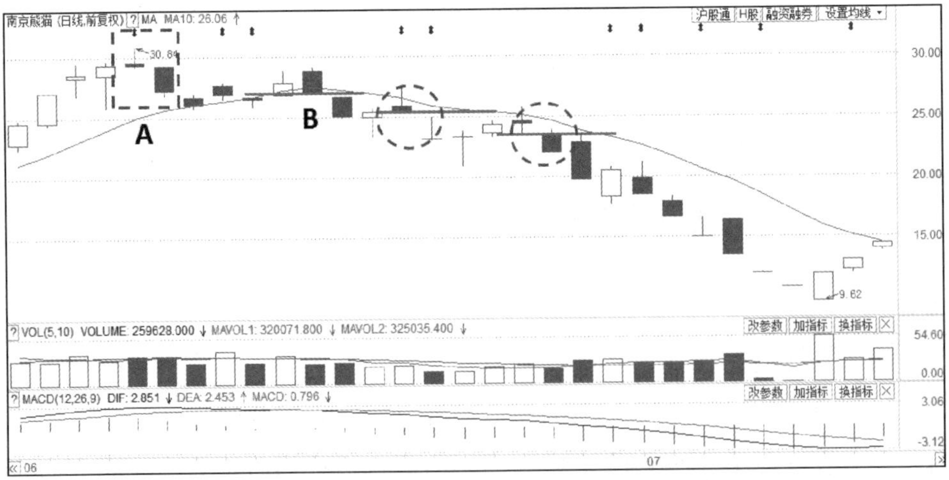

图 4－29

如图 4 – 29 所示，为南京熊猫的日线走势图。图中标示 A 处，在相对高档，虽然创造了阶段高点 31.40，但当日价格最终收阴线十字星，次日再收阴线，表示上涨无力。第一次反弹，量能很小，在标示 B 处很快再次跌破型态低点。之后股价一路下跌，始终在 10 日均线下方运行，股价每次止跌隔日即缩量再跌，上涨常态发生变态，趋势由多转空，均线下弯。这个过程中并没有出现“阳包阴”的转多信号，空方动能始终占据上峰。此时如果放空，则不该被小的弱势反弹所迷惑，而应该坚持放任跌势，知道趋势真正反转。如果是现货和期货的操作，则应该设置止损位，即每一次反弹 K 线的高点，一旦价格突破止损位，则即刻出场，等待市场条件再次适合放空。圆圈处与标示 B 处做同样的理解。

五、做多时机和条件总结

理论储备

通过六个战法内容的讲解，我们知道破低买反弹，过高回档买以及过高直接买三个战法对应做多操作，做多时机和条件具体如图 4 – 30 所示：

一	跌幅满足 买力耗尽	行情不会永远跌 万般打压只为进
二	假过前低 杀多诱多	逼空单止损出场 诱多单进场追空
三	动能由空 转多涨潮	破低却呈多动能 表示跌挫已到底
四	型态二低 一高过高	出现底部的锥形 下跌常态的变态
五	回档甩轿 不再破低	最后的回档诱空 确认底部的模型
六	型态再过 高线上扬	底部完成开始涨 专注上涨进行式

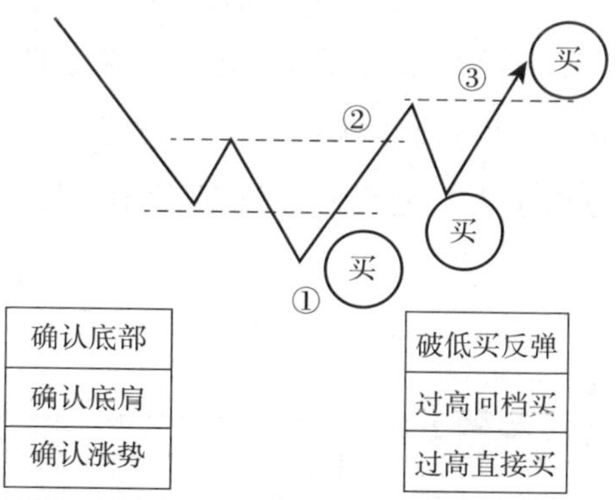

图 4 – 30

在操作上来说，股价下跌，直至下探至最低点，低点 K 线的高点，被之后出现的阳线完全覆盖，即阳线封闭了下跌的阴线，视为多头转强或者转多的信号。趋势走多后股价回调的高点被突破同样是转多信号。

【案例分析】

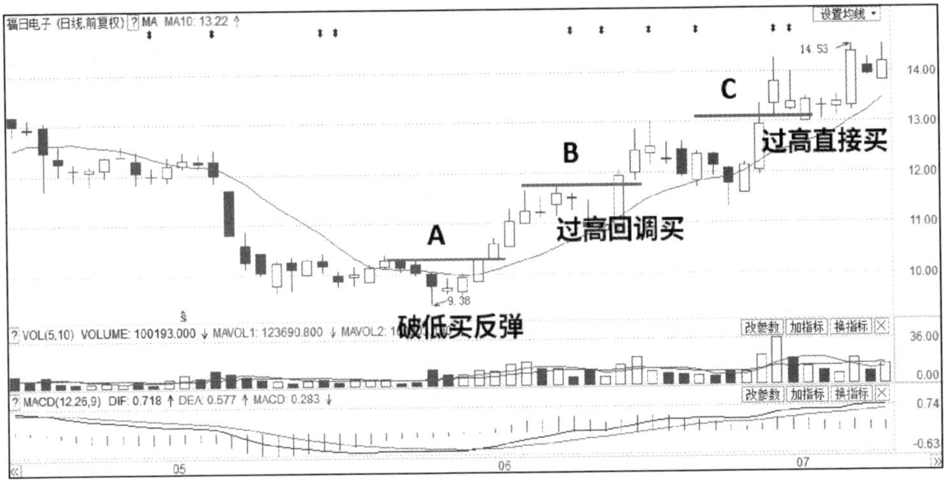

图 4－31

如图 4－31 所示，为福日电子的日线走势图。在标示 A 处，股价走出阴线跌破前期低点，出现反弹后可进行买入操作，具体应该等到最低点 9.40 所在 K 线的高点被之后的阳线包住时，可以买进。在标示 B 处，股价突破前期型态高点，之后股价回调，走出“阳包阴”的多方 K 线时为可以买进的时机，也就是所谓的过高回调买。在标示 C 处，股价再次过高，二度过高，且均线在下方处于上扬趋势中，对股价有强有力的支撑助涨作用，此时可以直接做多。

[总结]

六合战法针对破低和过低后续走势的不同，细分为六种战法，明确提示我们何时进场、何时出场，具有极强的实践性。要牢记，任何一种战法的使用，都是以追求盈利为目的。过度追求正确的入场点，忽视止损设置和资金配置是普通中小投资者经常会犯的错误。这样的错误是我们追求投资市场上相对稳定盈利的绊脚石。而六合战法正是为大家提供了可供参考的细则，在舍小赢大中获取收益。

当然，世界上任何的技术分析理论，被每位投资者使用的效果都是不同的，这取决于对理论本身的理解是否到位，实际操作经验是否丰富以及个人不断的归纳和总结。正如彼得·林奇所说："最终决定投资者命运的既不是股票市场也不是上市公司，而是投资者自己。"

[课后思考]

1. 股价破低会有什么后续走势，分别怎么操作？
2. 过高应该直接买入吗？

第五章
八卦战法

名家点睛

杰西·利弗莫尔说："只要认识到趋势在什么地方出现，顺着潮流驾驭投机之舟，就能从中得到好处。不要跟市场争论，最重要的是，不要试图跟市场争高低。"每个投资者都应该善用趋势的力量，亦步亦趋跟随市场，而不是妄图战胜市场。

一、八卦战法概述

八卦战法，由葛兰碧八大法则精炼提取而来，共有八种战法。其中，做多战法四种，做空战法四种。在这八种战法中，从跌幅达到极限，到底部的确认，从上涨中出现正乖离到涨幅达到极限，再到头部确认，走势反转，在下跌过程中出现了负乖离后，再次出现跌幅满足的一整轮多空循环得到了完整的呈现。所以，对八卦战法的学习和了解，能够帮助我们勾勒出清晰的多空循环脉络，进而利用八个具体战法来跟随趋势操作获利。

八卦战法的基本架构图如图 5－1 所示，标示了不同的买点和卖点对应的位置以及操作原则。第一个买点如图中①所示，均线止跌，开始扬升，如果K 线突破了均线，形成"金叉"，则为买点，即线上过高进场做多；第二个买点如图中②所示，股价上涨后，正乖离过大，股价拉回，在均线处得到了支撑，股价止跌再度上涨，此时也是买点；第三个买点如图中③所示，正乖离

八卦战法的基本架构

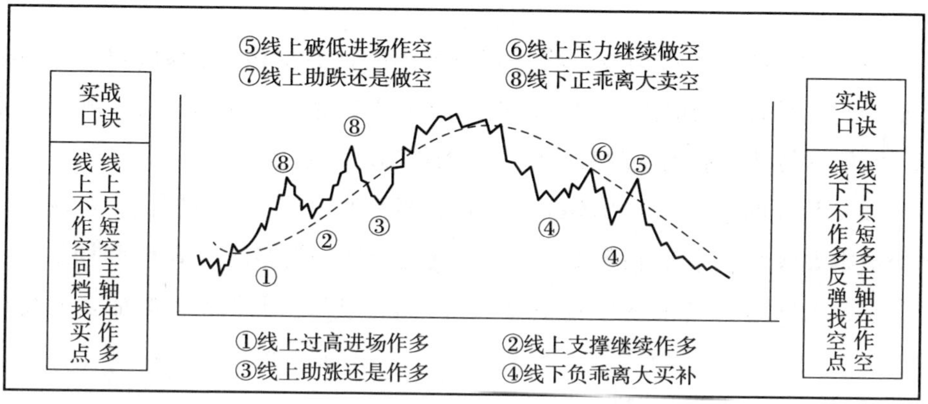

图 5－1

过大后，股价回档，短暂跌破了均线，但很快又回升至均线上，即线上助涨做多；第四个买点如图中④所示，下跌过程中负乖离过大，股价反弹时可以买入，即线下负乖离大买补。

卖点和买点情况相对。第一个卖点如图中⑤所示，股价向下跌破了止涨下弯的均线时卖出，即线下破低进场做空；第二个卖点如图中⑧所示，股价上涨，正乖离过大之后，股价出现修正；第三个卖点如图中⑥所示就是负乖离过大后突破均线，但因为下弯均线的压力助跌再度跌破均线；第四个卖点就是正乖离过大的空间回调。

葛兰碧法则具有很大优势，一方面，将均线系统运用化繁为简，提出了容易理解和操作的原则。另一方面，则是完全涵盖了一轮完整行情的走势情况，对每一次转折做出说明。

二、战法预备——均线

八卦战法的使用离不开均线的配合，所以在正式讲解八卦战法之前，有必要对均线的意义和研判方法做出更详细的说明，帮助大家了解均线的含义及特点，从本质上认识到均线的作用。

1. 均线概述

（1）均线的定义：均线是将一定时期内的证券价格（指数）加以平均，并把不同时间的平均值连接起来，用以观察证券价格变动趋势的一种技术指标。它能够帮助我们确认现有趋势，判断将出现的趋势。

（2）均线的意义：透过均线，我们能够看到之前一段时间内，市场平均持仓成本大概处于什么样的水平，更加直观的是，能够通过K线和均线的位置关系，来判断目前市场中投资者盈亏与否，以此对决策做更加多元化的思考。

（3）均线的分类使用与特点：

我们在日线上使用5日、10日、22日以及65日线，在周线上使用5周、13周线，在月线上使用6月、12月线。其中5日均线和10日均线是操盘用的；22日均线和65日均线是判断趋势用的；181周线是国际操盘手公认的牛熊分界线，这是多空分水岭。

均线具有黏合、发散和牵引拐点的特点，很多行情都是从均线长期黏合开始的，当行情跌破一个重要的均线后，理论上来说迟早会反抽到这个均线附近，均线另一个重要作用是执行的纪律，也就是在均线附近买入，当有效跌破均线后，均线就是止损之处。

理论上均线都有支撑压力的作用，但是否能真正止跌止涨，一定要结合K线的型态分析才能做出决定，当K线真正处于下跌趋势时，任何均线都无法阻挡，同样当K线型态开始上攻后，是任何均线都不能成为压力的。

在八卦战法中，我们将均线分为单均线和双均线。其中，单根均线的特性可以归纳为：支撑、助涨、压力、助跌、稳定、乖离、背离、预知八个特性，其具体释义如表5-1所示。

表 5－1 八卦战法的单线特性

一	支撑	由空转多多头向下 由多转空空头向下	六	稳定	趋势一旦确定 不容易再改变
二	助涨	向上的平均线 具有支撑作用	七	乖离	向上偏离均线为正乖离 向下偏离均线为负乖离
三	压力	向下的平均线 具有压力作用	八	背离	相对高档的熊背离 相对低档的牛背离
四	助跌	向下的平均线 具有助跌作用	九	预知	利用扣抵预知行情到顶 利用扣抵预知行情到底

双均线特性同样可以归纳为八条，即收敛、纠缠、金叉、死叉、开口、扩散、多头排列、空头排列。具体释义如表 5－2 所示。

表 5－2 八卦战法的双线特性

一	收敛	两线在高档收敛且靠近 两线在低档收敛且靠近	六	开口	相对高档交叉向下开口
二	纠缠	两线在高档纠缠在一起 两线在低档纠缠在一起	七	扩散	死叉之后开口向下扩散 金叉之后开口向上扩散
三	金叉	短期均线上穿长期均线	八	多排	多头排列向上放任涨势 直到双线收敛缠绕死叉
四	死叉	短期均线下穿上期均线	九	空排	空头排列向下放任跌势 直到双线收敛缠绕金叉

2. 单均线的作用

（1）支撑助涨作用：如图 5－2 所示，一方面，当均线由空转多，向上扬升后，买入的投资者持续获利，心态会相对稳定；另一方面，均线代表一定时期的平均成本，因而当价格回落到均线位置附近时，获利盘减少，抛压减轻；最后还有多头可能会在这里进行回补，之前没有及时进场的人可能会抓紧买进，三股力量导致股票出现供不应求的情况，股票价格自然会被抬高。

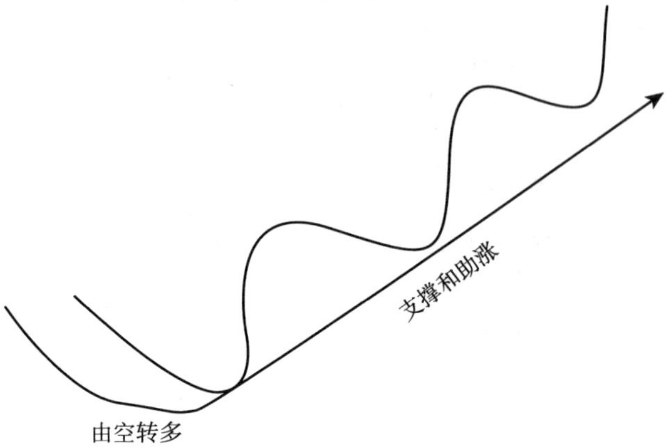

图 5－2

（2）压力助跌作用：如图 5－3 所示，当均线由多转空后，反转向下，会引起持股人的恐慌。一方面，在下跌时行情出现反弹，价格触碰到均线位置，趋势刚反转时没有第一时间出货的人要趁机抛出手中的筹码；另一方面，一些在均线位置长时间套牢的持股者可能丧失耐心，宁愿损失，也要抛售股票，只求解套；最后，那些在相对低位买入的投资者仍然处于获利状态，获利盘增多。这三股力量使得股票市场供大于求，从而导致股价下跌。

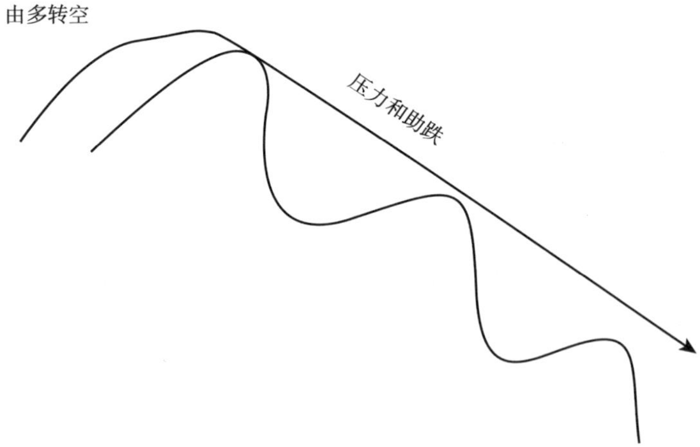

图 5－3

3. 双均线的作用

双根均线，位置关系无非两种：缠绕或者发散。而不同的位置运动也代表着不同的内在含义。

（1）黄金交叉与多头排列：所谓黄金交叉，如图5－4所示，向上的短期均线上穿同样向上的长期均线。值得注意的是，很多人会忽视满足黄金交叉的条件之一，两条均线都是向上扬升的。而在上升趋势中，如果均线按照短期均线与长期均线从上到下排列，则称为多头排列。均线组合在一轮上涨行情中完整演绎过程为：短期均线上穿长期均线，代表价格上涨动能充足，突破了压力线，行情继续上涨可能性大。而在股价快速上涨的过程中，短期均线和长期均线从上到下依次排列，按照不同周期操作的投资者都有不错的赚钱效应。直至股价上涨无力，均线再次收敛，最后出现死亡交叉。

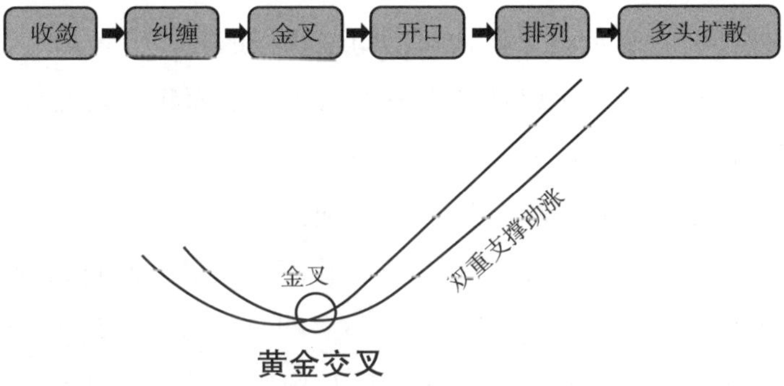

图5－4

（2）死亡交叉与空头排列：死亡交叉如图5－5所示，是指下降中的短期移动平均线由上而下穿过下降的长期移动平均线。这个时候支撑线被向下突破，表示股价将继续下落，行情看跌。死亡交叉之后均线进入空头排列，之后空头扩散，空头收敛，再空头扩散，直到最后的多头交叉。

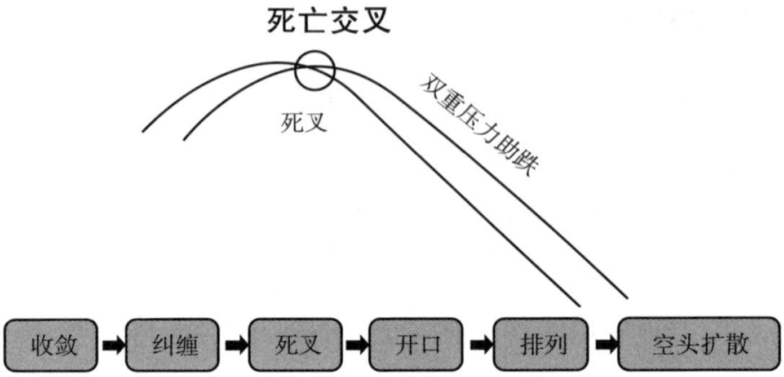

图 5 – 5

需要注意的是，投资者仅仅依据黄金交叉或死亡交叉来买进或卖出是有片面性的。因为移动平均线只是一种基本趋势线，在反映股价突变时具有滞后性，因而，黄金交叉或死亡交叉只能作为一种参考。

4. 均线扣抵

八卦战法还有一个重点，就是利用均线扣抵的技巧，预知均线的走向和趋势。要理解均线扣抵，可以从计算方法入手。下面我们以五日均线为例说明均线扣抵如何进行计算：

5 日均线是将最近 5 天的收盘价全部加起来，然后除以 5 得出来的算数平均值，即（A + B + C + D + E）/5。现在假设第 6 天的收盘价格为 F，此时的均线价格是：（B + C + D + E + F）/5，显然，只要 F > A，5 日均线就会向上扬升。简单来说，所谓的扣抵在本例中就是用未知的 F 值代替已知的 A 值，以均值的大小关系作为标准判断 5 日均线是否拐头，这样就便于在操作中设离场点和入场点。

如果前 4 日收盘价加上后 1 日收盘价的均值大于前 5 日均值，称作扣低加高，则表示均线上扬；如果加上后 1 日收盘价计算均值和前值相同，则均线走平，称作扣平加平；同理，如果加上后 1 日收盘价的均值小于前 5 日，则均线下弯，称作扣高加低。

扣抵的意义不仅仅在于观察当日的扣抵值，之后一段时间的股价走势对应的扣抵区也要进行持续观察。如果持续扣抵高档区，则通常表示未来的趋势很可能会向下发展，可以持有空单或不要轻易建仓买进做多！反之，如果持续扣抵低档区，则表示未来的趋势很可能会持续向上，可以持有多单或不要轻易出场卖出多单！

5. 均线缠绕

均线的缠绕通常是一段大行情的酝酿过程，我们可以通过均线缠绕时的一些特征，掌握一段行情的开始和结束。我们可以将均线缠绕同其他的条件结合起来，作为研判行情的有效前兆。

具体用法如图 5－6 所示，简单来说，在相对低档的纠缠是大涨的前兆，反之，在相对高档的纠缠是大跌的前兆。

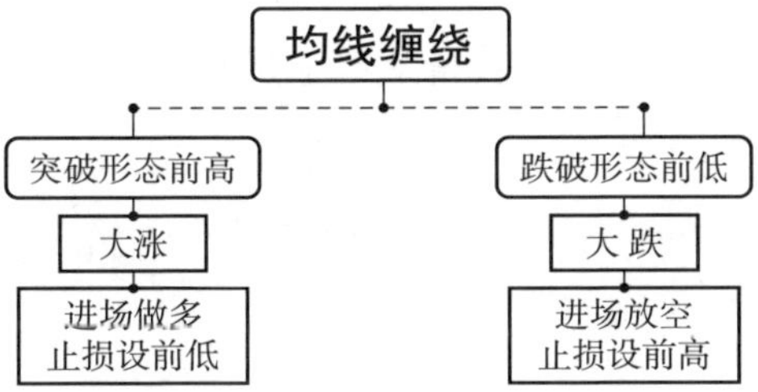

图 5－6

其实均线缠绕，可以看做是能量厚积薄发的过程。一旦价格突破了形态前高，很有可能出现一段上涨行情。均线缠绕的时间越长，后期价格上升的幅度可能越大，正对应了我们所说的：“横有多长，竖有多高”。操作上，可以进场买进多单，并将止损位设置在前低即可。相反，如果在均线缠绕时，价格跌破了形态前低，则预示着下跌行情。这时候，可以进场放空单，并将止损位设置在前高出。

一般均线缠绕时期，量能是匮乏的，股价如果进行爆发式运动，通常伴随着明显的大量。

三、起涨的模式

我们研判行情，要从五个重点入手，即 K 线、型态、均线、指标、量潮。

进行技术分析时，永远不会离开这五个要素的观察和判断。K 线理论中，我们使用三 K 和五 K，型态方面我们使用四象战法和六合战法，均线方面我们使用八卦战法和两极战法，指标方面我们一般运用 KDJ 指标和 MACD 指标；而量潮，指的是对量能和筹码变动情况的分析。其实概括来讲，行情研判是结合了方向、位置、速度的综合考量过程，速度自然就是量潮，位置就是两极、循环、四象、六合，而方向当然就是八卦。所有战法之间都是融会贯通的，应该综合运用，全面分析。

而起涨的模式，从五 K 理论来看，就是“阳包阴”“阳上阳”或者“阳中阳”的多头 K 线连续出现；从两极理论来看，行情正处于最后的正南极位置；从四象理论来看，就是股价经历了先破低，再过高或者不破低，反过高的阶段走势；从六合战法来看，对应过高回档买或者过高直接买两种战法的运用；而从八卦战法出发，就是股价从线上过高，过渡到上涨常态。

1. 第一个买点

理论储备

四大买点中的第一个买点，如图 5－7 所示，是指均线由空头趋势逐渐开始转变为向上扬升的多头趋势，而股价走势向上突破了开始扬升的均线。

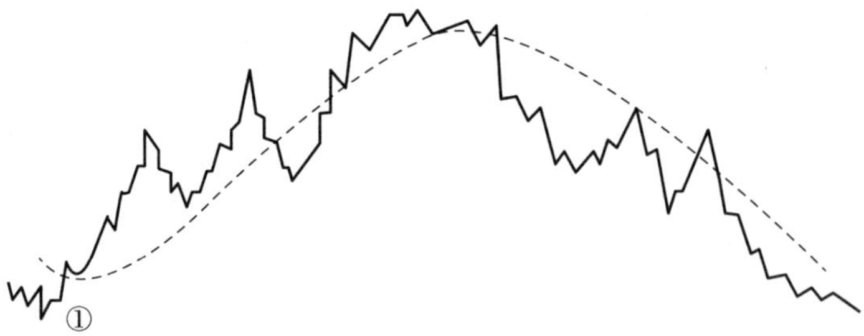

图 5－7

当均线从下降逐渐走平，并且开始拐头，代表行情方向转变。而价格迅速向上突破均线，并且站在均线之上，表示持仓成本较低的投资者已经有一定程度的盈利，可能会有一些获利盘出现，如果这时股价仍然稳定于均线之上，正显示了有大量的买方动能入驻，这时候也是投资者比较好的买进时机。

在实战中，有一点需要投资者注意：K 线经常会突破均线，而我们要确认此时均线的趋势是向上的，并不是所有的突破都可以看做是进场的信号。

【案例分析】

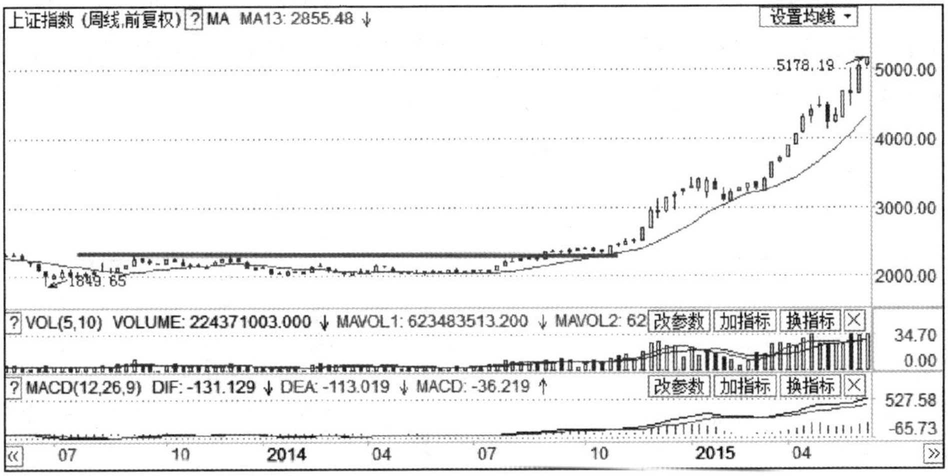

图 5-8

如图 5-8 所示，为上证指数的周线走势图。可以看到，这段上证指数的行情，在长期的横盘整理行情中，对应的 13 日均线在这段时间也基本持平。后期成交量逐渐增加，指数缓缓上涨，均线也开始逐渐向上扬升。指数突破前期压力，稳站均线上方，再加上 MACD 指标呈现出线下缩脚到线上翻红的多重维度的印证，确定行情此处已经摆脱了底部整理，开始突破向上拉升，此时可以进场操作。后股价一路上涨，配合量能推动，每次短暂回档后均能在 13 日均线处获得支撑，趋势不改。

2. 起涨模式的买讯

理论储备

趋势的改变可能会经过一段时间的酝酿，但趋势一旦确定，短期内是不容易再改变的。所以当趋势明确之后，我们就不要轻易被短时波动所迷惑，做出不理智的决策。如同我们走向成功的路上，遇到的小挫折、小困难是无关紧要的。

所谓起涨模式，首先看K线型态是否先行转多，用两低一高过高来判断；其次，看下弯的均线是否转向，开始上扬。均线趋势的转变虽然在走势图中好似短时间内就完成，但其实需要较长的时间来打磨准备。经过这两方面的双重确认之后，可确认行情是否转多，再进场做多。在行情转多之后，等到正乖离过大，股价修正回档，可以继续买进。

【案例分析1】

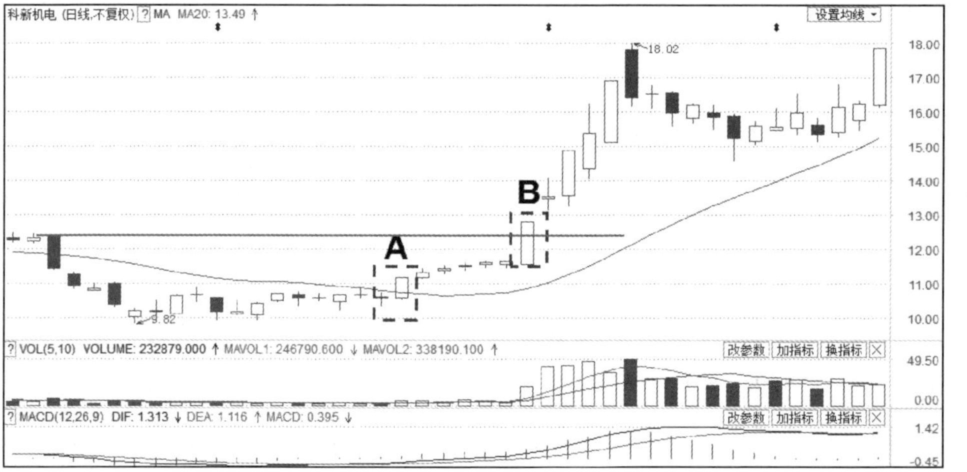

图5-9

如图5-9所示，为科新机电的日线走势图。在标示A处股价突破了20日均线，但并不是买入点。为什么？显然，均线的走向仍然是向下的，买入的两个条件并没有完全满足。股价无量微涨，直到标示B处，放量走出一根长阳，突破颈线位置，后又走出“阳上阳”的多头K线，量能持续放大，同时均线开始扬升，此时才可以看做是真正的买讯。之后股价快速上扬，正乖离率过大，股价回档，甚至没有回触均线就继续上涨，代表多方力量强劲，在拉回处可做进一步加码买进。

【案例分析2】

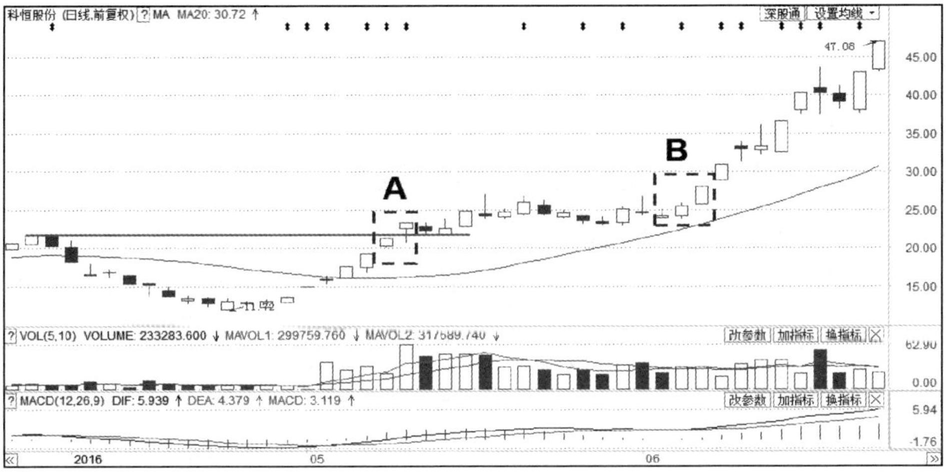

图 5－10

如图 5－10 所示，为科恒股份的日线走势图。股价向上突破 20 日均线之后，型态还未过高。直到标示 A 处，出现了股价跳空上涨，对应量能萎缩，次日股价再度跳空向上，并且突破了前期压力位，爆出较大的量潮，说明前日量缩是惜售现象，筹码稳定，再加之均线开始向上扬升，可以视为买进的信号。很快股价横盘调整，后在标示 B 处出现跳空的阳上阳，且成交量控制稳定，之前错过的投资者可以在此买进。这样确定的趋势下，我们应该放任涨势，安心等待盈利。

【案例分析3】

如图 5－11 所示，为金轮股份的日线走势图。股价前期处于下降趋势中，均线下弯，不加不断破低，直到标示 A 处下探至最低点 24. 79，此时量能也已经处于地量水平，并走出了“阳包阴”以及“阳上阳”，行情转强。但依然没有明显的多方量能入场，此时应该稍安勿躁，不要急于操作。股价向上穿过 20 日均线，随后在标示 B 处，形态上首次越过前期高点，并且对应成交量温和增加，多方渐渐占据主动。很快，股价在标示 C 处迎来了第二次过高，

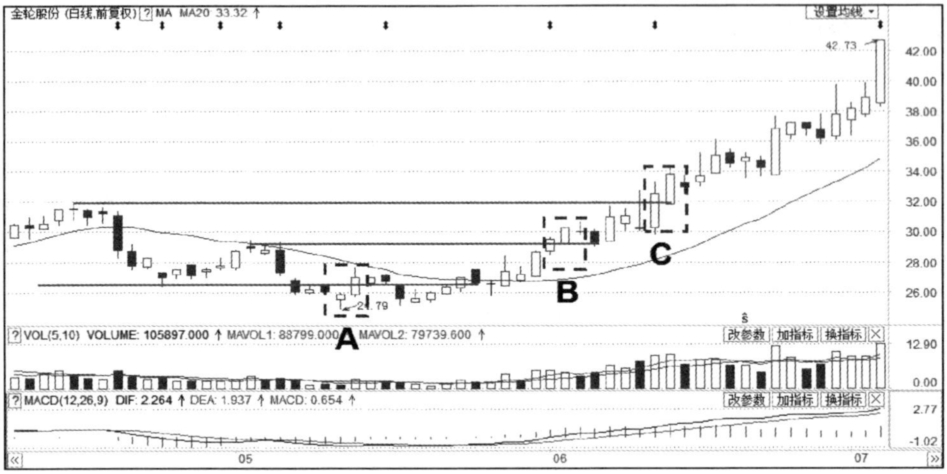

图 5－11

均线也开始上扬，行情转多，此时在 C 处也可以进场做多。之后股价一路走高，上涨不停。

小 结

本节主要讲述了起涨的模式，通过五 K、两极、四象、六合、八卦、循环、量潮这七个战法去确定这边的起涨模式，如果在几个战法确定这是起涨模式后再买进，胜算值会很高。

四、线上——续涨的模式

续涨是指在多头行情的背景下，继起涨模式之后，上涨行情并没有结束而是继续运行，并且这可能只是上涨的第一波。如果是较大的行情，通常会上涨两波、三波甚至更多。我们当下所选的股票一定是之前已经出现黄金交叉，在相对低档出现黄金交叉以及多头排列的这个地方，就形成了所谓起涨的模式。

当行情续涨的时候，也许会遇到上涨过程中正乖离过大的情况，股价拉回修正后可能会展开另外一波涨升，构成一轮完整上涨行情的主升段。

当然，不论是初升段、主升段还是末升段，都属于多头的扩散。那么在扩散后期，股价自然会进行一个收敛，也就是向均线靠拢，主要是因为此时正乖离过大。在收敛的过程中，会形成强势修正或者弱势修正，最极端的是收敛修正之后形成空头交叉，上涨行情就会告一段落。

特别提示

行情处于多头行情，可以用均线在相对低档出现黄金交叉，并且已经进入多头排列作为标准进行研判。

1. 第二个买点

理论储备

四大买点中的第二个买点，如图 5－12 所示，是指在均线扬升的背景下，股价趋势在均线之上运行，因正乖离过大，股价拉回，但没有跌破均线，而是在均线处得到支撑后再度上升。

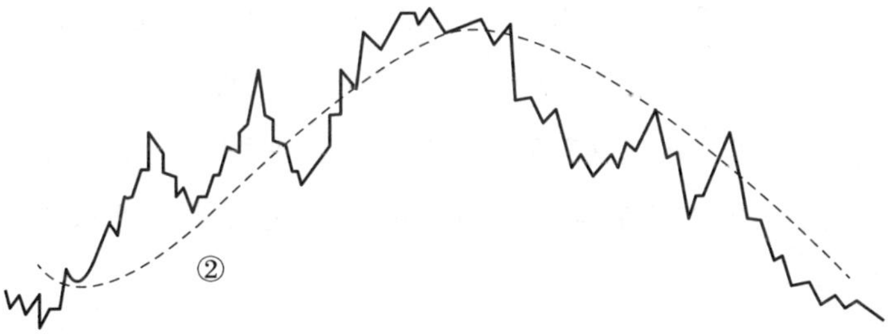

图 5－12

股价回落到均线附近，代表已经有获利盘开始获利出场，多头获利中，则持多的心态会比较安定，所以当行情压回均线时，卖压会减小，而且之前没买到多单的人会想买进，但想要买的人得花更高的价位去买，即多方动能依然充足，股价拥有充足的上涨动能。

【案例分析】

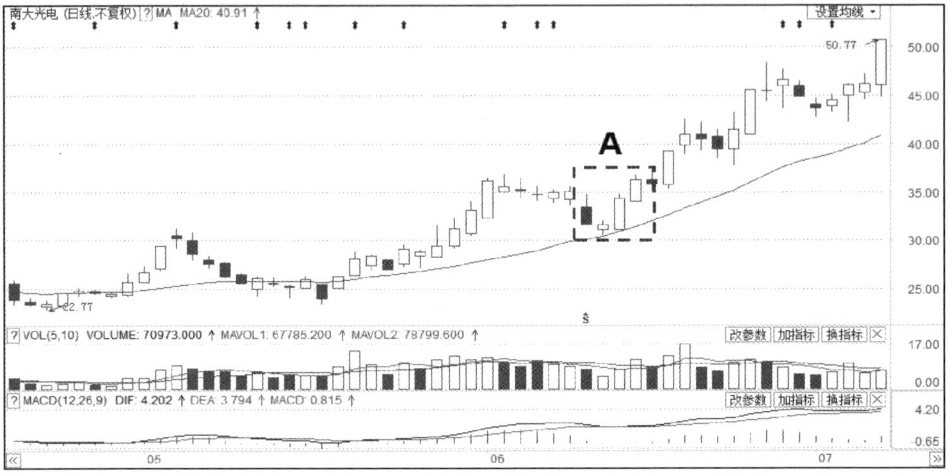

图 5-13

如图 5-13 所示，为南大光电的日线走势图。可以明显看到，该股正处于上涨趋势中，均线上扬，当正乖离过大时，在标示 A 处股价出现了修正，但当股价打到 20 日均线位置时，没有继续向下跌破。此时对应成交量明显萎缩。股价随后在均线处获得支撑向上回升，并在之后连续走出了两根阳线，很快便越过了前高点。伴随着量能增加，股价上攻轻松，筹码非常稳定，所以在回调至均线再拉升时可以进行买入。股价仍然具备充分的上涨动能。

2. 续涨模式的买讯

理论储备

指股价在均线上运行，出现了正乖离过大后的股价拉回的空间修正，一般强势的修正不会跌破上扬的均线，且又出现止跌转强转多的三 K，其后股价又确实不再下跌而再度上涨，均线起到了支撑作用。如果在起涨时错过买点的，这里就是买进的信号。

此外，股价均线上扬的背景下，在回调时短暂跌破了均线，但是又出现了止跌转强的三 k 架构，依然可以视为买进的时机。

【案例分析1】

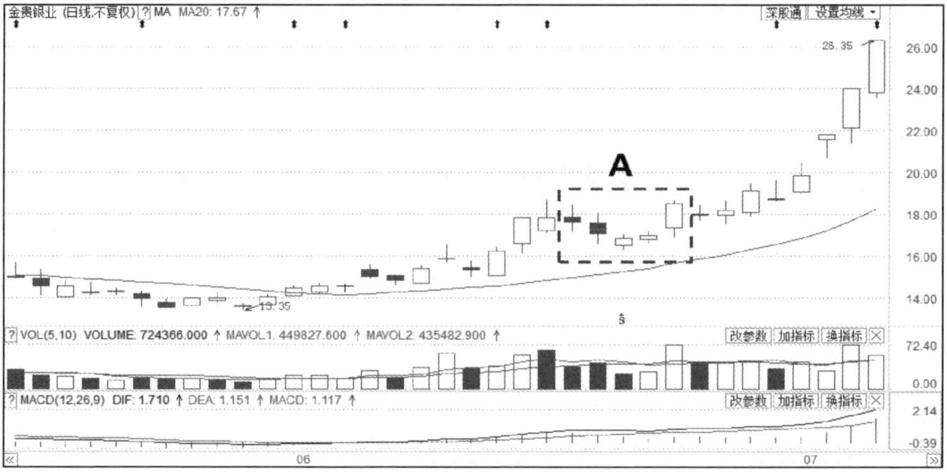

图 5－14

如图 5－14 所示，为金贵银业的日线走势图。从图中可以看出，均线由空转多，开始上扬，股价逐步上涨，不再跌破前低，并且一直在均线上方运行。当正乖离较大时，在标示 A 处，股价进行了非常小幅的修正，并没有下探到 20 日均线位置就已经走出了三根阳线，很快就回到了开始修正的位置，并且开始了新一波的上涨。这时量能没有出现时空，筹码安定，如果在拉回时进场买入，可以看到获利空间是很大的。

【案例分析2】

如图 5－15 所示，为华友钴业的日线走势图。该股明显处于多头阶段，在股价上涨过程中，进行了一定回调，且跌破了 20 日均线位置，但很快，又出现了连续三根阳线，甚至第三根出现了跳空，股价很快回到均线上方，且在标示 A 处，量能微增，股价却跳空上涨，说明该阶段筹码相对稳定。此时也是买进的时机。

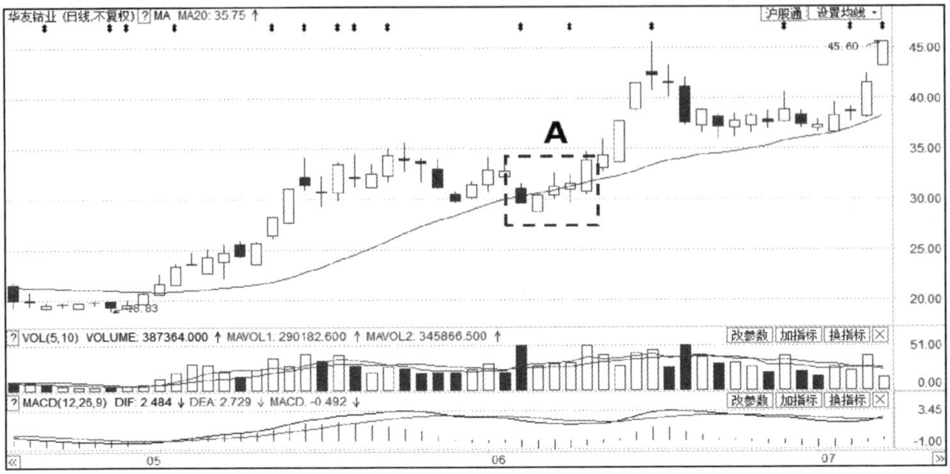

图 5－15

【案例分析3】

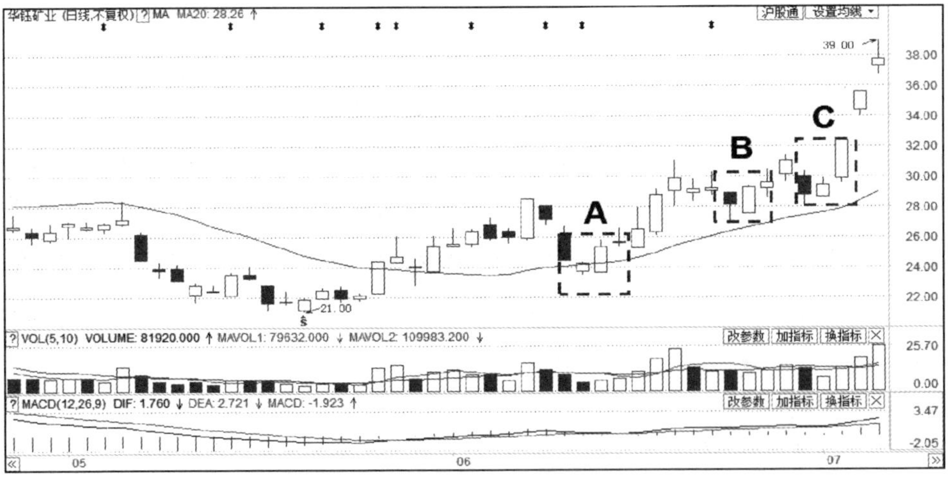

图 5－16

如图 5－16 所示，为华钰矿业的日线走势图。图中可以看到标示 A、标示 B 以及标示 C 处都出现了拉回，不论有没有跌破均线，拉回之后都出现了“阳包阴”的转强信号，再出现“阳上阳”，则表示该股依然供不应求，股价有进一步上涨的空间，这时可以买进，享受上涨带来的收益。

专家提醒

在续涨模式的买进操作中，我们不是等到收盘后再去确认它是否出现了“阳包阴”的转强 K 线，而是应该在盘中发现阳线突破后就进场做多，这样可以降低买入成本，设置止损位即可。如果做错就设止损，没有做错就放任涨势。

3. 补充：修正的强度

在续涨模式中，出现了股价修正的问题，那么股价修正的强弱程度应该如何判断呢？在本节内容中，我们将针对该问题，建立一个较为固定的研判标准，以供大家参考。

一方面，我们可以从修正的空间幅度大小来进行分类，如图 5－17 所示。可以看到，如果回档幅度达到第一波上涨的三分之一即再度上行过高，我们将其归类为强势修正；若回档幅度达到上一波涨幅的二分之一再向上过高，将其归类为一般修正；若回档幅度达到了上 波涨幅的三分之二以上才再度回升过高，则归类为弱势修正。

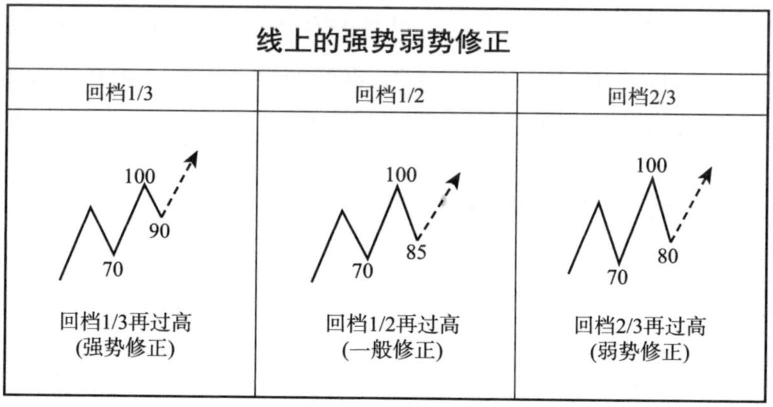

图 5－17

另一方面，我们可以用 MACD 指标来划分修正的强度，简单来说，如果

MACD 翻黑的话就是弱势的修正，如果 MACD 不翻黑只是缩头之后上行的话就代表是强势的修正。

小 结

本节主要讲述了续涨模式以及对应的买讯。注意，续涨模式应用的前提是在均线处于上扬的背景下。线上支撑的买进处可以总结为：股价进行正乖离的修正，拉回之后有两个：一个是跌破均线，另一个是不破均线。不破均线并且获得支撑，拉回之后行情转多，转多则进场做多；破了均线则看是否出现止跌转强的多头 K 线，根据情况也可以进场。

五、线上——再涨的模式

所谓再涨，是指一个多头行情，如果想要有更大的上涨空间，行进过程中少不了要有洗盘动作，洗盘结束后，行情自然继续上涨。

一档股票的大幅涨升背后总会有主力的痕迹。主力在拉抬股价的过程中，会运用到很多手法和技巧，将技术图表伪装起来，诱使股民买进或者卖出，最终的目的是为了用更低的成本拉动股价上涨，从而获得最大化的利益。

再涨和续涨都是在多头背景下，但两者的区别是：股价修正的幅度不同。如果上涨过程中正乖离过大，进行时间修正后出现“阳包阴”，为续涨；而进行空间修正后出现“阳包阴”，为再涨。再涨和小 N 走势是相互联系的，依然会动用到三根 K 线辅助判断。

1. 第三个买点

理论储备

四大买点中的第三个买点，如图 5－18 所示，是指在均线扬升的背景下，股价趋势在均线之上运行，因正乖离过大，股价拉回并且短暂跌至均线下方，但此时均线仍然保持上弯趋势，股价很快再次回到均线上方。

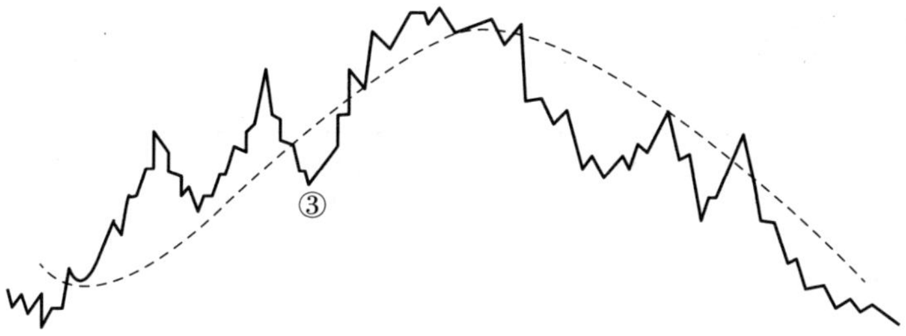

图 5－18

虽然股价跌破了均线，修正幅度较大，但是如果很快回到均线，代表多方动能依然非常积极，股价仍然有上涨的空间，所以可视为买入信号。

骗线主要包括骗股票和骗钞票，骗股票是将股票逼出来，卖出后主力吸货再拉高，骗钞票是骗股民买进股票，主力便可出货。如果发现有骗股票的行为后需要特别注意，最好可以加码买进股票，所以需要会看。通常一个大行情不会只涨一波，一般会有初升、主升、末升行情。行情如果够大需要利用中段整理或洗盘进行骗线再涨的时候及时买进多单。

2. 再涨模式的买讯

理论储备

在均线向上扬升的背景下，股价拉回跌破了上扬的均线，跌破代表空间修正幅度较大，通常会将没有信心持单的投资者“洗”出去，卖出股票，而后主力会进行承接，进而拉升股价，则股价继续上涨。上弯的均线对股价具有支撑和助涨的作用，股价短暂跌破均线，如果 K 线表现出“阳包阴”的止跌转强，越过了拉回低点 K 线对应的高点，行情再继续走多，则可以看做是买入信号。

特别提示

上述情况中不包括头部的形成，做头对应股价拉回弹起后，会迅速下跌并且带动均线下弯。

【案例分析1】

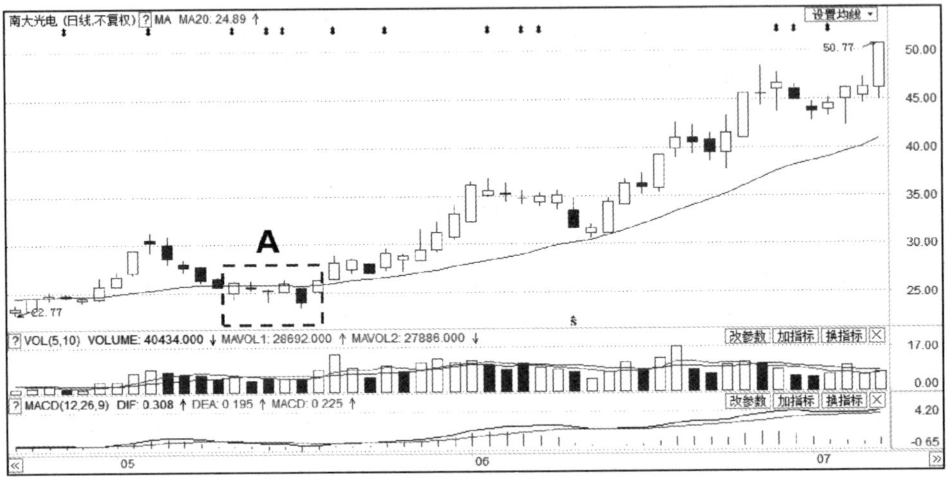

图 5－19

如图 5－19 所示，为南大光电的日线走势图。可以看到均线已经呈现上扬的趋势，股价在标示 A 处出现了正乖离过大拉回的情况，且股价跌破了均线位置，但此时成交量很小，股价并没有进一步下跌的空间。很快，股价在均线趋势的带动下，逐渐上涨，并且再次回到均线上方，且之后的拉回并没有再跌破均线，而是持续上涨，相应地，量能也温和增加，量涨量增，量价关系十分健康。当股价回到均线上方并且越过了低点 K 线的高点时，可以考虑进场买入。

【案例分析2】

如图 5－20 所示，为华钰矿业的日线走势图。图中可以看到标示 A、标示 B 以及标示 C 处都出现了拉回。标示 A 处股价短暂跌破了均线，但次日便走出了一根长阳线，收盘价收在均线上方，并且之后连续出现多方 K 线，因此这里可以进场买入。而标示 B 和标示 C 处拉回但没有跌破 20 日均线位置，拉回之后很快都出现了“阳包阴”的转强信号，之后又出现了“阳上阳”，表明该股依然处于供不应求的状态，股价有进一步上涨的空间，这时依然可以

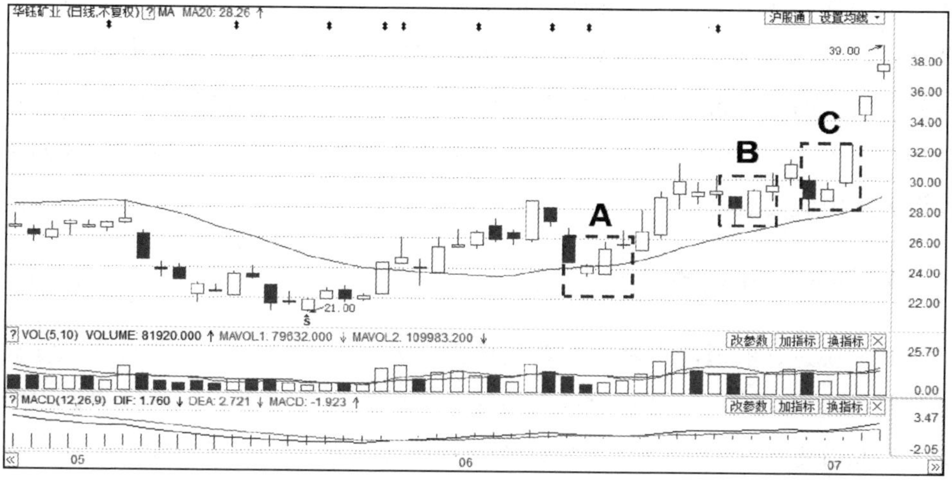

图 5 – 20

买进，享受这样的上涨带来的收益。

【案例分析3】

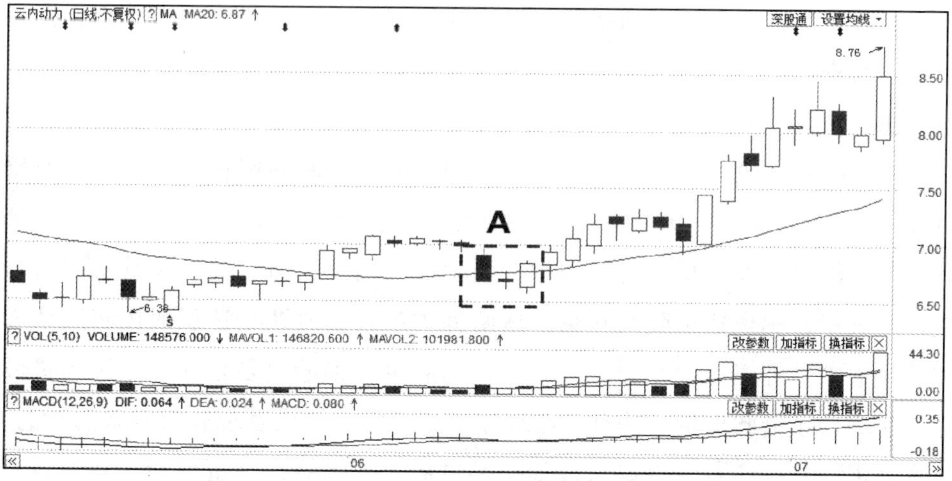

图 5 – 21

如图 5 – 21 所示，为云内动力的日线走势图。均线有空逐渐转多，在标示 A 处，股价上涨后拉回修正，出现了三 K 的阴线组合，跌到了 20 日均线以下。但很快，就出现了“阳包阴”的多头K线转强以及“阳上阳”的多头K线转多，可以进场操作。具体买入时机，为跌破均线后第一次站上均线的K线处。后面的走势再次出现了修正，但并没有跌破均线，就被多方K线化解，行情持续上涨，“阳包阴”中的阳线就是买点。这样的案例中，我们应该关注N形走势中的洗盘动作，避免损失利润。

3. 补充：洗盘的概念

我们说过，所谓的再涨是洗盘后的涨势延续，那么什么是洗盘呢？洗盘的定义是为了庄家出于炒作目的，使那些低价买进，意志不坚的散户抛出股票，以减轻上档压力，同时让持股者的平均价位升高，抬高市场整体持仓成本的行为，其最终的目的依然是为了继续拉升股票。

主力在拉升过程中尽管吸货很多，但是有些货是落在散户手中，以至于拉起后散户手中的股票有了一定利差，涨升后散户很大可能随时想卖，而主力在拉抬过程中希望自己的筹码很稳定，因为再拉抬需要资金去买，但是过程中总有干扰，主力在拉而散户在卖，造成拉升过程中主力资金成本压力，所以干脆主力将没有信心的持股股民用跌停板吓出来，之后主力再接，接完后筹码就安定了，主力不会随便卖手中持有的股票，而之前吃过甜头的股民会再想办法买进。

洗盘技巧一般有四个：一是横向整理，也就是时间修正；二是打压股价洗盘；三是震荡洗盘；四是一边拉高股价一边洗盘。

除了洗盘之外，我们也会经常听到骗线的概念，但它的含义其实比洗盘更广，其中，骗包括骗股票和骗钞票两种类型：骗股票是迷惑股民将股票卖出，主力在其理想价位充分吸筹后再拉高股价；骗钞票是指迷惑股民买进股票，主力便于借此出货。洗盘自然对应着骗股票。如果发现有骗股票的行为，投资者需要特别注意，最好可以加码买进股票。当然，这也考验着我们看盘的功力。一段上升行情如果需要利用中段整理或洗盘进行骗线再涨的时候，通常表明上涨空间较大，应该及时买进多单。

小 结

本节介绍了再涨模式，对应股价再上涨过程中，发生洗盘之后股价再度上涨的情况。在涨升过程中会有所谓的洗盘、诱空或者骗线、甩骄，无非是为了骗股票以及骗完股票后再涨，如果按本节所讲的去做，相信大家会买在“N”形的起涨位置，也就是拉回后出现“阳包阴”的位置，前提是股价始终处于多头的结构和节奏中。

六、线下——反弹的模式

反弹的含义时股价在迅速下跌之后，再次回升到某一水平的价位的现象。我们所说的反弹模式，是指当一支股票的均线趋势向下时，可能会出现很多的负乖离，而每一个负乖离几乎都会产生反弹，这样的反弹给了投资者短期做多的机会。

1. 第四个买点

理论储备

四大买点中的最后一个买点，如图 5 – 22 所示，是指在均线空头趋势的前提下，股价跌破了均线并在均线下方运行，因为跌幅较大，距离均线很远，负乖离过大，因此股价有向均线方向靠拢的需求，即股价可能会很快迎来上涨。

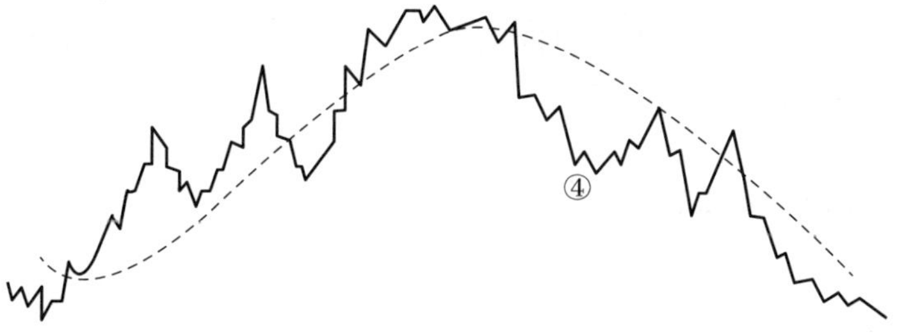

图 5 – 22

当股价短期内跌幅较大时，一部分投资人亏损程度较大，从而难以割肉出场，而是等待股价再次上涨。同时，上涨趋势未变，买气依然存在，从而股价再次被推高，所以我们将其视为买入的信号。

【案例分析】

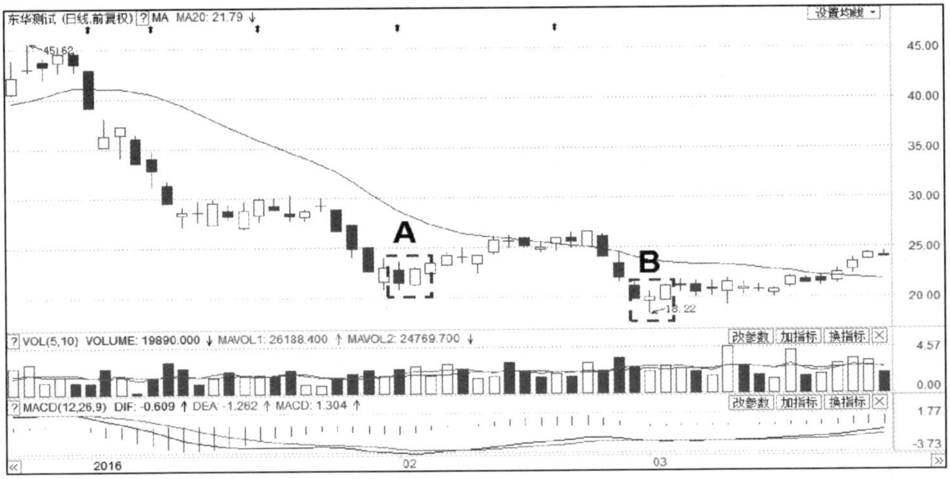

图 5－23

如图 5－23 所示，为东华测试的日线走势图。在标示 A 处，股价在 20 日均线下运行，因为快速下跌且幅度较大出现了负乖离较大，股价有向均线回归的需求，随后股价便出现了“阳上阳”的止跌转强，此时可以在阳线处买入，等到股价碰触到均线的压力，或者是出现了明确的空头 K 线时及时止盈出场。在标示 B 处同样，股价出现了止跌反弹的需求，但可以看到此处的反弹十分弱势，获利空间不大，且时间很短，有一定的风险，因此不该轻易抢反弹操作，谨防被套。

2. 反弹模式的买讯

理论储备

行情在下弯的均线下方运行，由于突然大幅下跌造成负乖离过大，股价会进行空间修正，也就是出现反弹。我们可以将负乖离和三 K 理论结合来把握跌深反弹的买进机会，具体来说，投资者可以用三 K 转强之后形成的“阳上阳”为依据，同时配合 MACD 指标的线下缩脚现象，确认可以进场做多。

【案例分析1】

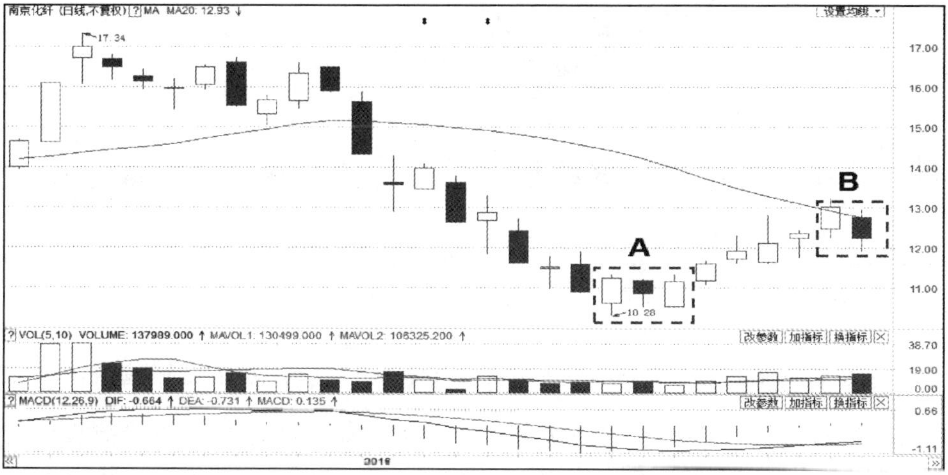

图 5 - 24

如图 5 - 24 所示，为南京化纤的日线走势图。南京化纤在大幅下跌后止跌，由于负乖离过大反弹进行空间修正，在标记 A 处出现了三 K 转强之后，形成“阳上阳”代表空头节奏下的多方转强，同时，可以明显看到 MACD 指标处于线下缩脚的状态，两个条件告诉我们可以在此时买进多单，而止损位设在前低点，如果跌破前低则立刻出局。

当然，止盈也非常重要，当反弹的高点出现了“阴包阳”将其吞没，投资者就应该及时卖出持股，止盈出局。显然在此案例中，我们可以看到在标示 B 处，股价反弹到 20 日均线位置时，再次出现了“阴包阳”的空头 K 线，再加上下弯的均线对股价有压力和助跌的作用，行情再次转空，应该及时出局。

【案例分析2】

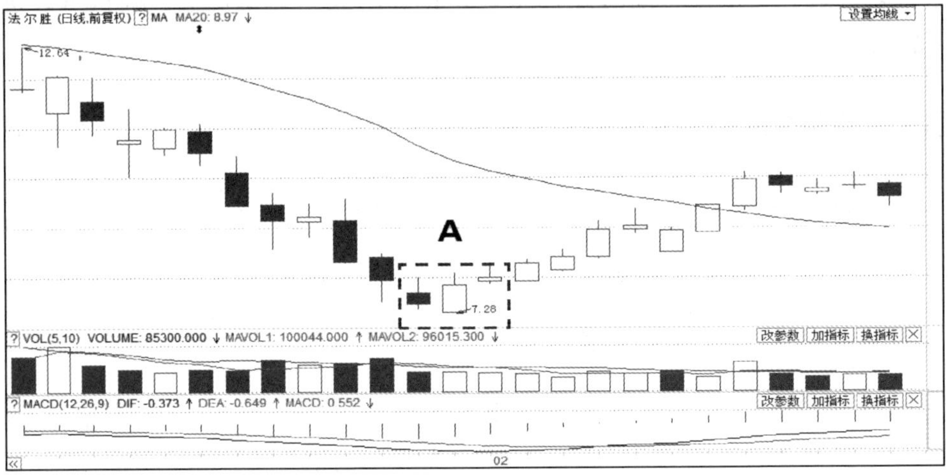

图 5－25

如图 5－25 所示，为法尔胜的日线走势图。在前面的下跌趋势中，可以清晰地看到没有出现任何一次转多的三 K，如果在这个空头趋势投资者冲动介入抢反弹，被套牢的几率是很大的，因为没有一次符合跌深反弹的转强三 K 买点。在标示 A 处第一次出现了“阳包阴”的多头 K 线，代表行情暂时止跌转强。等到之后出现了“阳上阳”，才是我们可以尝试抢反弹的买进机会。这时应该将止损设在前低，止盈设在反弹后的“阴包阳”位置。

【案例分析3】

如图 5－26 所示，为麦迪电气的日线走势图。可以看出，均线正处于空头趋势中，股价跌破均线，在 20 日均线下方运行。在标示 A 处，出现了“阳包阴”的 K 线组合，并且之后并成功走出“阳上阳”，量能不大，反弹幅度亦不大。在标示 B 处同样连续出现了多头 K 线，说明在空方节奏下出现了多头转强，可以介入抢反弹，但一定要设置止损以及果断止盈。但是可以看到，两次反弹的幅度都不大，可见在空头趋势下抢反弹是有一定风险的，应该要

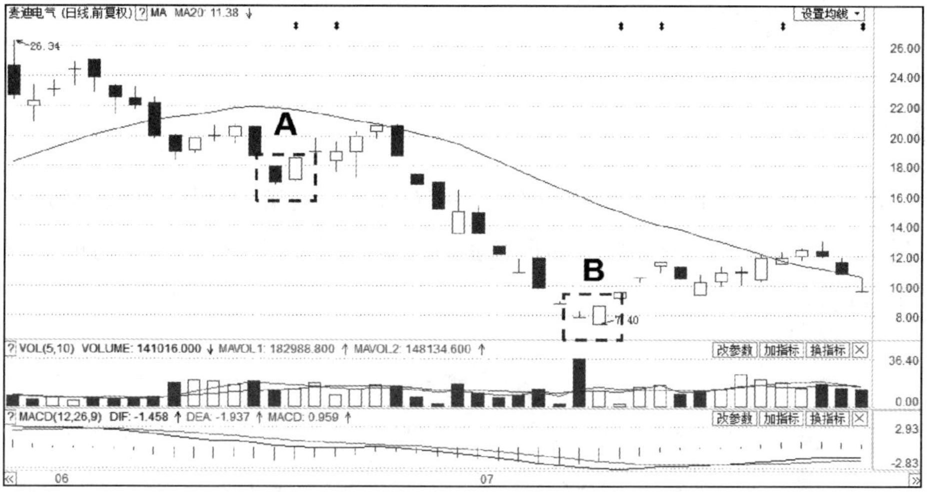

图5－26

慎重操作。如果对自己的技术和执行力没有信心，最好不要盲目操作。

小 结

反弹模式做多是指抢短多。我们说过均线下弯时还是以做空为主轴，如果大趋势不变，反弹结束后，多单就要止盈出局，空单进场的机会之后放任跌势，所以抢短多要设好止损。

七、起跌的模式

起跌，顾名思义是行情由上涨趋势开始下跌。起跌模式同样在之前所讲的战法中有所呈现：首先从五K来看，就是出现“阴包阳”“阴中阴”以及“阴下阴”。也就是说，一般相对高档出现“阴包阳”的反转后，不再出现三根K线“阳包阴”的转强和“阳上阳”的转多，通常代表着起跌开始；如果从两极埋论来看，起跌模式对应最后的正北极位置；从四象战法来看，就是走势先过高，再破低或者不过高，反破低；在六合战法中则对应破低反弹空、破低直接空或者过高空回档。而在八卦战法中，起跌就是指线下破低，即下跌常态；而MACD指标则处于线上缩头止涨，线下翻黑起跌的过程。

1. 第一个卖点

理论储备

四个卖点中的第一个卖点，如图5－27所示，是指均线从上扬逐渐走平，之后又开始下弯下行的迹象，而股价此时由上而下跌破均线，并且开始在均线下方运行。

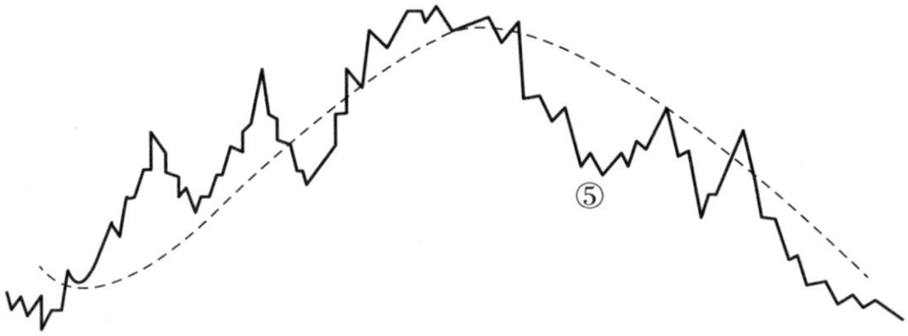

图5－27

均线上升趋势改变，需要经过一段时间多空争夺的积淀，这时候一定伴随着大量筹码换手，股价下跌，在该位置进场买入的投资者相应被套，因此一旦股价回升至该区域，投资者处于股价进一步下跌的担心，会选择解套出场，因此该位置卖压较重，视为卖出信号。

【案例分析】

如图5－28所示，为黄金T＋D的周线走势图。可以看出，在价格走势到达高点之后的几天时间里，均线依然是上扬的状态，也说明均线系统有一定的滞后性。直到标示A处，一根阴线跌破了最高点K线对应的低点，而次日再次收小阴，出现了“阴下阴”的空头K线，视为转空信号。之后的走势中，13日均线明显起到了压力作用，行情一路都呈现反弹不过高的状态，每一次回落都会跌破前低。此时MACD指标也对应线上缩头，然后到线下翻黑，每次下跌带量，上涨无量，空方气势强盛，股价一路下行。

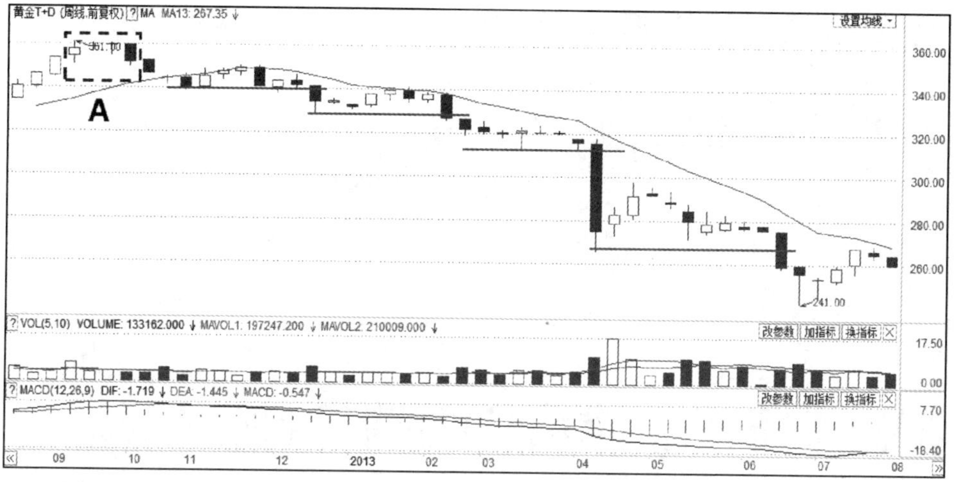

图 5－28

2. 起跌模式的卖讯

理论储备

起跌模式中，一般形态会先行转空，可能出现二高一低破前低，接着趋势跟着转空，即上扬的均线开始转向下弯，在进行双重确认后，将其视为卖出的时机，如果持股可以及时卖出离场。如果是现货或者是期货的操作，则应该在解掉多单的同时买进空单，或者在行情确认转空，出现负乖离过大的反弹后再进行放空。

【案例分析1】

如图所5－29所示，为布伦特原油指的日线走势图。可以看出，均线的趋势刚刚开始由上升走平，指数一旦过高，就会立刻出现下跌，可见每一次过高都是解放了一定数量的套牢盘。这样不断的过高破低，就走出了明显的空头节奏，均线下弯，代表趋势转空。每一次反弹都是进场做空的机会。

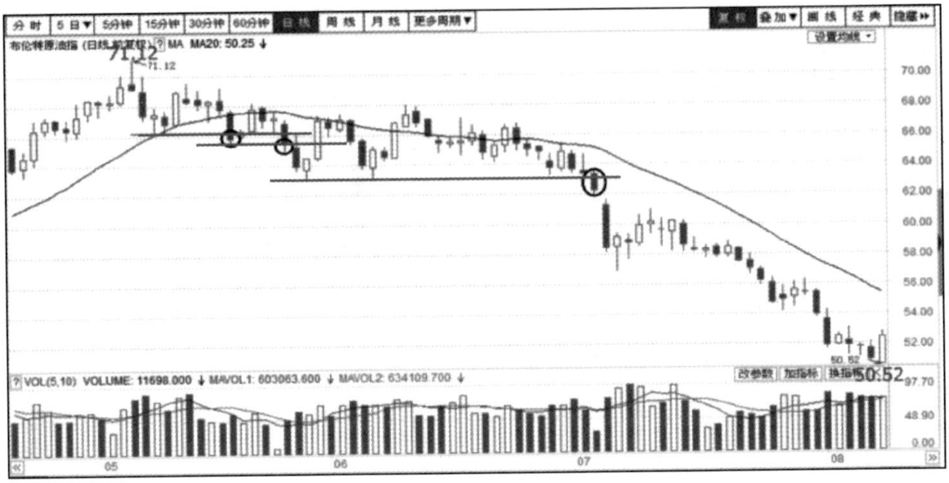

图 5－29

【案例分析2】

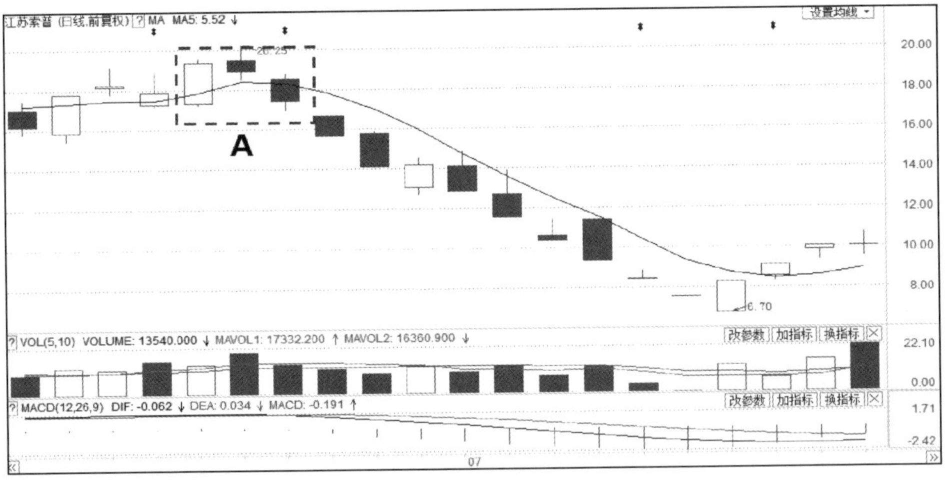

图 5－30

如图 5－30 所示，为江苏索普的日线走势图。在标示 A 处可以看到它在三根 K 线组合呈现“阴包阳”转弱的同时，跌破了刚刚转势下弯的均线，接着隔天又出现了“阴下阴”，趋势转空，代表行情起跌的开始。果然之后股价一路不断破低，一直下探至 6.70 的低点，期间一直受制于均线的压力作用，没有出现任何有效的多方抵抗与反攻。

【案例分析3】

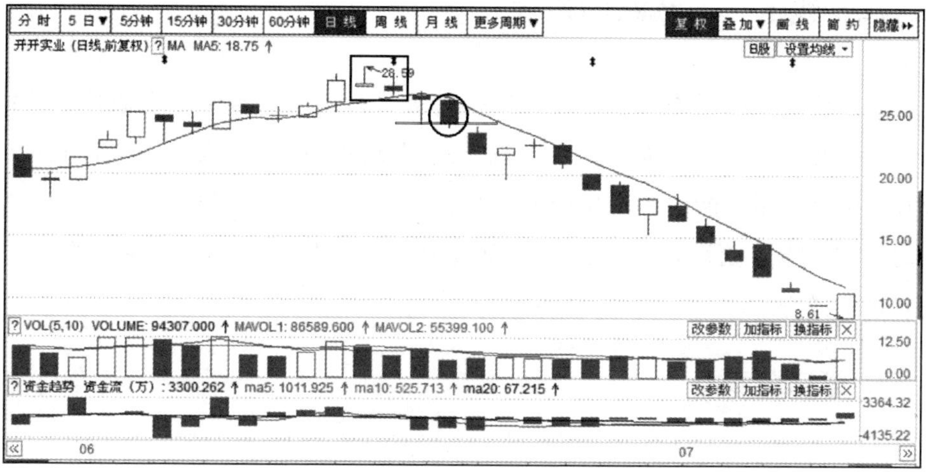

图 5－31

如图 5－31 所示，为开开实业的日线走势图。在标示 A 处，股价刚刚过跌破最高点 K 线对应的低点时，均线趋势依然是向上的，还没有发生转折。但很快，后面连续走出了几根阴线，使股价快速下跌，而反弹的力度却很弱，修正幅度只占跌幅的大约三分之一，之后也没有能力有效地站稳于 5 日均线之上。均线走平后下弯，并且形态又出现破低，随后就是线下的反弹都会出现“阴包阳”的空头势力，将多方反攻的“火苗”即刻扑灭，这时候就是行情完完整整地进入了空头趋势中。所以，空头的结构就是破低再破低，在下跌的过程会有过高再破低。

小 结

不管是大反弹还是小反弹，弹起来最高点 K 线的低点被跌破的话就要做空。均线下弯代表的是趋势（趋势不容易改变，一旦改变短期不容易再改变），在走空趋势里面我们能做的只有两个：线下只短多主轴再做空、线下不做多反弹找空点。不管是反弹还是涨升 K 线都会不断过高，涨升过程里只要它的买力和反弹力没有结束，每天都会看到高点，但是总会有最后一个高点，最高点K线的低点一旦被跌破就代表这波涨升的买力和反弹力已经耗尽。

八、线下——续跌的模式

续跌模式，是指均线已经进入空头趋势，行情易跌难涨。当股价在均线下方下跌导致负乖离过大时，会出现一定程度的反弹，这表示多头在此进行反扑，但反扑很可能失败。反弹若失败，会被出现的“阴包阳”结束，说明此时多方动能阶段性耗尽。在续跌模式中，应该卖出之前抢反弹时的多单，或者进场做空。

1. 第二个卖点

理论储备

四个卖点中的第二个卖点，如图5－32所示，是指行情在下弯的均线下不断下挫，直到负乖离过大后，行情出现了反弹的空间修正，反弹难以向上突破均线，又会出现止涨转弱的空头三K。

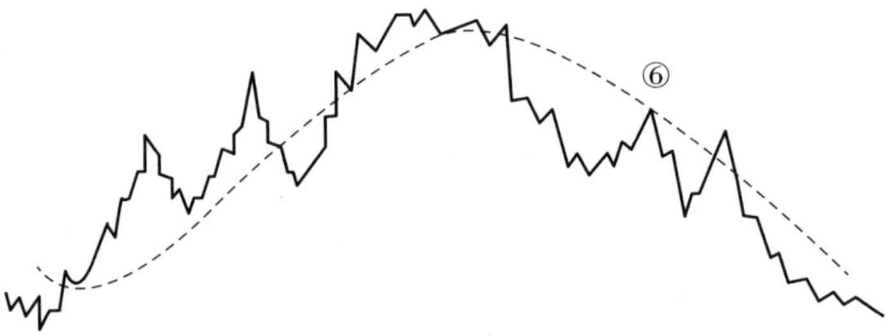

图5－32

股价回升碰到均线就再次下跌，代表这里很多投资者争相出货，趁机解套，卖压较重，而大多数投资者的恐慌心理又会进一步加深下跌的幅度，因此是卖出的信号。

【案例分析】

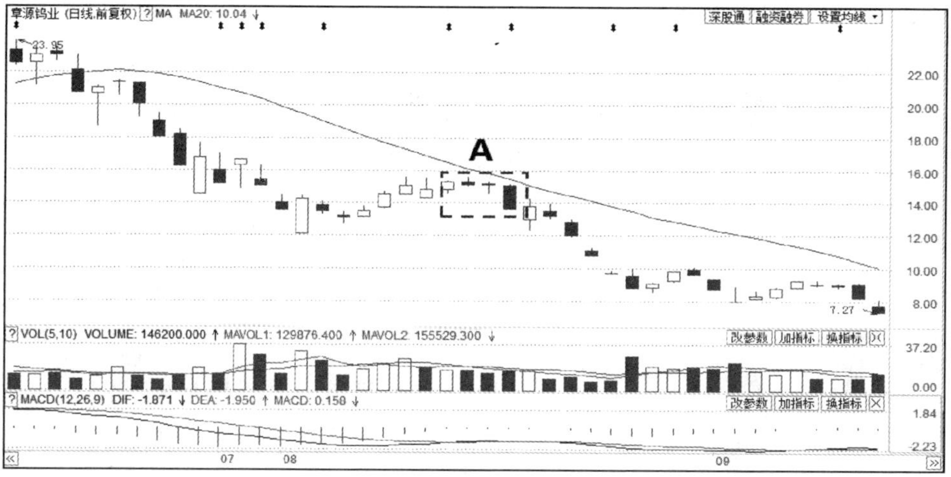

图 5－33

如图 5－33 所示，为章源钨业的日线走势图。从图中可以看到，在该股一路下跌的过程中，出现了几次程度不一的反弹。在标示 A 处，弹升过程中创出最高点 K 线的低点一旦被跌破，股价就迅速下行。股价从 14 的位置一直跌到了 7.25 的低点，股价几乎被腰斩，所以在反弹时，如果手中持有该股，应该迅速出货离场。一般来说，行情下跌，均线下弯，加上股价又再次向下跌破前低，说明卖压再次加重，是卖出的时机。

2. 续跌模式的卖讯

理论储备

在均线处于空头趋势时，股价在均线下方运行，遇到了负乖离过大而出现反弹修正，股价反弹没有过均线，而是在遇到均线的阻力后又出现止涨转弱转空的三 K，为放空的时机！

【案例分析1】

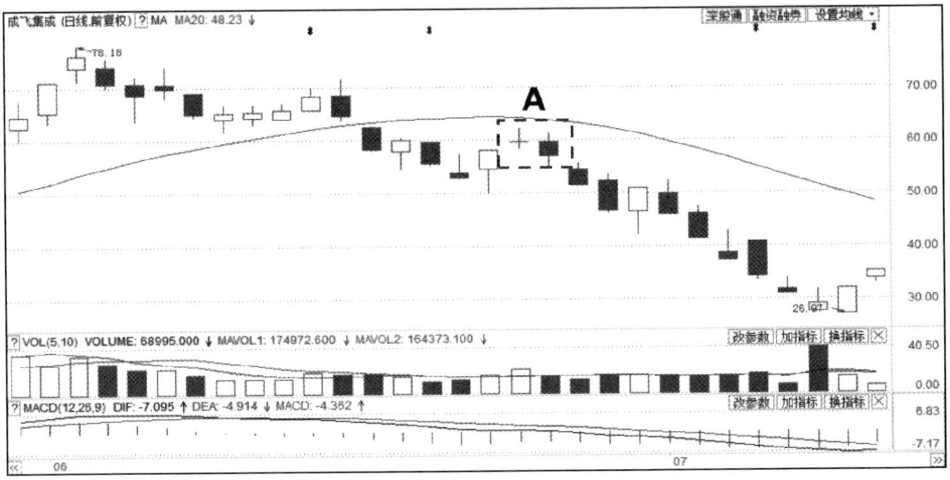

图5－34

如图5－34所示，为成飞集成的日线走势图。图中可以看到K线下行至20日均线下方，在标示A处，股价出现了反弹，反弹起来之后，并没有触碰到均线，且反弹高点K线对应的低点被隔天的“阴包阳”覆盖，行情再次转弱，可以在阴线处进行卖出或者放空的操作。这种手法虽然不是百分之百的准确，但是线下的反弹遇到压力后再次下跌是大概率事件。我们期望中的正收益，是基于操作对多错少从而在积累中获利。因而在期货和现货的操作中，当行情走势并没有像我们预期那般持续下挫，就应该及时止损出场。

【案例分析2】

如图5－35所示，为潞安环能的日线走势图。一般来讲，当行情进入到空头趋势之后，我们就是观察反弹高点K线对应的低点有没有被跌破，有的话就可以做空。在标示A处和标示B处，股价都出现了反弹，但反弹幅度很小，多头反扑失败。这样的反弹都是往下弯均线做修正，弱势修正不会突破均线，未过均线又转空，是做空的时机。

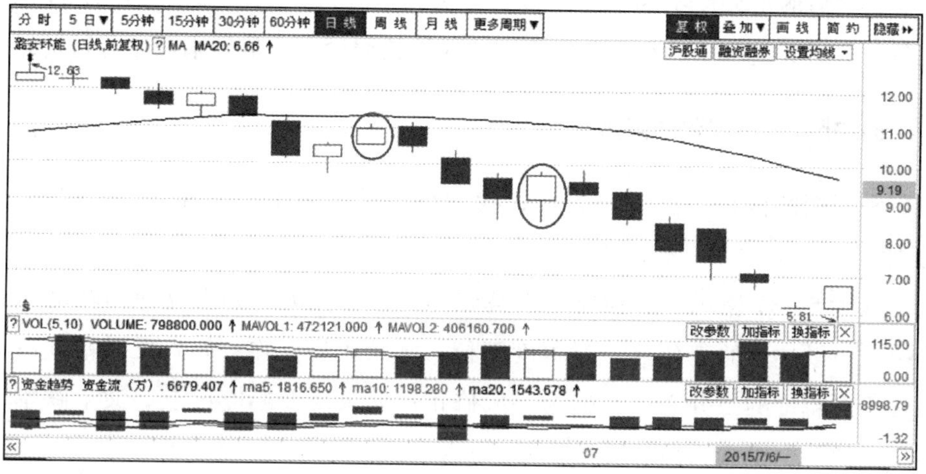

图 5－35

【案例分析3】

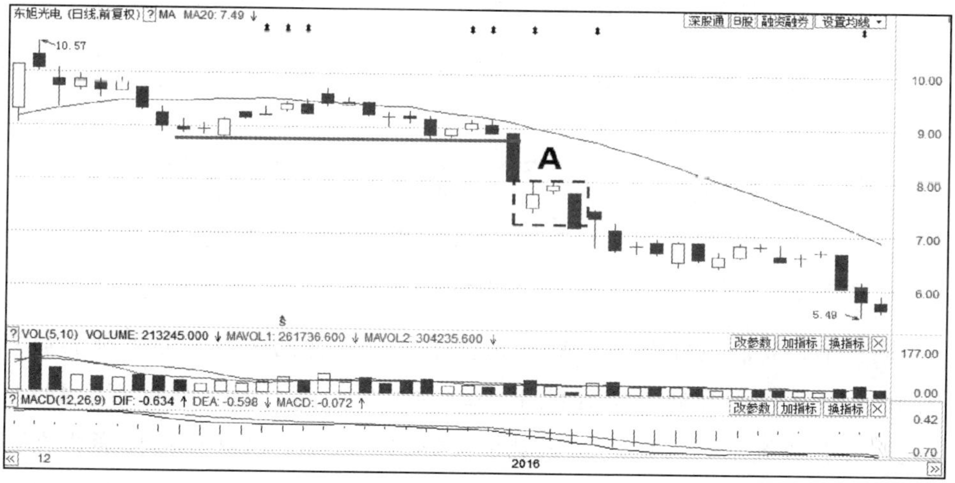

图 5－36

如图 5－36 所示，为东旭光电的日线走势图。从图中可以看出，股价跌破了前期形态的低点，而这个破低是在均线下弯的背景下出现的，阴线破低进入空方的表现非常明确。当然，在股价下挫的过程中也有反弹的现象，在标示 A 处出现反弹，但是反弹后的第三天，便被一根长阴跌破了高点 K 线的低点，之后的走势便不断弱势下跌，多方没有反攻之力。如果运用在期货和现货，此时买进空单的利润非常可观，应该按照做空的信号果断参与行情。

3. 补充：反弹的程度

和回档的修正一样，一方面，我们可以从反弹的空间幅度大小来进行分类。

如图 5 –37 所示，反弹修正也被归类为三种强度。如果反弹的幅度达到上一波下跌幅度的三分之一就再度下行，则为弱势反弹；如果反弹幅度占上一波下跌幅度的二分之一，则为一般修正；如果反弹幅度占上一波下跌幅度的三分之二，则视为强势反弹。

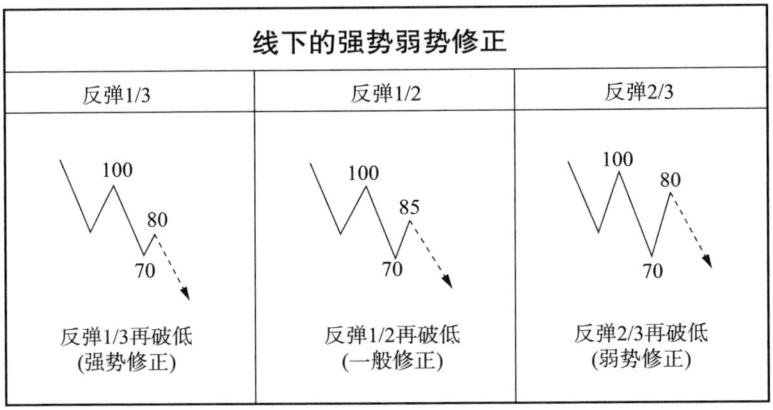

图 5 –37

同样地，我们也可以用 MACD 指标来划分反弹的强度。如果是弱势修正的话，MACD 指标通常会在线下的时候出现缩脚，但是缩脚不会翻红，且之后又会继续下行。反之，如果是强势修正的话，MACD 指标通常在缩脚之后翻红，甚至出现上行。一段时间之后再次出现缩头，意味着反弹结束。

小 结

对于续跌模式来说，均线下弯的趋势下，不管出现的是大反弹还是小反弹，在这段反弹的力量没有结束之前，也可能会出现持续过高，直到最高点K线的低点被跌破，就代表这波涨升的买力和反弹力已经耗尽，视为做空的时机。

九、线下——再跌的模式

均线正式进入空头趋势之后，一般来说，如果空方势力想要进一步开拓下跌的空间，通常会以诱多的手法，使股民因为一些特有的技术形态接盘主力抛出的股票。诱多也是一种骗线，是为了方便主力的出货，在K线图上看，表现为K线反弹接近甚至短暂突破下弯的均线。

1. 第三个卖点

理论储备

四个卖点中的第三个卖点，如图5－38所示，是指行情在下弯的均线之下不断下跌，直到负乖离过大后出现了反弹的空间修正，而反弹的过程中股价向上突破了下弯的均线，但很快行情便再次下跌。

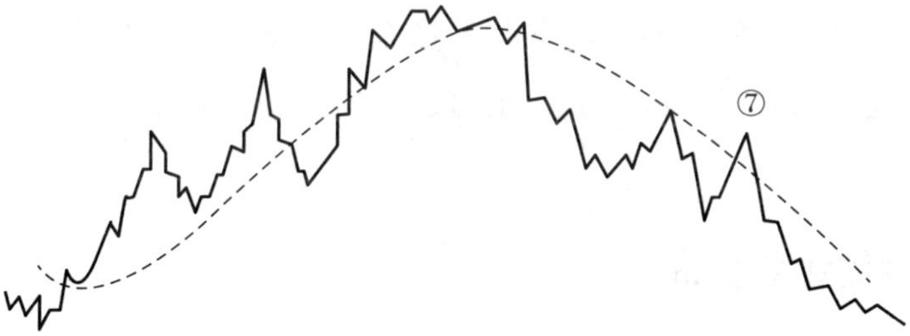

图5－38

这种走势的性质与第二个买点相似，但是反弹力度很大，也更容易迷惑股民。

【案例分析】

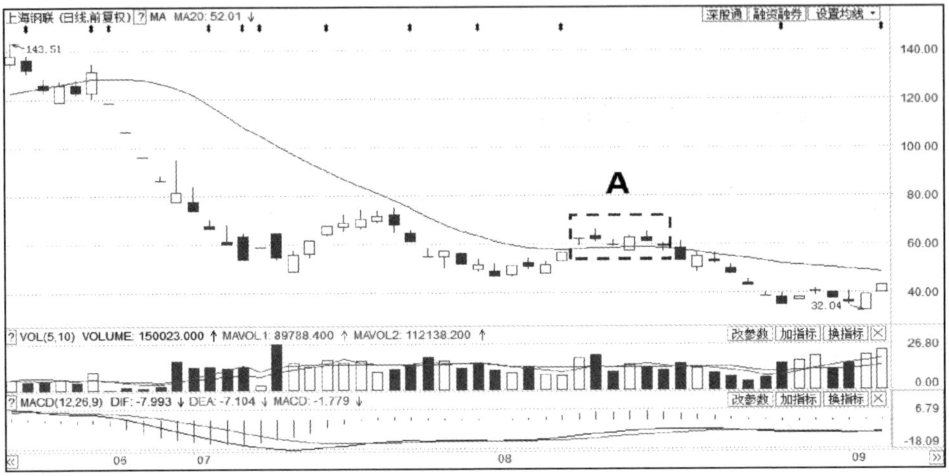

图 5－39

如图 5－39 所示，为上海钢联日线走势图。在标示 A 处，股价向上突破并站上了 20 日均线，随后进入整理状态，想进一步扭转空方态势，使趋势线向上扬升，变压力为支撑，但是并没有成功。股价在趋势线上方整理了六个交易日之后，最终向下跌破整理区域的低点，之后更是大幅下跌。此时，20 日均线依然保持下弯的状态，没有向上扬升，对多头来说始终是一个需要充足的动能才能站上的压力位，不然压力还是压力，会对下跌有进一步的助推作用。

2. 再跌模式的买讯

理论储备

均线下弯表示当时市场的空头意愿以较低的价位放空，所以下弯的均线就自然会有压力和助跌的双重作用。下弯均线的角度或者斜率会决定当时空头压力和助跌的力量，通常比较陡的角度其压力助跌的力量也就越大。如果当时 K 线反弹接近或突破此条下弯的均线，都可以视为空头再次放空的位置和机会。

【案例分析1】

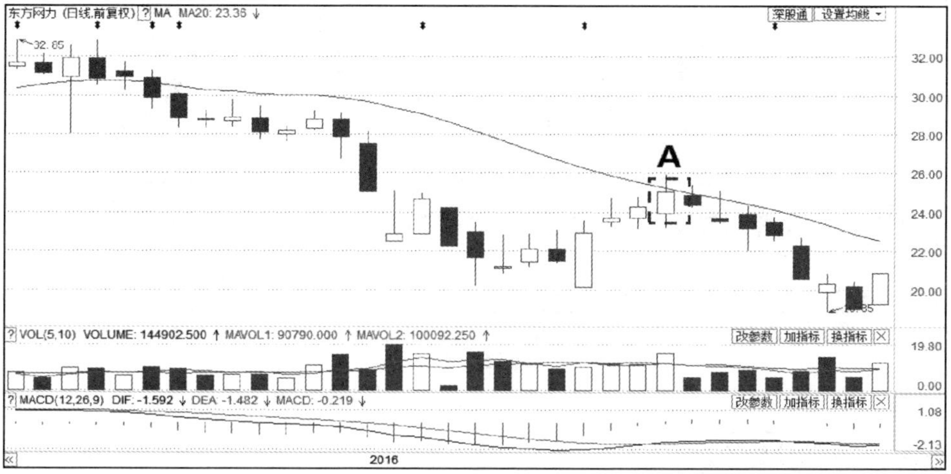

图 5-40

如图 5-40 所示，为东方网力日线分析图。在整个下跌趋势中的起跌都来自于头部的“阴包阳”转弱和“阴下阴”转空，之后股价一路下破，虽然出现过多头反扑，但都没能够有效扭转成功，之后再度下破。在标示 A 处，为负乖离过大拉回修正的高点，只是触碰到趋势线但没能够有效突破，这个位置出现了“阴包阳”，设好止损，放任跌势，这是再次转空放空的时机。在跌势中，均线也起到了助跌的作用。

【案例分析2】

如图 5-41 所示，为蓝色光标日线走势图。在标示 A 处，股价出现了下跌反弹的高点，之后在 20 日均线上方盘整七个交易日，但并没有出现有效的“阳上阳”越过反弹的高点，反而再次向下跌破均线，这个时点也是我们放空的绝佳机会，设好止损，同样能够收获不错的利润。如果是多方就会避免了这次下跌所带来的亏损。

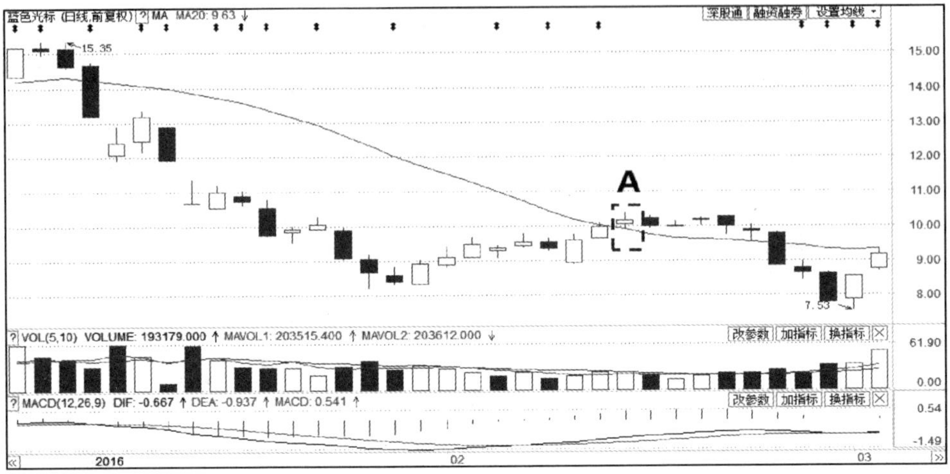

图 5 – 41

【案例分析3】

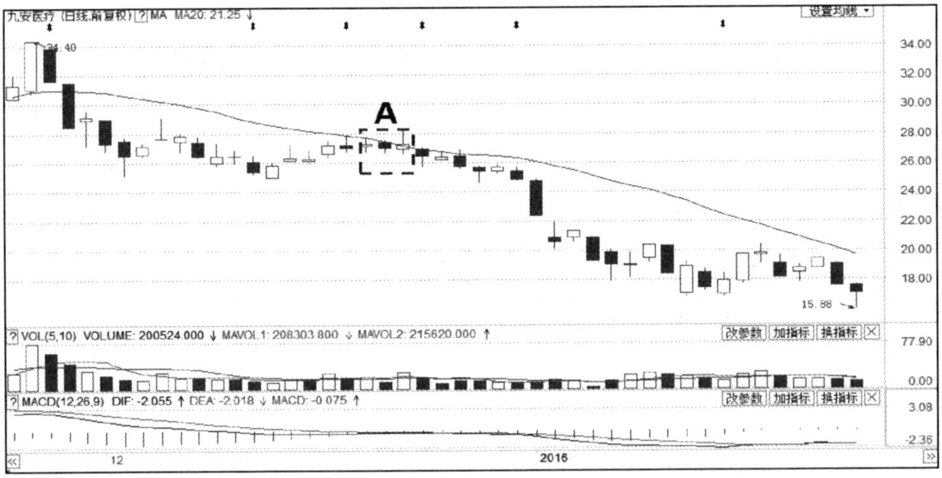

图 5 – 42

如图 5 – 42 所示，为九安医疗日线走势图。在标示 A 处，股价为什么不能持续上攻而是进一步下挫？跌深后的反弹会促使前方被套者着急解套出逃，促使股价不断下跌，在均线下方不断破低。在整个趋势向下的过程中，显然多方力量薄弱，反弹难以扭转趋势，均线也起到了进一步加深跌幅的作用。

所以，不要轻易被反弹迷惑，做出错误的反向操作。

3. 补充：诱多

理论储备

诱多也是一种骗线，是指主力、庄家通过手段制造价格上涨的假象，诱使投资者进场“接货”，从而获利的一种行为。骗取投资者的钞票，以方便主力出货，利用骗线出多反空。

【案例分析】

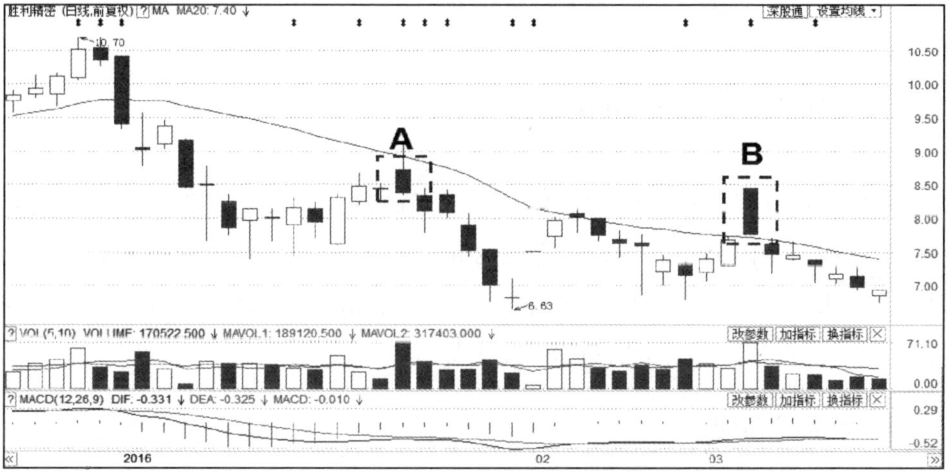

图 5 – 43

如图 5 – 43 所示，为胜利精密日线分析图。在标示 A 处，股价标记处的 K 线触碰过 20 日均线的当天就开始下挫收阴，代表这波反弹的结束，在标示 B 处也是一样，股价当天跳空开高到 20 日均线的上方，当天就走出了一根大阴线，这代表着反弹出货的表现手法，我们要精准把握跌深反弹的结束行情，即以空头 K 线“阴包阳”为判断依据，不以自己主观的看法来判别行情的走势，这样我们才能回避风险，把握利润，及时亏损也是小亏，把风险控制在自己能够掌控的范围之内。

专家提醒

空头反弹修正后再跌，会表现为正N形走势，这里的正N形，也可以理解为两极战法中的小北极。小北极的判断很简单，反弹修正的最高点K线的低点是否被之后的K线跌破。

小 结

在再跌模式中，行情在下弯的均线之下不断下挫，遇到负乖离过大后的反弹空间修正，而反弹过程突破了下弯的均线，之后出现了止涨的三k，行情转弱转空。此时要遵循线下不做多，反弹找空点的原则，才能让我们看准行情，做对动作，才能做到“利用趋势钱变大”。

十、线上——回调的模式

一段行情已经上涨较大幅度以后，正乖离过大，股价进行修正，或是时间修正，或是空间修正。如果是空间修正，首先从MACD指标上来看，会出现线上缩头；从K线来看，会出现阳包阳转弱和阴下阴转空。以上几个条件同时发生，就对应了我们所说的回调模式。

1. 第四个卖点

理论储备

四个卖点中的最后一个，如图5-44所示，是指行情在上扬的均线上方走高，因为远离均线造成正乖离过大，因此有向均线方向回调的需要。

股价上涨幅度大，使得投资人获利丰厚，随时可能出现获利回吐卖出浪潮，因而将此视为卖出的信号。

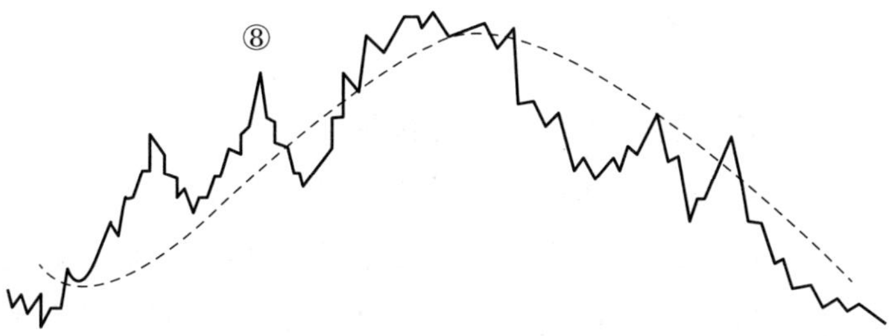

图 5－44

【案例分析】

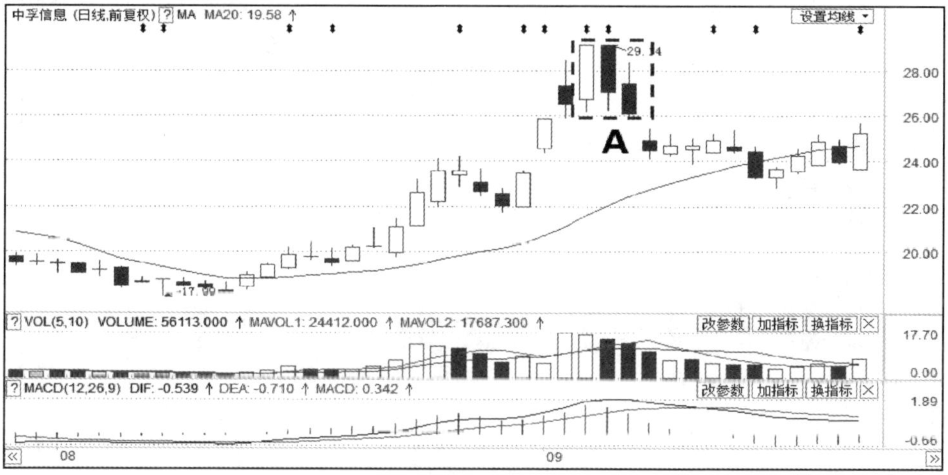

图 5－45

如图 5－45 所示，为中孚信息日线走势图。该股正处于多头趋势中，股价不断上涨，在股价距离均线距离太大，也就是正乖离过大时，在标示 A 处出现了空头阳线“阴包阳”，随后又出现了“阴下阴”，出现了股价的回调修正。这时候，投资者可以获利出场。当然，上涨的趋势没有发生变化，走势下探的空间也会有限，如果是操作期货和现货，则要谨慎放空。

2. 回调模式的空讯

在均线上扬的背景下，股价涨速过快导致正乖离过大后出现回调，往往幅度不会太大，只是稍做休整，很快会重整旗鼓，开启另一波上涨，不断越过前高。趋势没有发生改变的情况下，回调结束之后，就是买入的时机，具体操作中依然以多头 K 线为进场依据，买进后便可放任涨势，等待获利。

【案例分析】

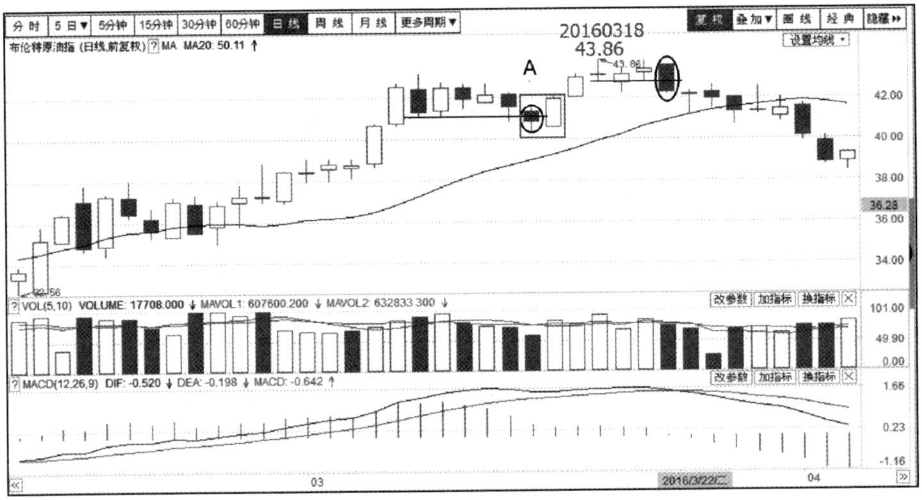

图 5－46

如图 5－46 所示，为布伦特原油指数日线图。可以看到，指数经历了一段上涨行情，后期连拉两根大阳线，上涨速度加快，导致正乖离率过大，之后股价出现了回调，但刚开始量能微增，量价背离，此次跌破也有可能是假跌破，多空博弈的结果仍然不明朗，需要继续观察。在标示 A 处，阴线隔天完全被阳线包住，多头又再次收复失地，隔天收阳上阳，则代表这波的拉回是失败的，或者说空单的操作会失败。因为原油的操作杠杆很高，所以操作一定要谨慎。

3. 操作细节

上升趋势线持续代表多头涨升，不断过高，但同时也是在累积空头能量和下跌空间，行情不会永远上涨。一旦行情大涨特涨干脆不做多，等待买力耗尽下空单，如果在现货或期货市场行情怎么上去就会怎么下来，反之同样，这个过程中需要善用切线，每一个低点连接起来形成上升的切线，切线一旦跌破就是空单机会。起跌一定起自高档三 K 转弱转空，起跌时先看回调先避开多单风险。

[总结]

本章介绍了八卦战法当中，做多和做空八种模型的操作，具体内容见如下两图。其中，在做多模型中，线上过高是核心。分别通过突破切线确认转强、突破颈线确认转多、再通过均线转多，确认趋势真正建立。在多空模型中，线下破低是核心。分别通过跌破切线确认转弱、跌破颈线确认转空、最后通过均线转空确认空头趋势的建立。

八卦战法的做多模型

利用五力抓转折利用趋势钱变大&有底部就会转多有助涨就能上涨

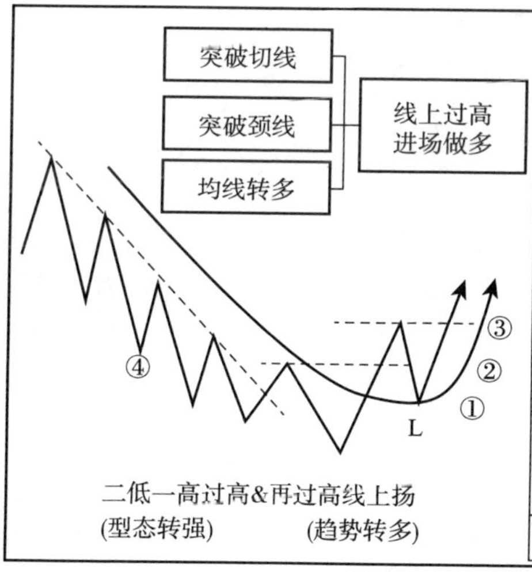

线下支线上的多头型态多头趋势与多头领航				
一	止跌型态	01	第一支脚	(负乖离)
		02	第二支脚	(牛背离)
二	转强形态	03	过下切线	突破空头压力
		04	过平行线	型态由空转强
三	转多趋势	05	第三支脚	回档诱空再涨
		06	均线上场	①号球买多单
四	上涨常态	07	低点不再	强势回档再涨
		08	屡过前高	弱势回档再涨
五	多头领航	09	涨家&跌家	股票涨大于跌
		10	多头的量能	现期同步上升
有些低点你要卖空·有些低点你要平买				

八卦战法的做空模型

利用五力抓转折利用趋势钱变大&有头部就会转空有助跌就能下跌

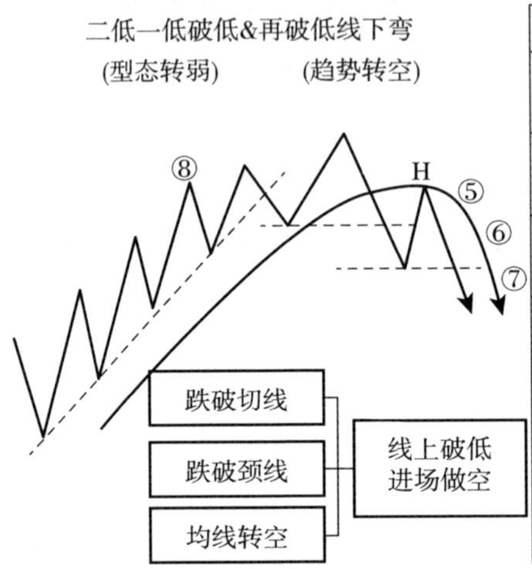

线下支线上的空头型态空头趋势与空头领航				
一	止涨型态	01	第一个头	(正乖离)
		02	第二个头	(熊背离)
二	转弱形态	03	破下切线	跌破多头支撑
		04	破平行线	型态由多转弱
三	转空趋势	05	第三个头	反弹诱多再跌
		06	均线下弯	⑤号球放空单
四	下跌常态	07	高点不再	强势反弹再跌
		08	屡破前低	弱势反弹再跌
五	空头领航	09	涨家&跌家	股票跌大于涨
		10	空头的量能	现期同步下降
有些高点你要平买·有些高点你要卖空				

[课后思考]

1. 起跌模式中，何时为出场的时机？
2. 股价修正的程度如何划分？
3. 再涨模式的内涵是什么？

第六章
循环战法

名家点睛

罗伊·纽伯格说："你可以学习成功投资者的经验，但不要盲目追随他们。因为你的个性、你的需要与别人不同。"所有的技术方法都是推动我们更加接近市场的工具，然而工具本身并没有明确的指向，它与投资者的自我认知、策略以及心态息息相关，不同的组合呈现出不同的使用效果。

一、战法预备——MACD

MACD 指标包含了五个因素，分别是快线 DIF、慢线 DEA、零轴（平行)、红柱（零上）和黑柱（零下)。在股价运行过程中，快线和慢线会形成交叉，代表着不同的意义，而零轴则界定了多空。

MACD 指标，是能够直观表现一段时间内股票价格上涨或者下跌速度的指标，从而帮助我们借助涨速或者跌速，判别目前正在进行的趋势能否持续下去。它与均线的相似之处在于，都是对平均价格进行分析。然而，均线在计算上只是进行算数平均，MACD 指标则是根据时间权重，进行了加权处理。由此，后者能够更好地反映持仓成本水平。

1. MACD 与战法关系概述

在八卦战法中，我们借助均线确认趋势，因为均线本身代表着方向。在循环战法中，均线仍然是判定趋势的主角，而 MACD 指标作为趋势型的指标，将会辅助均线，双管齐下为投资者指明趋势运行的状况和发展方向，对行情研判做出一定的细化。MACD 指标遵循周期循环的规律，而这种循环有时会向均线修正，这个修正有可能是时间修正，也有可能是空间修正；循环指标也会与均线同步，即产生多头接轨或者空头接轨。

从一个趋势确认直到结束，中间行情会不断经历起伏，好像爬山的过程中，目标方向明确，中途也需要短暂休息。在行情短暂“休息”，为下一次的方向选择养精蓄锐时，就一定需要运用 MACD 指标来研判。

本章内容，我们将会从 MACD 指标的翻黑、缩脚、下行、翻红、上行、缩头六个方面，来对循环战法进行详细的说明。我们将这六个方面视作 MACD 指标的位置，这六个位置，反映着行情运行动态的过程，即在六个位置中不断衔接转换。在研判过程中，将结合均线的趋势确认以及 K 线的运用，从而在动态过程中，对行情趋势加以预测，并进行相应的操作。

2. MACD 的一般运用规则

（1）低档背离与高档背离

背离，简单来说就是价格走势和指标走势方向相悖。低档背离，是指股价不断上涨，而于此同时 MACD 指标柱体却不断缩小，一般是卖出信号。高档背离是指股价不断下降，而指标柱体却不断扩张，一般为买入信号。

（2）金叉和死叉

MACD 指标的两条指标线，即 DIF 和 DEA 总会在走势中产生交叉。所谓金叉，是指 DIF 从下向上穿过 DEA，常常被视作多方信号。死叉则是 DIF 从上向下穿过 DEA，一般视为卖出信号。

二、循环战法之线上线下的翻黑

理论储备

这里我们所说的翻黑，是指 MACD 柱体由零轴上方进入零轴下方。如图

6－1 所示。

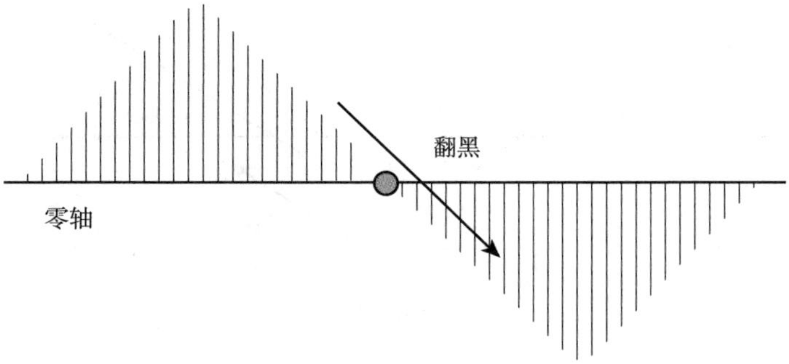

图 6－1

那么，同样是翻黑，线上（均线上扬）和线下（均线下行）的区别在哪里？其中，线上翻黑，代表行情转弱，虽然进行时间和空间修正，但仍处于多头的趋势中。这时，价格的跌幅不深且之后会越过前高，不必过多担心。

而线下翻黑，一般是起跌的信号，表明行情已经在走空，反弹结束后，会再度跌破前低，此时不适宜入场做多。

翻黑对应以下两种具体战法：

（1）先翻黑后缩脚再翻红

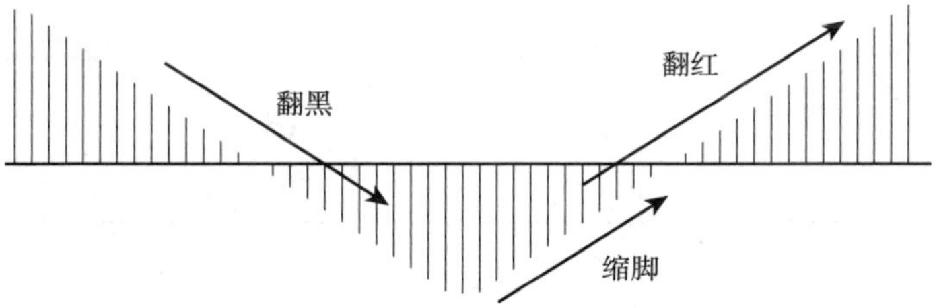

图 6－2

如图 6－2 所示，在均线上扬的趋势下，即使股价出现一定调整，但因为多方动能充足，市场信心充足，很快能够止跌，重新向上发起攻击。

（2）线下先翻黑后下行

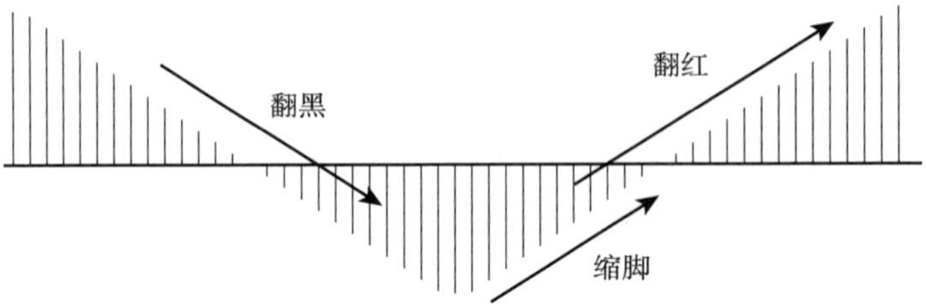

图 6－3

如图 6－3 所示，在均线下弯的趋势下，MACD 指标缩头翻黑后迅速下行，代表空方势力的强势，多方没有足够与之抵抗的力量。

【案例分析 1】

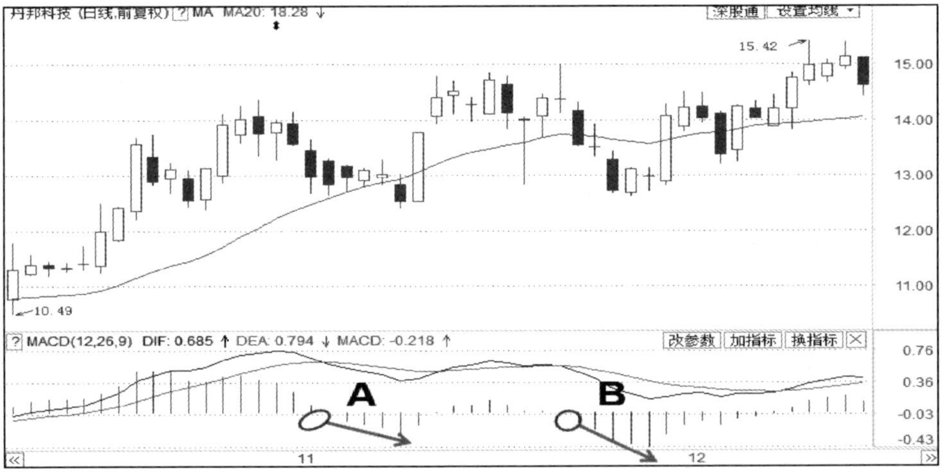

图 6－4

如图 6－4 所示，为丹邦科技的日线走势图。显然，均线处于上升趋势中，MACD 指标在标示 A 处和标示 B 处均出现了翻黑的情况，都对应价格出现短暂的调整，但很快，走势再次向上，且突破了前期高点。如果出现线上翻黑的情况，最好结合 K 线出现“阳包阴”，很可能是股价暂时回调，给了投资者入场操作的机会，这时可以适当做多。

【案例分析2】

图6－5

如图6－5所示，为南卫股份的日线走势图。显然，在图片中可以看到，指数行情处于下跌趋势中，均线下弯。MACD指标在标示A处出现了翻黑，对应股价止涨并且开始下跌，快速下落到均线位置以下。之后因为负乖离过大，出现了短暂的股价修正。在标示B处，MACD指标再次翻黑，也再一次成为下一波跌势的起跌点。所以，在下跌趋势中，指标翻黑之前，价格可能会有短暂反弹，但在翻黑之后，价格均跌破了前方形态的低点。这个时候，如果能够出现三根K线的“阴包阳”，则准确度更高。

专家提醒

翻黑的意义，不能够脱离均线趋势的判断而单独存在。线上的翻黑不必担忧，不过是出现正乖离过大后，行情向均线方向调整，反而给了我们参与上涨的机会，应该加以把握。如果是线下的翻黑，则是行情提出警告，当然，对于期货来说，线下翻黑是做空的机会。此外，无论是线上翻黑还是线下翻黑，如果对应的三根K线出现了“阳包阴”或者“阴包阳”，则信号更具有可信度。

三、循环战法之线上线下的缩脚

理论储备

缩脚，是指零轴下方的柱体逐步减小，向零轴方向收缩，是卖力耗尽，多头力量进入的表现。如图 6 –6 所示。

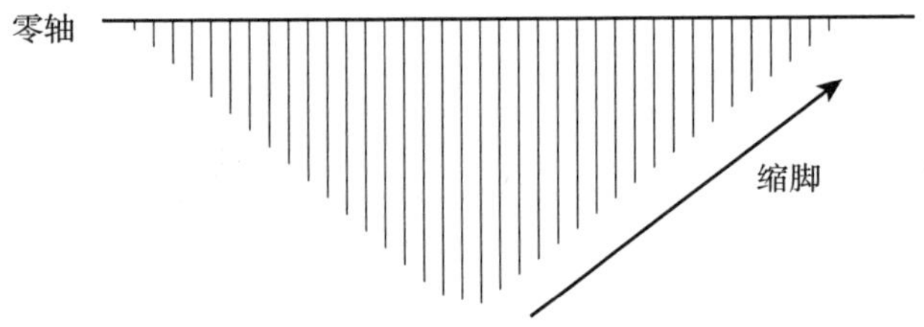

图 6 –6

线上缩脚的含义比较单一，通常在线上缩脚之后，会再次翻红，表示价格回档已经告一段落，是另一波起涨的讯号。线下缩脚则代表不同的可能性。

线下缩脚意味着空头力量阶段性耗尽，但价格不见得一定会回升。有可能线下缩脚之后翻红，视作可以抢反弹的信号；也有可能翻红失败再次下行，对应价格调整之后再次开始新的下跌，只是主力在诱多，要特别小心这种情况。

缩脚可以看做是入场的邀请，一个抢反弹，一个抢在新一波上涨的起步阶段，参与这一波的行情，但是要经过三根 K 线确认。

MACD 的缩脚，通常对应两种战法：

(1) 线上先缩脚再翻红

如图 6 –7 所示，在均线趋势向上的前提下，MACD 柱体下行后，开始向上缩脚。等到柱体翻红，确认为起涨的讯号。

对股票来说，我们应该在 MACD 指标缩脚过程里面尝试买入，在其翻红时放心做多，参与到下一段上涨行情中。对期货来说，则应做反方向的操作。

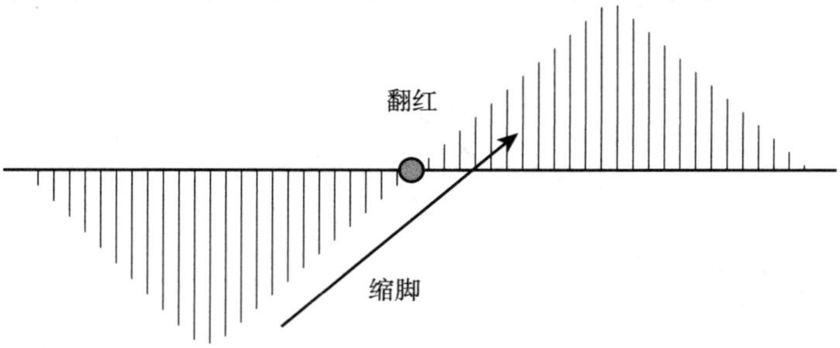

图 6－7

（2）线下先缩脚再下行

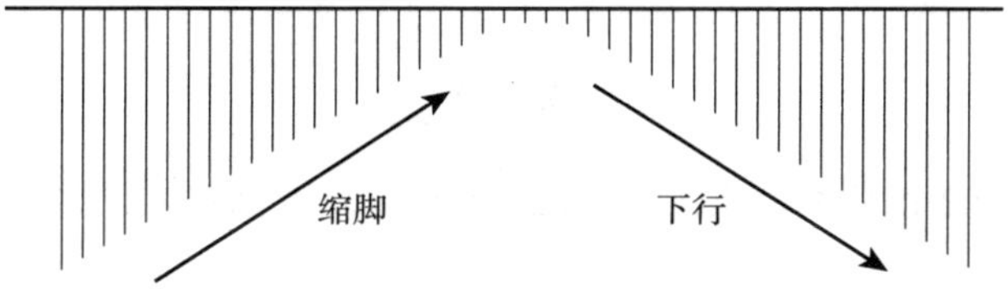

图 6－8

如图 6－8 所示，在均线下弯的前提下，MACD 柱体先缩脚，可能只是一个短暂的反弹，反弹力量很弱，之后 MACD 没有翻红即再次下行，很快价格再次陷入下跌。

对股票来说，在缩脚时可以尝试抢反弹，但是相对反弹时间段，操作难度大，因此可以不做任何操作；对期货来说，在柱体再次下行时，是进场买入空单的机会。

【案例分析 1】

如图 6－9 所示，为布伦特原油期货的日线走势图。可以看到，均线处于向上扬升的阶段，标示 A 处为第一次出现 MACD 指标缩脚，对应股价在之前的小幅调整后，再次上涨。标示 B 处再次出现缩脚，同样，出现了 3 根 K 线的“阳包阴”，价格再次上涨。标示 C 处可以和前两者做同样的理解。很明显地，MACD 的线上缩脚大多是买讯，表示价格回调结束之后会再涨。但是也请注意，在标示 C 处，MACD 的红柱长度明显要稍短一些，代表这个阶段多

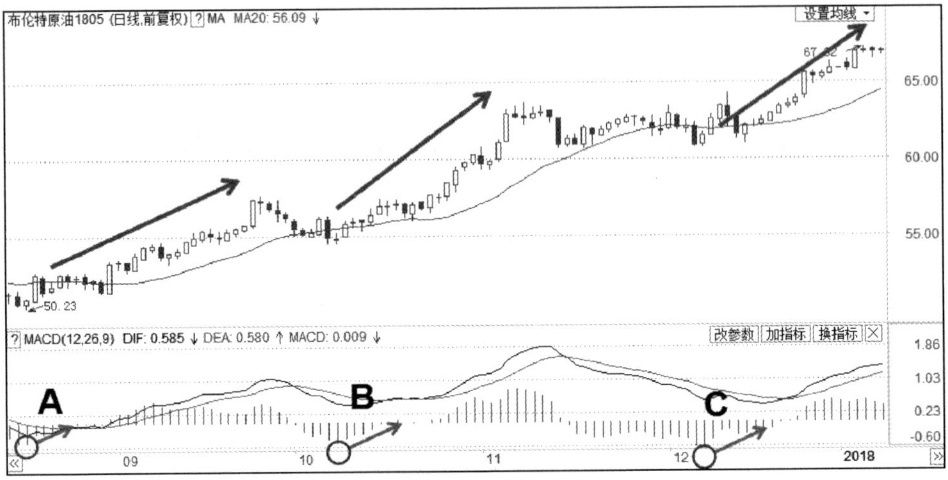

图 6－9

方动能已经不如之前强势，虽然股价继续上涨，当仍然要注意头部的形成。

【案例分析2】

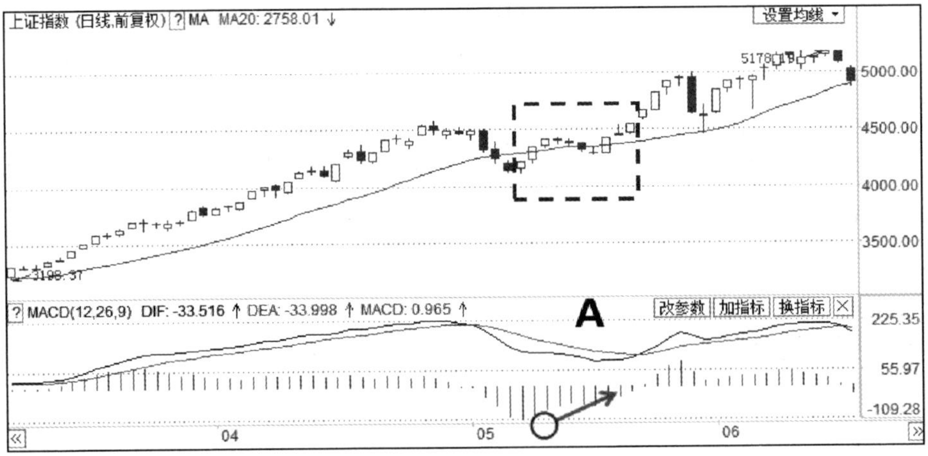

图 6－10

如图 6－10 所示，为上证指数的日线走势图。可以看到行情处于多头阶段，指数不断上涨，在上涨的段，出现了回档调整，这时候对应 MACD 指标出现了翻黑下行。之后指标逐渐缩脚，K 线也出现了连续“阳包阴”以及

“阳上阳”，指数再次越过20日均线位置，并且保持在均线之上，继续上行。所以在均线上扬的背景下，如果MACD出现短暂的翻黑下行，那么其开始缩脚时，可以尝试进场买入。

四、循环战法之线上线下的下行

理论储备

下行，是指MACD的柱体在零轴下，柱体不断延长的情况，是空头力量的展现。如图6－11所示。

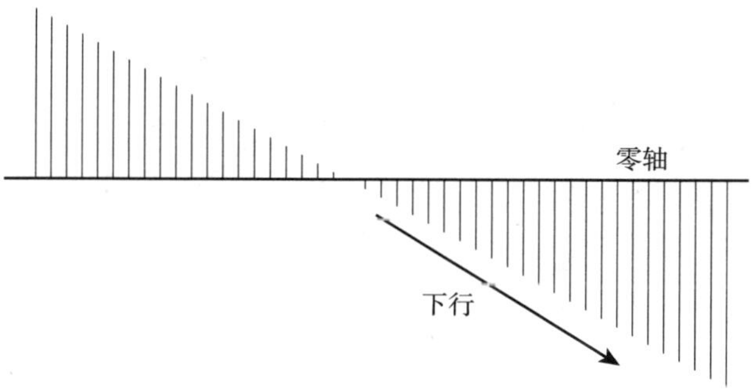

图6－11

其中，线上下行，只有一种含义，即行情回档，这种情况只是时间和空间上的修正，在回档之后价格仍然可以过高，代表了多头的“邀请”，可以考虑做多。

线下的下行一般代表空头中新一轮下跌的开始。可能缩脚，缩脚之后，如果没有翻红，则会再次下行，代表行情将再次下跌，可视为起跌点。所以，线下下行，下行后直到缩脚止回或止跌，可以考虑在期货市场中放空。

MACD的缩脚，对应以下两种战法：

（1）线上先下行再缩脚

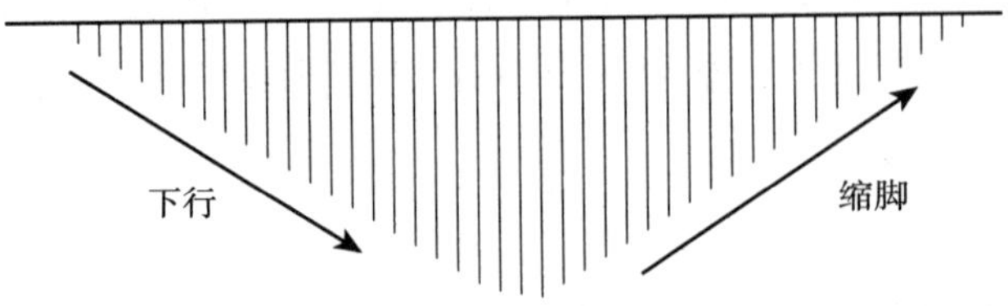

图 6 – 12

如图 6 – 12 所示，在均线趋势向上的前提下，MACD 柱体在零轴下方先下行，柱体不断延长，直到柱体停止扩张后，开始向上缩脚。通常这个缩脚的过程，可以看做是多方入场的信号，再到柱体翻红，确认将开始起涨。

（2）线下先下行再缩脚后下行

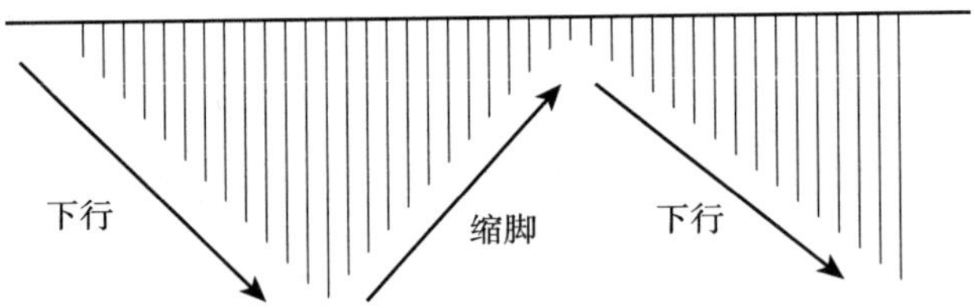

图 6 – 13

如图 6 – 13 所示，在均线处于空头趋势的前提下，MACD 柱体在零轴下方先下行，柱体不断延长，直到柱体停止扩张后，开始向上缩脚。通常这个缩脚的过程是股价短暂止跌，但因为多方气势依然无法反转趋势，空方势力处于山峰，柱体并未翻红，而是再次下行，开始再一轮下跌。

【案例分析 1】

如图 6 – 14 所示，为布伦特原油期货的日线走势图。从图中可以看出，股价处于上涨趋势，20 日均线上弯。在标示 A 处，行情出现了较大幅度的调整，对应 MACD 指标翻黑下行。但之后再次出现了多头 K 线，行情慢慢回升到均线位置之上，对应指标逐渐缩脚，直到翻红，价格出现了新一轮上涨。所以在标示处虽然回档程度较深，但打压走势只是为了更好地上涨，等到回调出现多头回暖的转机时，要注意有无进场做多的机会。

图 6-14

【案例分析2】

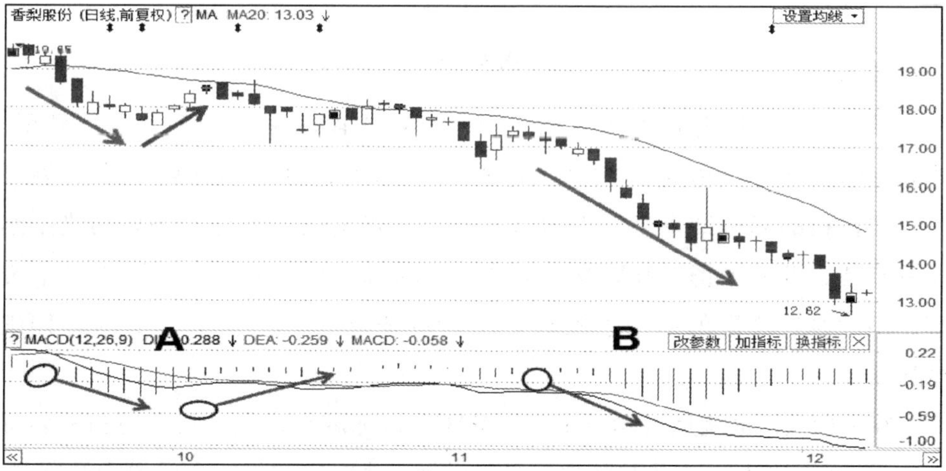

图 6-15

如图 6-15 所示，为香梨股份的日线走势图。该股正处在下跌趋势中，在标示 A 处，股价因为快速下跌导致负乖离大，形成了短暂反弹，与此同时 MACD 指标先下行后缩脚，但之后指标微弱翻红之后，很快再次开始下行，股价受到均线的阻力，多方始终没有出现有效反扑。所以此时应该注意不要轻易进场做多，以免导致亏损。

五、循环战法之线上线下的翻红

理论储备

翻红是指 MACD 指标的量柱由零轴下方进入零轴上方成为红色柱体，代表行情转强或者转多。如图 6－16 所示。

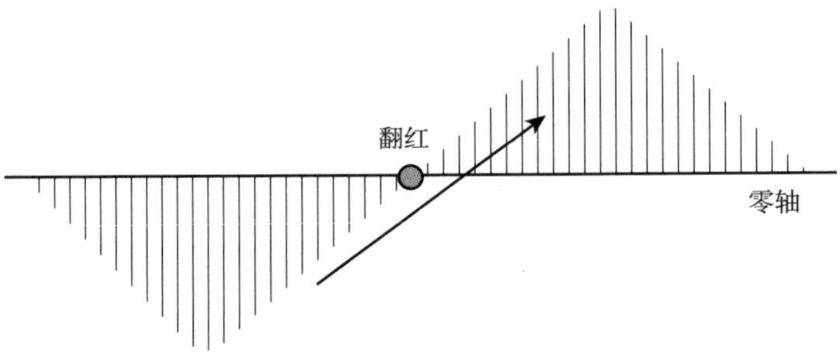

图 6－16

线上翻红，也就是当均线向上时，MACD 指标翻红，多方力量显现，代表行情走多，可能是一波新上涨行情的起点，目前仍然处于多头趋势中。在价格的回调结束后，会再次上涨且越过前高。另外，如果均线刚刚改变趋势，开始上扬，MACD 指标的上行我们可以按照翻红的意义来理解，最后翻红之后的缩头会反转。上行的概念我们会在下一节内容详细讲述。

线下翻红，也就是当均线下弯，MACD 指标翻红，只是代表行情有转强迹象。行情仍然处于空头趋势中，只不过做一个时空的修正。反弹力量较弱，这时候通常涨幅不大，且之后价格会再破前低。

翻红具体对应两种战法：

（1）线上先翻红再上行

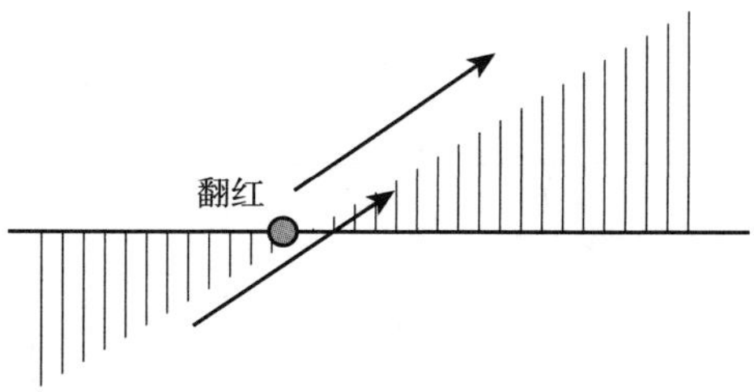

图6-17

在均线上扬的背景下，若MACD指标结束缩脚，表示之前价格即将脱离回档修正的过程，此时缩脚大概率会直接翻红，一般不会在上涨趋势中出现连续两次缩脚的情况。在缩脚处，就是进场买入的时机。之后如果成功翻红，就再次确认了之前的买进动作是正确的，甚至可以继续加仓。但是在指标上行时，就不要再进一步买入了。

（2）线下先翻红后缩头再翻黑

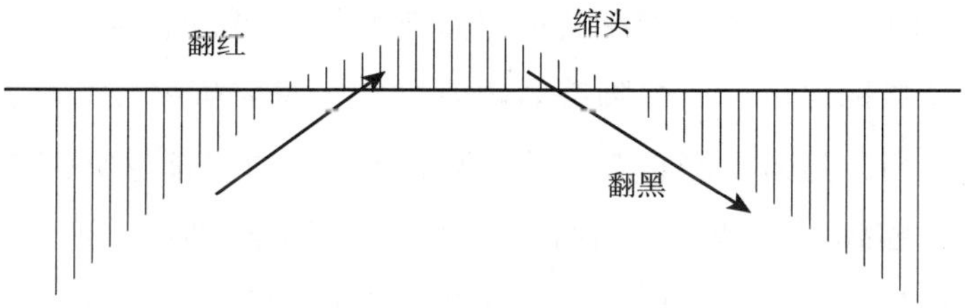

图6-18

在均线趋势向下运行的前提下，MACD指标由线下的缩脚到翻红，代表行情暂时止跌，买方力量阶段性占据上峰，价格会进行反弹。如果反弹力量很弱，会进入时间修正，修正之后价格会再跌，这样的翻红是一种诱多，之后行情很可能会再次下挫，投资者不应该轻易参与；如果反弹力量较强，就会形成空间修正。在这个空间修正的时间里，我们可以尝试抢反弹，但是操作经验不足的投资者最好不要操作，静观其变，因为这样的“弹力”不足以扭转趋势，直到目前的走势被突破，趋势发生真正的改变。

【案例分析1】

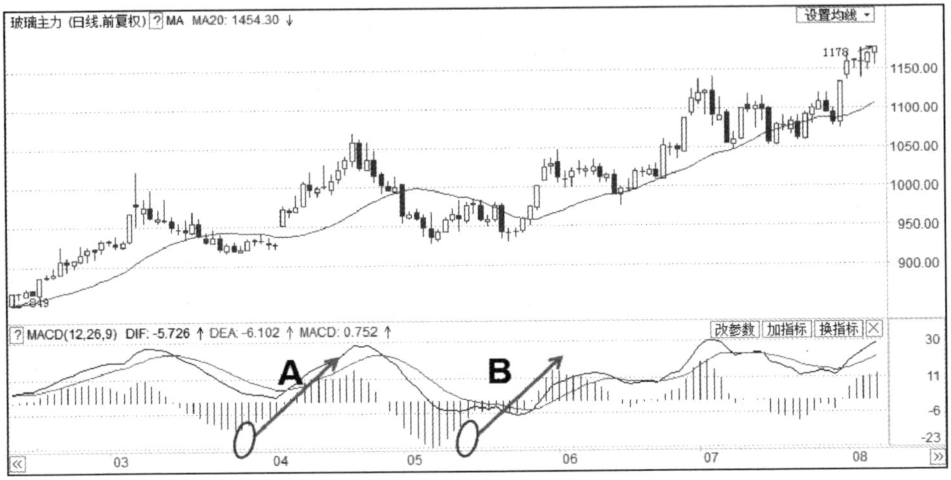

图 6－19

如图 6－19 所示，为玻璃期货的日线走势图。可以看到，均线处于上升趋势。MACD 指标柱体一但缩脚就紧跟着翻红，对应价格在多头趋势中短暂回调结束，会再次进入上涨状态，且回调后再涨，总是能够突破前期的高点。所以，在指标缩脚时，是买入的时机。如果出现翻红确认，则可以进一步加仓，或者之前没有及时参与的投资者可以在此时进场，因为翻红是一段新上涨的开始。

在标示 A 处，均线刚刚开始上扬，此时 MACD 指标处于上行状态，价格开始上涨。我们可以把趋势刚刚由空转多时对应的指标上行，理解为线上翻红，都是多方势力越来越强的表现。而在标示 B 处，显然经过一段时间的上涨，多方动能慢慢被削弱，均线角度减缓。要谨慎对待后面的每一次翻红，要综合多空双方力量的对比进行判断，股价上涨幅度已经很大，再出现的翻红就可能是线上的最后一次翻红，此时如果产生缩头的话，行情会发生反转。

【案例分析2】

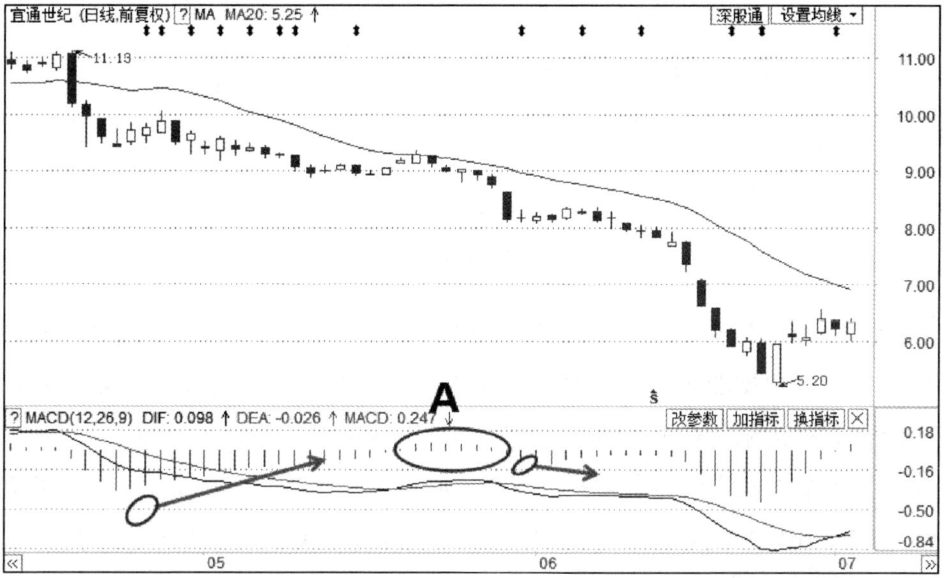

图 6 – 20

如图 6 – 20 所示，为宜通世纪的日线走势图。可以看到，均线趋势向下，股价处于下降通道中。MACD 指标在下行缩脚后，在标示 A 处出现了微弱的翻红，赌赢股价并没有强势反弹，只是碰到 20 日均线就再次下破。MACD 指标柱体翻红后，很快再次翻黑下行，股价进入新一轮的下跌，下跌速度变快。

六、循环战法之线上线下的上行

理论储备

上行，是指 MACD 指标零轴以上的红柱不断扩张，来自之前的缩脚或者翻红，如图 6 – 21 所示。上行一般是代表下跌结束后，行情出现反弹或者上涨，是多头力量的展现。

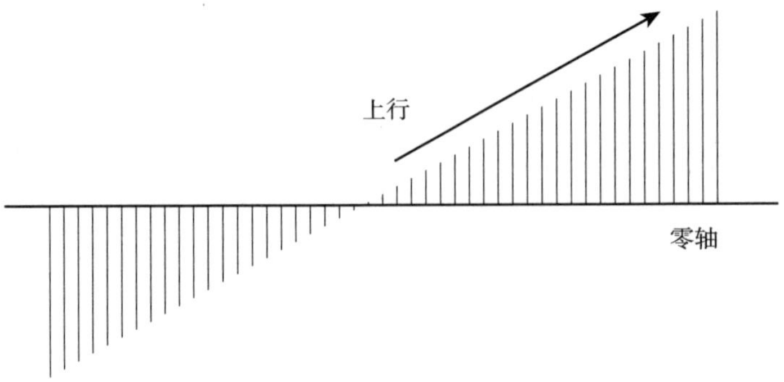

图 6 – 21

线上上行则是多头另一波上涨，直到缩头后止涨。虽然上行体现的是买方力量，但是要根据股价所处位置辩证看待。如果走势已经脱离了起涨的阶段，积累了一定的涨幅，对于之前没有进场的投资者，并不建议此时再介入。而已经在线上缩脚时买入的投资者，这里也不必再追加买入，等待价格上抬，获利了结即可。相反，线上上行到线上缩头时，是反弹结束，也是放空的信号。

线下的翻红与上行，则只是时间空间修正，是空方的邀请。这个时候的反弹，一般不要轻易去追。

值得注意的是，不管是线上上行还是线下上行，都不是最佳的进场时机。最好的应对是持股待涨，等待时机获利了结，或者空仓观察行情走向。

MACD 指标的上行具体可以对应以下的两种具体战法：

（1）线上先翻红再上行

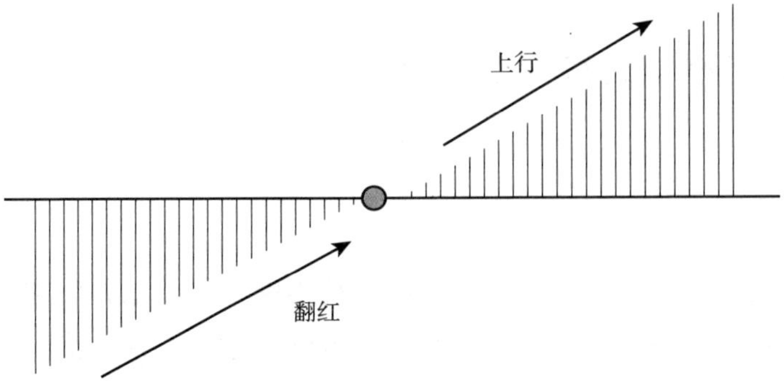

图 6 – 22

在均线上扬的前提下，指标首先出现了线上缩脚，结束了之前回档时的空方力量，再次可以做买进。我们曾提到过，线上缩脚之后，下行的几率不高。所以指标缩脚之后一般会翻红，最后上行。翻红则确认此刻确实是多方力量占上峰，买入的动作是对的。而指标上行的过程，显市场对股价进行抬轿的过程，此时让利润“奔跑”即可。

注意，在上行时不可盲目追高。之前我们多次提到过，多头会走出小“N”形的走势，在小“N”形的回档阶段，对应指标线下的下行，下行结束出现缩脚，对应K线应该出现阳包阴，指标继续上行的话，对应价格持续上涨，市场把价格推到了相对高点，所以不再追高，而是持有仓位的人，享受被抬轿的乐趣，并在适当时候获利了结。

（2）线下先上行再缩头

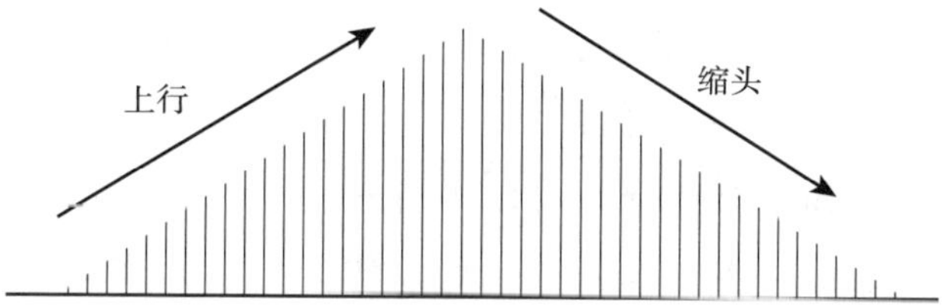

图6－23

在均线下弯的趋势下，MACD指标上行，代表行情出现了反弹，也就是多方的反扑力量，但在趋势没有发生改变的前提下，空方仍然控制着整体的节奏，股价缺乏持续上涨的动力，这时候，指标会出现缩头的情况，投资者应该警觉。

【案例分析1】

如图6－24所示，为布伦特原油期货的日线走势图。在标示A处，均线趋势刚刚扭转上扬，MACD指标翻红上行，缩头后并未翻黑，而是继续上行，对应价格出现了新一轮上涨，表示此时多方力量是比较强势的。

在标示B处，指标小幅度翻黑后，没有大幅扩张而是迅速缩小，意味着回档即将结束，指标随后翻红，这个地方可以视为买点，并且，目前价格处

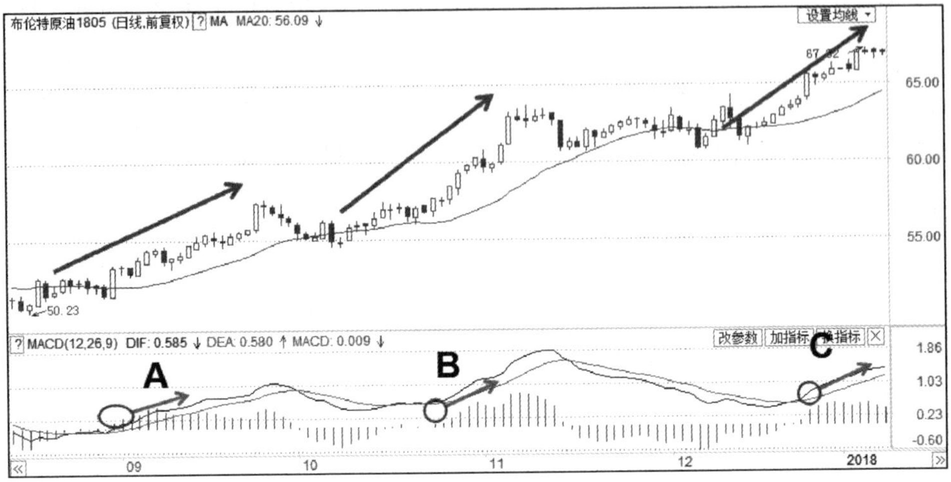

图 6 – 24

于相对低档区，买入后可以放心持仓等待利润滚动。果然，之后指标缩脚翻红，价格调整结束，价格将再度上涨。

在标示 C 处，如果有持仓，可以等待获利，但是不要在此介入。等到指标出现明显的缩头并且再次翻黑，可以作为卖点，获利了结，之后指标再度翻红，可以看到上涨动能已经减弱，多方 K 线组合很少出现，不必再恋战。

【案例分析2】

如图 6 – 25 所示，为商品黄金 T + D 的日线走势图。在均线上扬的背景下，在标示 A 处，MACD 指标在上行之后，经历短暂缩头之后都没有翻黑，继续上行，仍然代表多头气势强盛，完全消化了卖方力量，对应 K 线多次跳空。这时候可以用线上翻红的意义来研判，可以进场买入。

在整个上涨过程中，指标多次在上行缩脚后，不再翻黑，直接上行，直到价格来到相对高档，在标示 B 处，空方力量渐渐显现，指标出现了翻黑迹象，价格表现为止涨，谨慎的投资者可以在此时卖出。

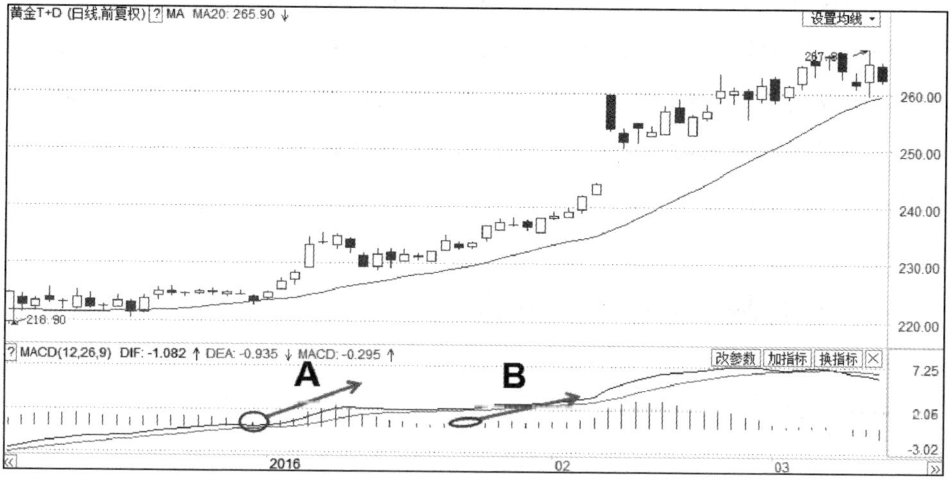

图 6－25

【案例分析3】

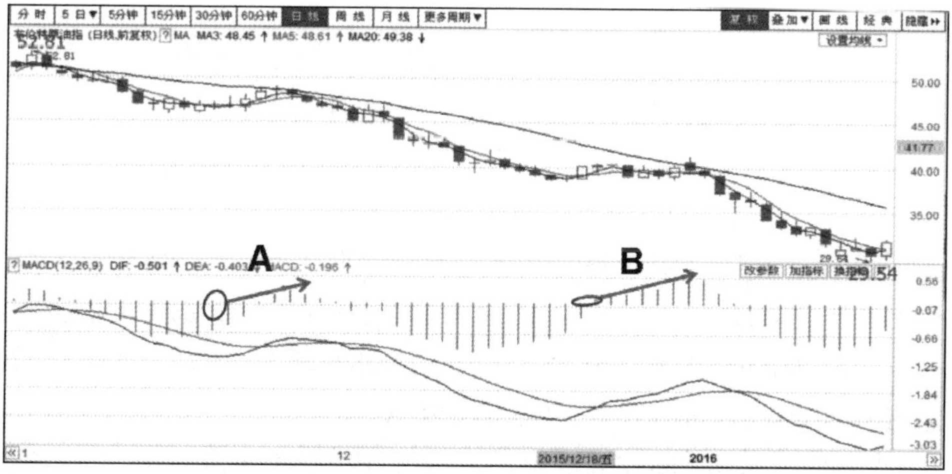

图 6－26

如图 6－26 所示，为布伦特原油指数的日线走势图。均线下弯，处于下跌趋势中。在标示 A 处和 B 处，都是 MACD 指标上行，上行后都是新一轮下跌。这里的上行不是做多的信号，也不是抢反弹的信号。因为在空头架构中，反弹无力，利润空间很小，没有必要去抢。

指标在翻红上行之后，很快对应价格全部微弱调整后出现进一步下探，不断刷新之前的低点，对于期货操作者来说，如果指标线上上行又缩头，就可以尝试放空单。指标翻黑之后下行，对应就是盈利的空间。另外，原油的杠杆倍数很高，如果对位置加以识别判断，并且在缩头处进行操作，就一定可以获得丰富的回报。

七、循环战法之线上线下的缩头

理论储备

缩头，是指 MACD 指标在零轴上的柱体逐渐萎缩，如图 6-27 所示。缩头代表了反弹力道或者买方力量阶段性耗尽。这里我们依然兵分两路来进行分析。

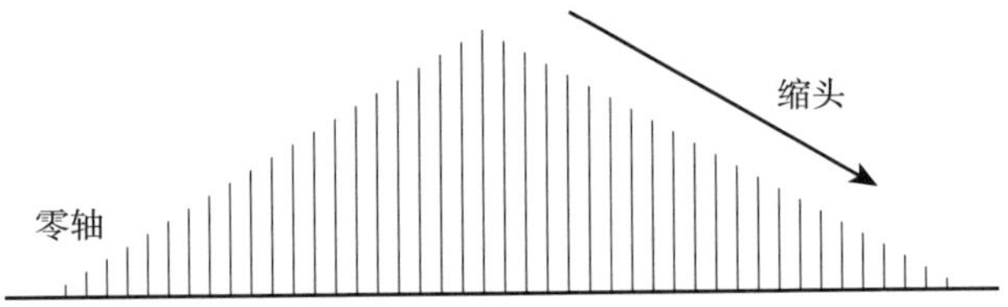

图 6-27

线上缩头，即在均线上扬的背景下，红色柱体不断缩短，这意味着多头再次邀请投资者进场，买方力量阶段性耗尽会有反作用力，也就是空方力量出现，但是不必过于担忧，因为这是上涨过程中正乖离过大的一种修正，在这个位置可以做多，但是需要三根 K 线的确认。

线下缩头，即在均线下弯的背景下，红色柱体不断多段，意味另一波跌势即将开启。缩头之后很难不翻黑，一般缩头之后的结果就是翻黑和下行，因此线下缩头是做空单的时机。

MACD 指标的缩头，也对应两种具体的战法：

(1) 线上先缩头再上行

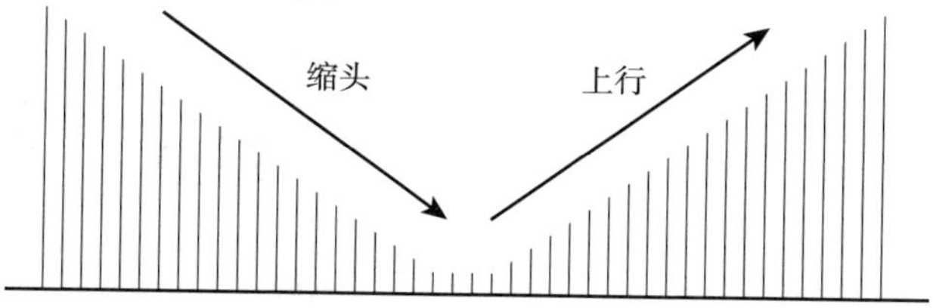

图 6－28

如图 6－28 所示，在均线趋势上行的背景下，指标从线上缩头，没有翻黑直接再次上行，缩头处为进场点。直到指标上行的过程中，利润不停滚动，在下一次缩头翻黑时可以卖出。

（2）线下先缩头再翻黑

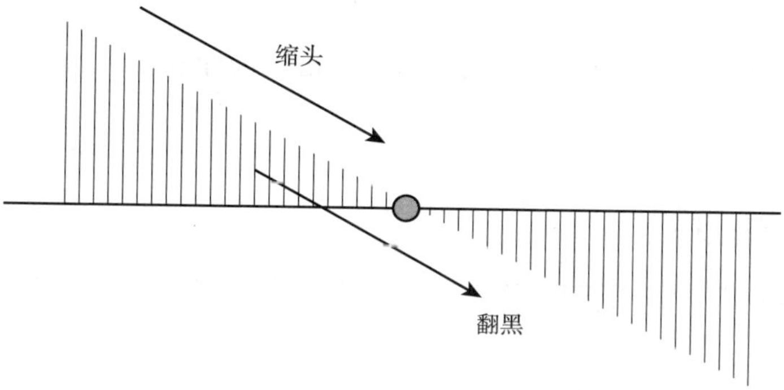

图 6－29

如图 6－29 所示，在均线处于空头趋势的前提下，如果出现了线下缩头时可以放空，在翻黑时可以进一步加码多单。之后指标下行，就意味着空单利润放大，之前做放空操作的投资者，可以享受空单带来的利润。

【案例分析 1】

如图 6－30 所示，为商品黄金 T＋D 的日线走势图。可以看到标示 A 处，MACD 指标缩头之后直接再次上行，这里可视为买点。但是在标示 B 处，指标缩头之后，出现了翻黑，买点应该在粉黑之后的缩脚，但是也要预防翻黑下行之后，带动均线由多转空，上涨行情即将结束，到了最后的止涨阶段，

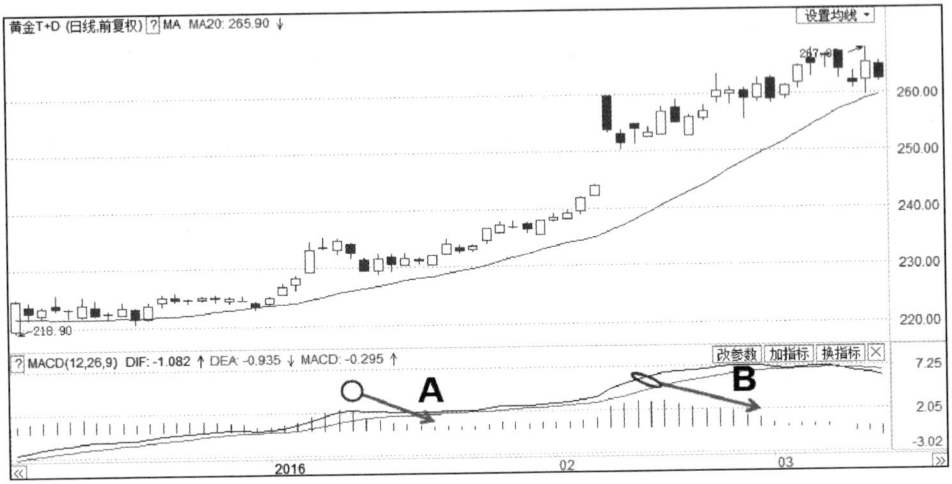

图 6－30

上涨动能已经不足，走势横盘，且一直难以越过前期高点，再加上指标翻黑，应该及时出货。

【案例分析2】

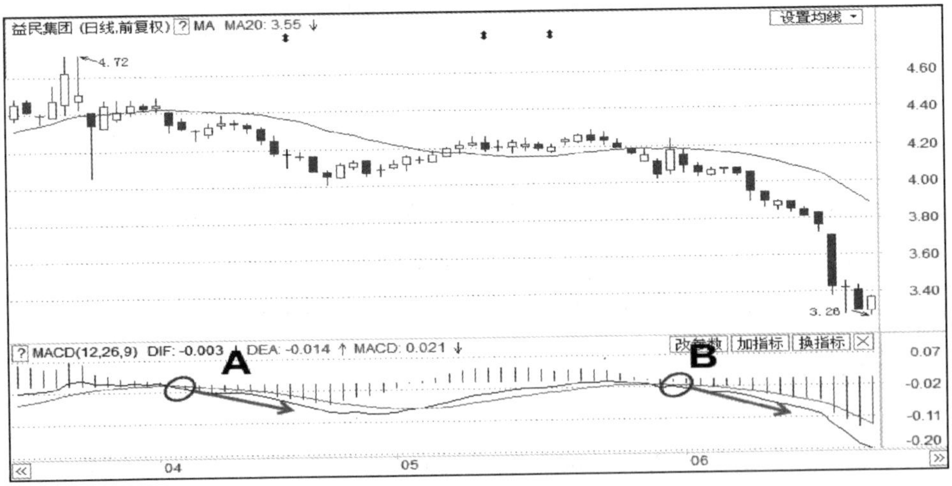

图 6－31

如图 6－31 所示，为益民集团的日线走势图。可以看出，该股均线趋势向下，MACD 指标出现了缩头之后，很快便翻黑下行，股价下跌，因此线下的缩头视作空讯，表示反弹结束，会再次下跌，且会跌破之前的低点。同样，在标示 B 处，指标在缩头之后翻黑下行，新一波的下杀速度加快。如果是在期货的操作中，这是放空的有利时机。我们可以看到，这段时间下跌的幅度很大，利润非常丰厚。

八、补充：周期大小的考量

缩头和缩脚类似，会在不同长度的周期中分别进行判断。这时候，就存在大周期挑战小周期，影响小周期的情况。

一方面，大周期可能会破坏小周期。在相对长时间的周期中，如果指标出现缩头，一种可能性是缩头后，再次上行，那么对小周期的多头趋势就没有影响。但是如果在指标缩头后翻黑下行，就会影响到小周期的多头格局，甚至扭转其趋势翻黑，简单来说，即挑战成功，扭转翻黑；挑战失败，多头接轨。另一方面，大周期也可以保护小周期。比如中多的格局能够保护短线，不至于出现暂时的缩头后就一定会翻黑下行。

此外，小周期也可能对大周期造成影响。例如短期的空头趋势蔓延扩大之后，可以带动其多头趋势，扭转其为空头趋势。

大小周期的相互挑战体现为如下两个方面：

（1）小周期保护大周期——强势修正

如图 6－32 所示，指标只是缩头，但是并没有翻黑，而是直接再度上行，小周期维护着大周期多头的趋势，不会造成趋势的质变。

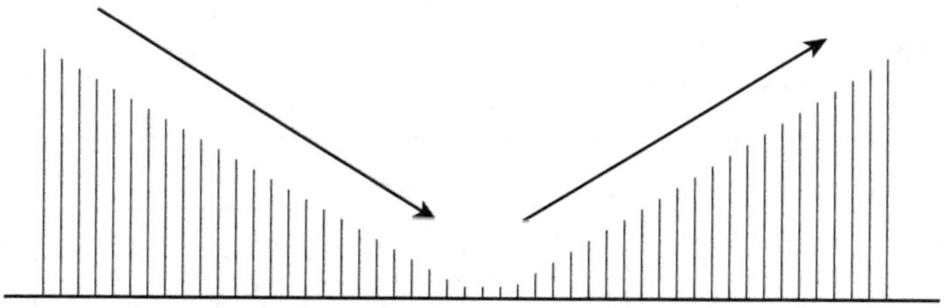

图 6－32

（2）大周期挑战小周期——弱势修正

如图 6－33 所示，大周期要挑战小周期，通常是线上缩头之后，翻黑下行，就可能牵动到小周期的走势，造成小周期的趋势发生质变。

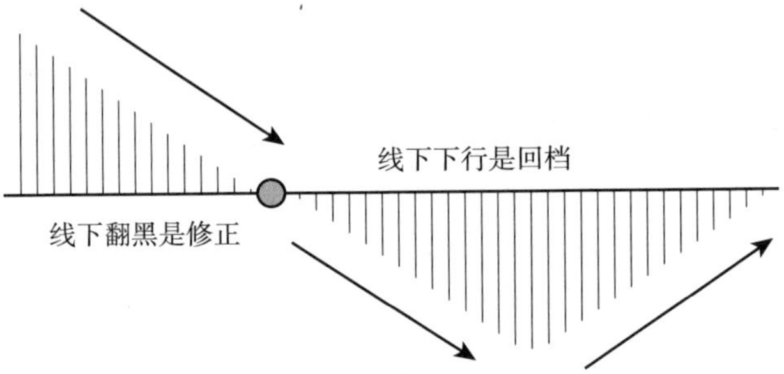

图 6－33

[总结]

本章主要讲述了循环战法如何通过 MACD 指标的判断应用于实战。

我们多次提到过，行情就是通过位置、速度和方向来呈现的。而 MACD 则提供了位置的研判标准，如下图所示，其翻黑、下行、缩脚、翻红、上行、缩头六个位置的判别，是循环战法的核心。

MACD的六个位置

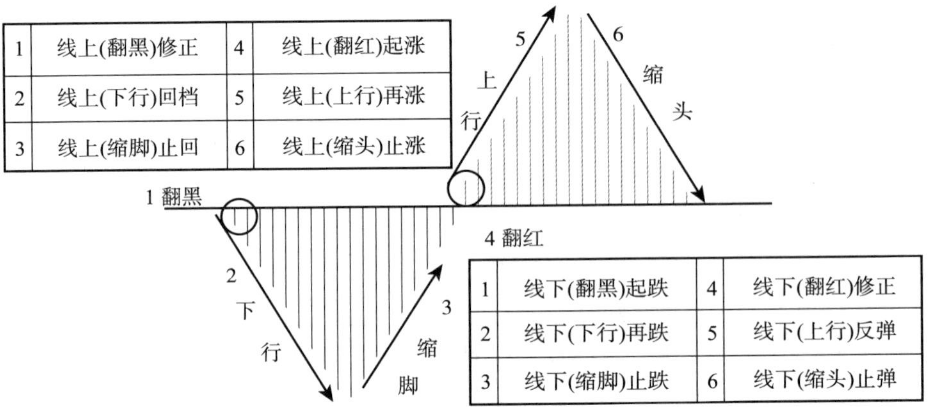

在操作上，布局要赶早。比如在线下缩头时，就要开始布局空单，不能

等到线下翻黑时才去操作，利润空间会有很大程度的缩水，且不安全性增加。

[课后思考]

1. 循环战法中，线上缩头和线下缩头有何区别?
2. 线下线上上行时，分别如何操作?

第七章
量潮战法

名家点睛

菲利普·费雪说："股票投资，难免有些地方需要靠运气，但长期而言，好运、倒霉会相抵，想要持续成功，必须靠技能和运用良好的原则。"学习投资技巧的意义，就在于能够帮助我们建立可执行的原则，在规范化的操作下，提高投资效率。

一、量潮战法概述

股票投资是一场残酷的零和"战役"。成交量最直观快速地告知投资者，目前交易活跃度如何。量潮战法，正是同时运用成交量和均线系统，从方向和动力两个方面来把控行情，从而进行操作的战法。

1. 成交量的分类及特点

成交量水平的划分，是可以按照一定的标准，通过计算得到的。在正式讲述量潮战法前，我们将成交量按如下方式划分，以供大家参考：

①基准量 =（5 日均量 +10 日均量）/2；

②超大（危险）量 = 基准量 ×1.5；

③攻击（破坏）量 = 基准量 ×1.15；

④防守（弱压）量 = 基准量 ×0.8；

⑤平盘上的量 = 超大/攻击/防守；

⑥平盘下的量 = 危险/破坏/弱压。

成交量就好像一辆汽车的油门，踩得重了，汽车跑得更快，踩得轻了，汽车就跑得慢下来，但是不管是快还是慢，方向始终不会因为踩油门的轻重而发生改变。因此，我们可以将量能看做是“中性”指标。何为中性？成交量本身，代表交易活跃与否，但是并没有决定方向，仍然是依托于趋势的背景下。也就是说，只以成交量大小来判断行情是多头还是空头的方法是不够的，难免有些以偏概全。举例来说，从底部起涨，并非一定要非常大的成交量来配合。如果主力在前期震荡整理时已经吸收了充足的筹码，那么之后小量过高的可能性很大，不一定出现大量。

2. 主力进货到出货的过程

如图 7－1 所示，是主力从进货到出货的过程。首先，主力要进行吸筹，也就是不断买入筹码，这个过程中，还会出现试盘和必要的诱空，把不坚定的浮筹洗出去，因此这个阶段的换手率较高。之后股价开始启动，向上拉升，中间少不了会有洗盘的动作，洗盘的方式常常是走势破低过高，一直到最后，股价已经充分上涨，这时候再次拉高股价，无非是为了获利出场。这个时候散户投资者往往还没有反应过来，因此会承接主力抛出的筹码，因此这个阶段，换手率水平也很高。

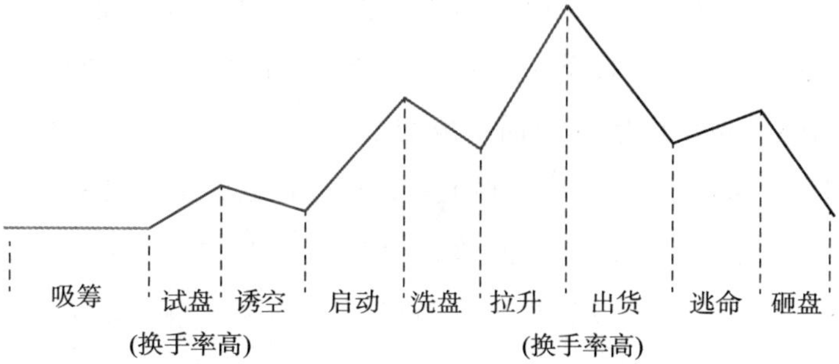

图 7－1

3. 量价关系

事实上，许多投资者对于量价变化的关系和节奏，缺乏足够深刻的认识。量与价相辅相成，它们的组合变化，是多空涨跌的根源所在，在实战中具有非常重要的意义。K线和成交量的结合，是我们解读市场语言、洞察价格变化趋势的得力助手。而掌握常规的量价对应关系，能够帮助我们在转折的关键点，通过异常的量价表现及时察觉，因此，量价关系，是我们学好量潮战法的重要基础。

如图7－2所示，为八个一般量价关系图。

量和价的八个关系图

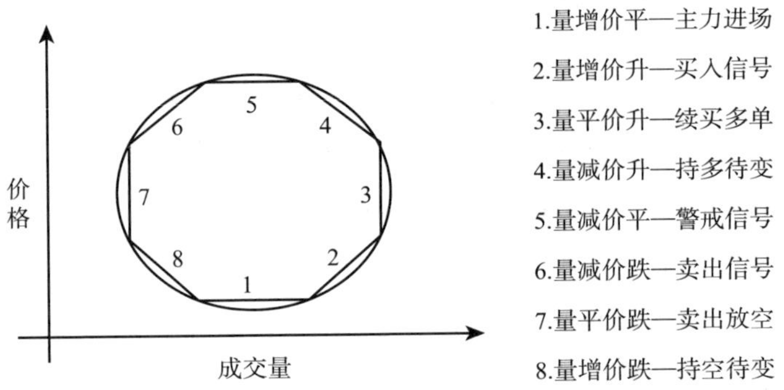

图7－2

为了方便理解和记忆，按以下步骤构图：将圆形的圆周8等分，依次用直线连接，并将最下面的横线标记为1。之后，按照逆时针的次序，依次将线段标记为2至8，再增添横坐标轴“成交量”和纵坐标轴“价格”即可。

我们可以将不同的量价关系按照股价运行变化的四个阶段来分别进行解读。

其中，第一阶段为低位筑底阶段，第二阶段为主力拉升阶段，第三阶段为高位筑头阶段，第四阶段为打压出货阶段。下面，将详细描述八种量价关系以其对应阶段。

（1）量增价平——主力进场

在图中标示1处，对应低位筑底阶段。股价经过一段时间的下跌，来到相对低位，有企稳迹象。这时候成交量开始增加，一般成交量的阳柱线明显多于阴柱线，凹凸量差（高量柱和低量柱的差值）比较明显，说明底部在聚集着上涨的动能，而价格没有明显变化。这种情况通常是主力在进货。因为在相对低档，主力不想惊动散户，去收集相对便宜的筹码，从而完成这个阶段的吸筹任务。这也是中线转阳的信号，可以适量买进，持股待涨。

另外，有时在上张趋势中途，也会出现量增价平的情况，这代表股价上行暂时受挫，但是只要上升趋势没有发生转折和改变，上升行情就并未结束，整理过后，依然会再次向上。

（2）量增价升——主力拉抬

在图中标示 2 处，对应主力拉升阶段。成交量持续增加，下跌趋势逐步转变为上升趋势，出现一根量价俱扬的 K 线，这是短、中线最佳的买入信号。量增价升是最常见的多头主动进攻模式，尤其是在低档出现阳包阴和阳上阳时，则更为确定。

（3）量平价升——进场买入

在图中标示 3 处，对应主力拉升阶段。成交量保持不变，而股价则持续上升，可以看做是上涨的常态量，此阶段可以适量的买多。量平价升通常表明筹码稳定，主力有效控盘。所以，主力的拉抬值得参与。

（4）量减价升——持多待变

在图中标示 4 处，对应主力拉升阶段。成交量减少，股价仍然在继续上涨，此时已经买入的仓位可以继续持有，但是不要再次买入。因为股价上涨动能已经有限，意味着可能很快迎来上涨的末期。

有时在上涨初期，也会出现量减价升，可能是昙花一现，但经过补量后仍有上行空间。

（5）量减价平——警戒信号

在图中标示 5 处，对应高位筑头阶段。成交量显著减少，股价经过长期大幅上涨之后，进行横向整理不再上升，此为警戒出货的信号。此阶段如果突发巨量天量，拉出大阳大阴线，无论有无利好利空消息，都应该果断出场！

（6）量减价跌——卖出信号

在图中标示 6 处，对应打压出货阶段。成交量继续减少，股价趋势由上升转为下降，此时可视作卖出信号。此时行情往往会陷入无量阴跌，增量下跌，再次无量阴跌的循环中，底部遥遥无期。股价一直下跌到多头彻底对市场丧失信心，斩仓认赔，会爆出大的成交量，卖方力量渐渐耗尽，跌势渐止。

所以在操作上，只要趋势逆转，就应该及时止损出局。

（7）量平价跌——卖出放空

在图中标示 7 处，对应打压出货阶段。成交量减少，股价急速下跌，此阶段应该及时出货，不要买入，当心飞刀断手！因为之前我们提到过，趋势下行，均线之下无论大量小量都是不利的，尤其是出现了量价背离之后，短暂量缩反弹，再次带量下跌，空方气势强盛，应毫不犹豫地进行卖出操作。

（8）量增价跌——持空待变

在图中标示 8 处，对应打压出货阶段。股价经过长期下行，跌幅较大，此时股价仍然没有止跌，但慢慢成交量开始增加，要注意，此时应该谨慎对待不应盲目做多，因为可能还会出现极度恐慌情绪之下的杀跌，此时的操作原则为，放弃卖出操作，观望盘面进展。低价区的增量，说明有资金开始接盘，后期有望形成底部或者反弹，应该予以关注。若在趋势逆转跌势的初期，出现了量增价跌的情况，则应该果断清仓出局。

二、上涨过程中的成交量表现

通常，股价在上涨时，成交量会对应经历爆量、成交量续航、量先见顶、价随其后的过程。

在下跌周期结束后，开始进入新的上升周期。个股的上升过程，会以五浪运行的方式展现。其中，包括三个上升浪和两个调整浪。

上涨过程里面，包含第一浪、第三浪和第五浪。

（1）第一浪：股价上升初期，即上升一浪刚刚开始时，这时的成交量温和放大，说明市场主力正开始积极运作，推升股价向上。我们常常会看到，有时一些个股构筑历史底部完成后，股价启动时会放出一根标志性的巨量，此后股价一路缩量上涨，表明机构已经高度控盘，筹码稳定。遇到这种情况，投资者可以在股价启动第一时间内积极介入。

（2）第三浪：第三上升浪，是股价上升过程中的主升浪。这一浪是股价涨幅最大、运行时间最长、人气最旺的一浪，在这个阶段成交量很活跃，但也有一些个股在第三浪启动时，成交量温和放大。而随后，量能会随着股价一路上升而萎缩，这表明主力控盘程度已经相当高，在这阶段投资者在股价没出现急速拉升，成交量未出现异常变化前，可寻找适当机会介入。

在第一浪和第三浪结束的高点出，往往会出现阶段性放量。这是因为股价经过一段时间上涨之后。获利盘和解套盘开始兑现，抛压不断加重，阻止了股价进一步上升，从而使股价出现二浪和四浪的调整。在这两个调整阶段，成交量均表现为由高峰处开始逐步萎缩的特点。当股价萎缩到地量水平时，表明市场浮筹已经被清洗，股价有望在新增买盘的推动下重新上涨。

（3）第五浪：股价上升周期中的最后一个阶段为第五浪。这一阶段股价会继续创出新高，在股价达到高点之后，会出现宽幅剧烈震荡，成交量同时也会较前两个上升阶段明显放大，也会有连续大量出现，因为主力已经处于出货阶段，不必再控盘。

三、上涨的常态量

量与价，有很多一般对应关系，比如价涨量增，价跌量缩等等。这里所说的上涨的常态量，就是一段下跌行情末端，在卖方力量阶段性耗尽之后，成交低迷。经过一段时间的沉淀，成交量逐渐增价，价格也随之上涨，价涨量增。

标准的上涨常态量，表现为均量持续增加，且日量在均量之上，这是多头的常态，行情持续上涨。如图 7－3 所示，上涨常态量中，除了标准量之外还有修正量。常态量即平均量持续上扬，日量也在均量水平之上，代表行情持续上涨；而修正量是指均量持续上扬，日量偶尔会在均量之下，但很快会被补量，这同样是多头常态。量缩是修正量，正如以上提到的，代表了筹码安定。

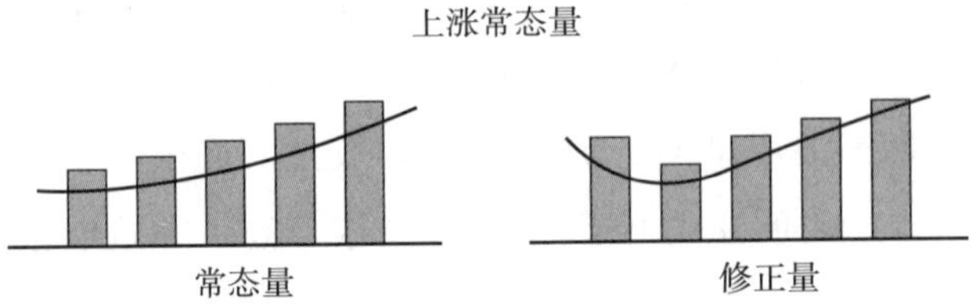

图 7 – 3

在行情上涨的过程里面，一定会表现为量价接力。所谓量价接力，即首先以量引价，高量后出现高价、量缩都是买点，这时候买方力量会持续不怠。

四、上涨的变态量

在股价运行过程中出现不常见的量价关系，可能会导致趋势的转折，因此需要投资者特别留心。一般来说，在上涨阶段的末期，量的头部形态有三种：一是量先到顶，价再到顶；二是量价同时到顶；三只价先到顶，量再到顶。

上涨的变态量，主要是指在相对高档出现的异常成交量。如图 7 – 4 所示，上涨的变态量同样有两种类型。一种是转空量，是指在上涨一段时间后，成交量不再增加，均量线出现了下弯，代表上涨动能开始减弱。

另一种是上涨过程中爆巨量或者历史天量。一般来讲，可以理解为空方在供应筹码，压力出货。之后如果不再爆更大的天量，通常说明上涨的余韵虽然还在，但买方动能已经耗尽，而是单纯依靠多头的惯性在走向最后的高点，这个过程就表示已经发生变态，量比价先到顶，等到价也到顶之后，行情即宣告结束。

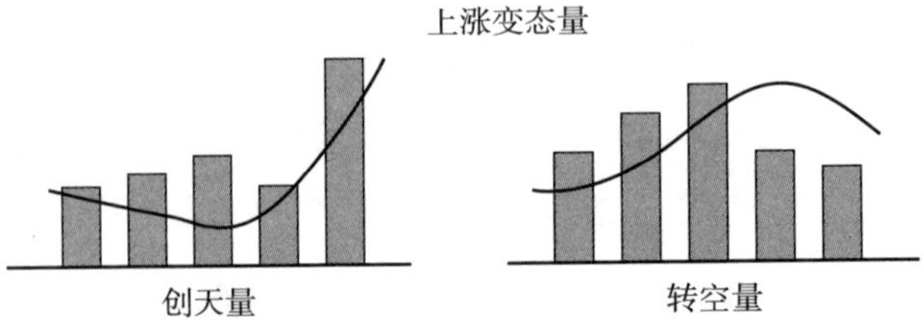

图 7 – 4

专家提醒

如果均线上弯，那么在均线之上，无论大量小量，都是好量。为什么这么说？在上涨趋势的背景下，大的成交量代表交投活跃，受到投资者青睐，买方力量强盛之外；而成交量较小，也可以看做是筹码控制稳定，大部分的筹码被主力控盘，而并非所有股价上涨过程中的成交量萎缩都一定是坏事。

五、下跌过程中的成交量表现

当市场或个股的第五浪结束后，会进入到下跌的趋势中。我们说过，在均线下方运行，无论大量还是小量都是坏量。随着市场的调整，个股和大盘回抽颈线，很多止损单就会趁机出逃，这也导致了市场进一步下跌，导致很多投资者深度套牢。这个时候量能慢慢萎缩，因为没有人要承接，知道下跌末期，量能再次放大。因为这时候各种利空传闻，害怕市场继续深跌的投资者割肉出局。

（1）下跌初期：由于大多数人对市场下跌的性质难以判断，所以市场观望气氛比较浓，这个阶段不会出现过大的成交量。但是随着市场行情进一步下探，部分资金意识到市场趋势已经发生改变，于是开始寻找反弹出货的机会。

如果个股或者大盘跌破颈线位置或者平台位置，在回抽颈线位或平台时，许多止损盘就会被抛出，形成放量下跌的特征。

（2）下跌中期：当一些止损资金出逃之后，市场将进一步下跌，即进入中期下跌阶段。当这一阶段许多投资者遭受深度套牢，不会轻易割肉出场，而外围资金由于市场处于下跌趋势，也处于谨慎观望状态，因此买盘同样很小，这个时期的成交量一般都不会很大。

（3）下跌末期：在下跌末期，市场由于各种利空传闻的影响，会对一直坚守的套牢盘造成影响。这些资金由于害怕市场继续深跌，不得不割肉离场，而大部分后知后觉的资金，也会在这时选择卖出，泥沙俱下，代表市场距离底部不远了。

与此同时，会有一些先知先觉的资金，提前逢低吸纳部分廉价筹码，形成阶段性放量，最后机构可能会利用收集到的筹码，进行刻意打压，使股价再创新低，这时形成一个真正中长期的底部区域。

六、下跌的常态量

和上涨常态量相似，下跌常态量，是指在下跌趋势中，辅助趋势的常见量。

如图 7 –5 所示，下跌常态量也分为两类：一类是常态量，即均量持续下降，日量在均量之下，这代表空头常态，行情持续下跌；另一类是修正量，是指均量持续下移，日量偶尔在均量之下，这时仍然处于空头常态，只是成交量出现了短暂的调整修正。

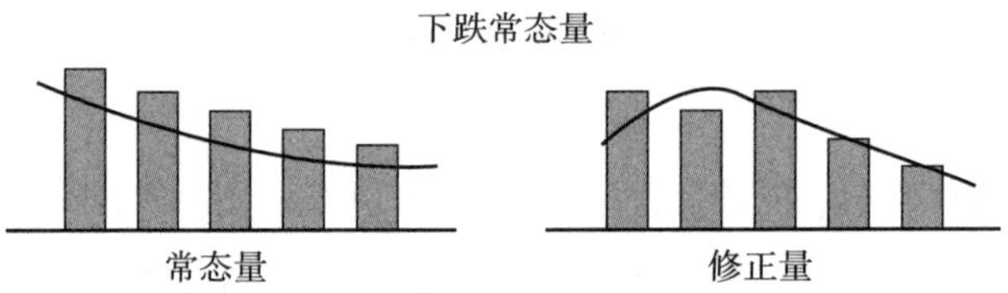

图 7 –5

在相对高档，买方力量耗尽之后，成交量一般呈现出递减状态，空头常态量表现为逐渐退潮。此时价也会对应下跌。在下跌过程是量退潮、价退位，低量之后有低价，这时候的大量都是不好的量，都视为卖点。卖方力量源源不断，等到释放完毕之后，在相对低档，要观察是否出现下跌的变态量。

注意，下跌过程中量大与量小，是由多方或者散户决定的。散户通常会杀在下跌过程里的大量中，而庄家则在这时接收筹码。

七、下跌的变态量

下跌的变态量，是指在下跌趋势中出现的异常量，常常是行情出现转折的前兆。掌握下跌变态量的特点，能够帮助我们更快地发现最佳进场时机。一般来说，成交量在底部会对应三种形态，一是量先到底，价再到底；二是量价同时到底；三是价先到底，量再到底。

如图 7－6 所示，下跌的变态量包含两类：一类是极小量或者历史低量。下跌过程中，必须出现量能极度萎缩，甚至出现历史低量，量能柱体不断走低，代表卖方力量完全耗尽，跌无可跌，底部可能已经形成；另一类是均线上扬，均量也开始慢慢“涨潮”，柱体呈现向上倾斜。这时候散户将手中的筹码给主力，在相对低档换手率较高。可能出现三种底部量价关系：量先到底、价再到底，量价同时到底或者价先到底、量再到底。

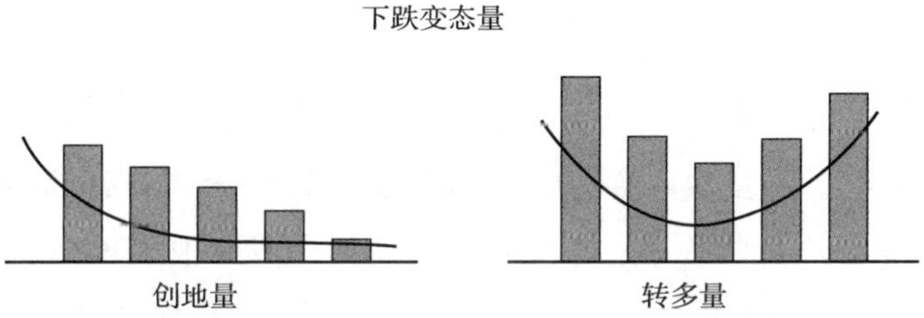

图 7－6

八、均量线的运用

均量线是衡量交投活跃度趋势的技术性指标，一般是将一定时期内的成交量相加后进行算数平均，成交量的柱形图中，形成的较为平滑的曲线，即为均量线。

应该有一个均量线的图。和均价线相似，均量线同样可以体现出成交量的变化趋势。

一般以 5 日、10 日以及 22 日作为采样周期，判断股价处于阶段性上涨、下跌还是横盘期？均量线和价格保持同步走势，还是发生了背离？

技术分析中，强调量是价的先行指标。如果没有成交量的配合，价格的变动是不真实的，而均量线反映的是一定时期内，市场成交量的主要趋向。成交是趋于活跃还是趋于平淡？主力机构是进还是出？这些都可以在均量线上得到较为明确的反映。因此，透过均量线，我们可以看到能够直接影响股价的内在动能变化情况，从而得到更加准确的判断。

在运用均量线时，包含五个实战技巧，如图7－7所示：

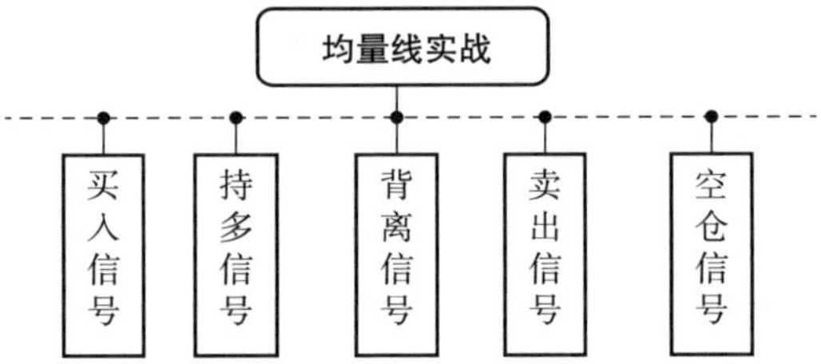

图7－7

（1）买入信号

在股价经历了长期下跌之后，进入横盘整理阶段，此时成交量一般很小，5日均量线和10日均量线，会形成黏合状态，其他隔日的成交量大部分处于5日均量和10日均量指挥下。在此背景下，如果成交浪出现小幅温和放大，并且上穿了5日均量线和10日均量线，随后又形成5日均量线上穿10日均量线，应该高度关注。若均线系统和均量线同步形成金叉，是不错的买入信号。

（2）持多信号

当股价在底部开始新一轮上升，一般来说，成交量呈现逐步放大的状态。此时成交量在5日均量和10日均量上方运动，且5日均量线往往在10日均量线上方持续上行，说明有增量资金参与，股价上涨行情将继续保持上扬的状态，此时应该以持多为主，在上涨行情的初期和中期，均量线往往随股价上扬而不断上翘创出新高，同时处于堵头排列，显示市场人气的聚集过程。

（3）背离信号

当上涨行情进入尾声时，尽管股价再创新高，但是成交量却萎缩至均量线以下，或者均量线走平向下，显示目前股价与均量线走向，发生背离现象，表明市场风向发生变化，追高跟风意愿较弱，股价可能即将面临变盘，应该做好卖出的准备。

另一种情况是量价在低档背离，股价不断下跌创出新低，而均量线却率先走平且有上升的迹象，表明场内有较强承接意愿，股价底部可能快要打磨完成，可以在止跌企稳现象更加明显时再伺机买入。

（4）卖出信号

当股价经过连续上涨后成交量不再保持同步增长，而是出现萎缩，低于5日均量线和10日均量线。5日均量线由上升趋势转向下跌，或形成5日均量线下穿10日均量线的死叉信号，一般是较优的先行卖出信号。

对于具体卖出点的选择，应该注意：有的时候5日均量线和10日均量线在高位刚刚有聚合的迹象，股价已经开始下跌，有的时候两条均量线已经完全形成死亡交叉时才开始下跌。

（5）空仓信号

在股价见顶后的持续下跌过程中，虽然偶尔也会出现单日成交量突破5日均量线和10日均量线的情况，但是5日均量线和10日均量线的趋势仍然是向下的。很多时候，立足于大周期的均量线趋势可能会更加清晰。均量线形成空头排列，此时应该空仓观望为主，而不应该轻易进场。

如果5日均量线持续在10日均量线下方，而股价同步下跌，且5日均量线没有出现由下跌趋势向上升趋势的改变，这往往意味着跌势并没有终结，可能还会继续。

专家提醒

其实量与价的研判，也要考虑到不同的背景和因素。比如，不同的时间坐标，相同水平的价格位置，成交量就一定相同吗？不然。因为市场容量也在发生改变，成交量水平自然也会水涨船高。

[总结]

我们始终认为，以量辅价，重点还是在价。成交量是中性的，其体现的意义和助力的方向，依然要依附于大趋势背景。那么处于“临变”阶段时的量能变化，可能比处于某个趋势中的成交量变化更应该成为我们仔细研判的对象。如果过度解读成交量表现而忽视了价格的走势，就好比开车只顾油门，却没有把握正确的方向。

在量潮战法中，我们要运用成交量的表现和其他辅助工具去观察当时的行情是什么样的阶段，从而做出判断和相应的操作。同时，在实战操作时，投资人要善于把握活跃个股，才能取得较好的收益；只有准确分析主力机构持仓的成本，才有可能了解主力的真正做盘动机，从而在扑朔迷离的走势中适者生存。

[课后思考]

1. 什么是常态量，什么是变态量?
2. 如何通过均量线进行研判?
3. 上涨和下跌过程中，成交量会如何表现?

第八章

涨停战法

名家点睛

彼得·林奇说："股市赢家的法则是：不买落后股，不买平庸股，全心全力锁定领导股。"资金是支持股价上涨的源泉。一支股票是否强势，要看市场究竟是用手投票还是用脚投票。

一、涨停战法概述

一般我们所提到的涨停板，是指 A 股市场上，在某个交易日内，股票达到了上涨的最大幅度 10%。限制股票单个交易日内的涨跌幅度，以防止股价暴涨暴跌从而引发市场紊乱，维护市场秩序。准确地说，涨停板是一种规则。通常股民说到涨停板，是指涨停了的股票。

对很多人来说，买到了涨停板，就意味着走上了快速获取财富的捷径。然而愿望很美好，实际操作起来却非常有难度。一方面，发掘有潜力涨停的个股不是一件简单的事，所看到的涨停板究竟是"陷阱"还是"馅饼"，很多投资者经常会产生误判，从而造成损失；另一方面，尽管涨停的表现相对单一，但涨停板的背后逻辑各有不同。就好像我们碰到欧洲人，却难以辨别到底是法国人、英国人、德国人。假设碰巧买到涨停板，却不知道为什么会涨停，操作的技巧在哪里，那么靠运气获得的收益可能很快会再次还给市场。

而涨停战法，正是为了解决以下问题：股票为什么会涨停板？主力行为背后的目的是什么？涨停板出现在不同时间和位置的意义分别是什么？在实战操作中，我们应该注意什么问题？本章内容，将会从涨停板出现的内在逻辑出发，帮助大家认识涨停板背后的主力行为及其原因，更深入理解涨停板，从一些特有的盘面特征上，找出能够获利的涨停板。

相信学习了本章内容后，大家会对涨停板的内在逻辑以及操作技巧有更加深入的认识和体会，加以反复实践之后，自然能够掌握涨停板的实战精要。

二、涨停战法基本常识

本节将会从涨停的原因、分类、意义、出现时间等内容出发，全面认识涨停战法的重要内容。

1. 股票为什么会涨停？

造成股票涨停的原因很多，一支个股的涨停也可能是很多因素共同作用的结果。以下罗列了几个主要的推动因素：

（1）政策因素：政策导向与企业的生存和经营是息息相关的。如果一家公司受益于政策红利，将会给其经营带来非常大的助力。

（2）业绩表现：业绩是衡量上市公司经营状况的标准，是支撑股价的基础。业绩的好与坏，将直接影响公司的股价表现。

（3）概念炒作：顾名思义，并没有实际经济意义，而是依靠股票的题材支撑股价，制造市场热点。如独角兽概念、苹果概念等等。

（4）超跌反弹：股价运行过程是由一个又一个的循环组成。当股票出现了大幅度不合理下跌之后，行情就会存在上涨的需求。一般来说，超跌股要求跌幅在短时间内达到20%以上。

（5）板块联动：很多情况下，一个板块中有一两支强势股领涨，往往会带动同板块的其他股票一起上涨。这种同涨同跌的现象就叫做联动。选定具有人气的板块，快速买入某支强势股的相关个股，具备获利的机会。

主力拉动股价涨停，无非是为了吸引股民买入或者卖出股票，以达到吸筹或者出货的目的。具体内容如表8－1所示。

表 8－1

01	吸引散户注意	06	反映利好消息
02	诱引散户跟庄	07	拉涨停洗筹码
03	显示自身实力	08	快迅脱离成本
04	吸筹拉高建仓	09	诱多涨停出货

2. 涨停的分类

（1）一字板涨停

如图 8－1 所示，为科恒股份日线图。所谓的一字板涨停，即开盘就迅速涨停，且一直到收盘，涨停都没有打开。这样的涨停板被巨额买盘封得很牢，普通投资者一般难以买进，无疑是最强的涨停板。

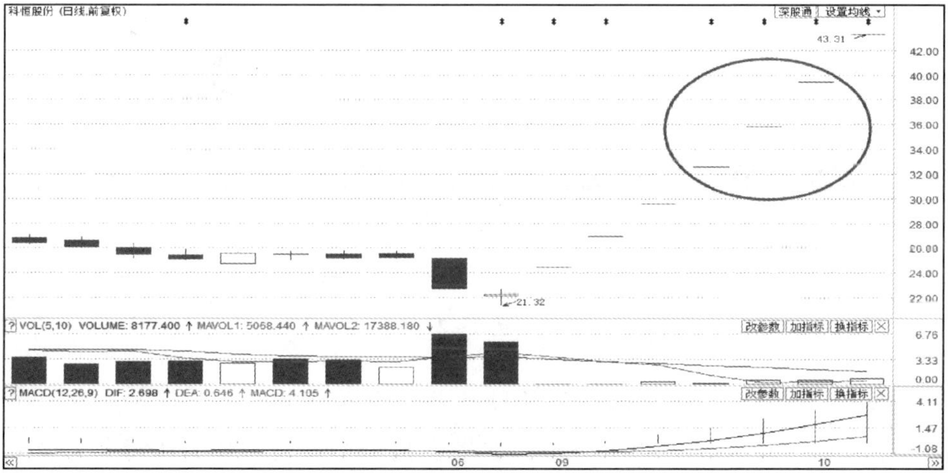

图 8－1

该种类型的涨停形态表现为涨停个股全天只有一个价格，即涨停价。在早盘集合竞价时间结束以后，巨量的资金委托在某一个买入价上，买入资金的数量远远大于卖出资金的数量。一般情况下，个股出了重大利好信息，会在股价上用该种形式体现出来。

对于买家来说，既然个股涉及重大利好，那么未来对其基本面的改善是显而易见的，不可盲目追高买入，要耐心等待机会，在出现明显的回调走势之后，再考虑适当介入。

而且成交量异常放大，虽然再次封住涨停，但后面继续封涨停的概率会大幅下降，因此，散户投资者即便买上了，也很可能被套在高位。

尾盘才勉强拉涨停的后续，通常续航力都不足或反转。

（2）T 字板涨停

如图 8－2 所示，所谓 T 字板，就是开盘和收盘时都是涨停价，但在盘中，涨停曾经被打开过。

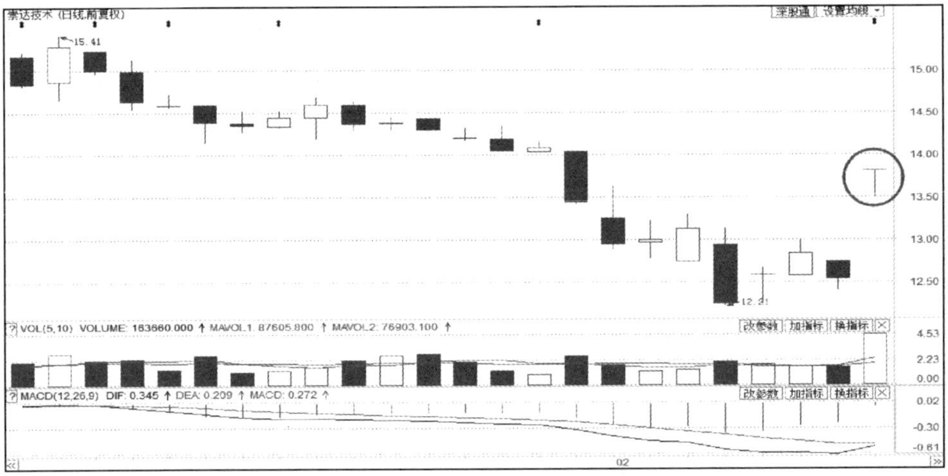

图 8－2

其中，如果涨停板仅仅短暂被打开就又被及时封住，且之后没有再被砸开过，属于较为强势的 T 字板；如果在整个交易过程中，涨停板被多次打开，说明多空双方的分歧很大，达不到强势封停，这时候投资者应该谨慎买入。

（3）实体板涨停

如图 8－3 所示，实体板是指股票以某一价位开盘，且盘中股价不断上涨，直至涨停。

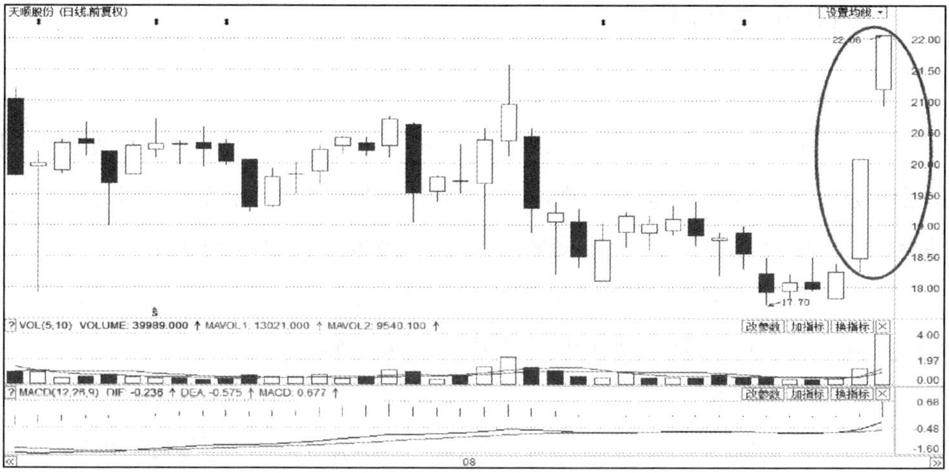

图 8-3

实体板涨停是非常常见的，也是普通投资者最有机会在交易日中参与的涨停。但是要注意，在股价上涨的过程中，我们要通过高开的程度、资金量的大小、封板过程花费的时间等因素，大致判断这样的实体涨停强势与否。如果是较为强势的涨停，则可以适当介入。

3. 涨停在行情不同阶段的意义

如果是在下跌行情的末期出现涨停板，它很有可能是被主力用来拉高建仓。换句话说，主力在相对低位经常通过拉涨停板的方式，充分吸收散户抛出的廉价筹码，快速完成自己的建仓任务。因为此时股价位置和主力成本非常接近，投资者操作起来相对安全。

如果在一段上升行情的中期出现涨停板，一般是以连续涨停迅速脱离成本区，而此时的涨停位置就属于庄家的利润区。

在上升行情的末期，股价突然拉涨停，进入了主力获利区，涨停位置属于庄家的出货区。

综上所述，出现在屡跌不破底部的涨停板是最有利于投资者的，股价上攻的概率最大。

4. 涨停出现的时间

（1）开盘即一字涨停

股票在开盘时就立刻涨停，说明资金买入意愿非常坚决，导致股价表现非常强势。主力以一种毫不讲理的方式拉升股价，气吞山河的扫货方式，足以彰显主力资金的强大，遇到这种级别的涨停板，若股价处于上升趋势，短线投机者可放手一搏。不过，这种类型的涨停，投资者买入的可能性极小，某些时候，盘中可能会短暂打开，这时可以挂单碰碰运气。

（2）10 分钟内拉涨停

此类涨停的特点是开盘即高开 3% 以上，早盘 10 分钟内一波便拉涨停，显然这也是极强的一种涨停板。虽然这一类涨停板稍逊于开盘涨停，但是对于爱好短线的投资者来说，仍然具有极强的参与价值。这时短线投机者可以尝试放手一搏。

（3）早盘前一小时涨停

早盘 9 点 40 分至 10 点 30 分之间封死涨停的股票，这个时间段内，封死涨停的时间越早，说明其强度就越高，临盘参与的价值也就越大。

（4）午盘前 1 小时涨停

这类涨停的特征是在午盘 13 点至 14 点时间段内封死涨停。这类涨停的强度一般，主力要么是谨小慎微，要么就是实力不强！这样的涨停参与价值一般，如果大盘处于弱势行情下，建议以观望为主。

投资者一定要区分清楚，什么时候可以追进涨停板，什么时候则要对涨停板避而远之。下午涨停的股票，出现在弱势环境中，后期继续强势上涨的概率不大，与其冒险尝试，不如等待其他更好的机会。

（5）尾盘涨停

尾盘拉涨停的个股，需要我们谨慎对待。通常情况下，直到尾盘才向上拉动股价，可能代表主力实力不强，或者说拉升个股的意愿并不是特别强烈，一般代表股票不具备连续攻击上涨的潜力。当然，具体问题具体分析，针对不同的个股，我们还要结合大盘走势的情况进行综合判断，以及股票所处的位置进行判断。

综合以上几种情况，可以看到强势上涨必然会有惯性上扬，即使没能如投资者所愿出现大幅上涨，但是套牢机率亦不会大。而在尾盘拉涨停，就不太适合投资者冒险进入。尤其是在股价处于下跌趋势时，弱势的涨停更多可能是主力诱多出货。主力通过少量资金拉抬，大量资金出货，这种明修栈道、暗度陈仓的伎俩是主力的惯用手法。

5. 涨停板的孕育条件

我们要分辨涨停板是一段行情的开始还是结束，要通过位置、时间、手法、气势、量价、隔天表现六个因素来进行判断。

（1）位置——最好在底部区

最好发生在屡跌不破的底部，说明主力不想再往下做，下跌可能性较小，上攻概率大。

（2）背景——最好是大盘多头

最好是在大盘上涨常态区，若股票涨停，对大盘有带动作用，则是最佳选择。

（3）板块——最好是在热门板块

如果个股属于当前市场的热门板块，则比起其他冷门股来说，显然更有可能获利。

6. 补充——大量的意义

涨停板对应的成交量小，说明抛盘不多，还能够继续上冲，甚至继续涨停，可以做谨慎追涨的操作。相反，涨停板放量，则说明多空分歧，放量越大，分歧越多，后市走势就看多空的后继力量哪一方比较大。当然，这里还要综合其它因素进行思考。如果大量涨停板的 K 线低点在隔天就被跌破，气势并没有得到延续，充分有理由怀疑这里是出货的信号。

此外，大量表示股票进行了充分的换手。一般来说，放大量代表着高换手率，到底是谁换给谁，导致的结果也不一样，如果是主力承接散户的筹码，通常是股价上涨的一个明显的起步。如果是主力将筹码丢给散户，散户承接力量有限且比较分散，股价很容易下跌。

在不同阶段出现的大量，其意义和作用也不同。

如果股票在起涨之前没什么大量，在起涨的当下出现了放量涨停，可能是因为主力之前没有收集到足够的筹码，所以用拉高进货的方式进行建仓。这种情况对投资者更有利，因为股价还有更大的盈利空间。

如果是在股票涨停后出现了大量，则要观察当日的股价。如果股价仍然继续上涨，甚至再次涨停，则代表有人在持续买进，未来仍有盈利空间；如果对应股价走弱，则说明有人获利出场，股价方向不明，应该谨慎操作。

三、涨停板的出现方式

追涨是有技巧的，但是对不同情况的涨停，应该运用不同的技巧。涨停方式背后，蕴含着多空对抗的不同情况。接下来的内容，将会讲述涨停板出现的三种方式。

1. 一波拉涨停

所谓一波拉涨停式是指在看盘后，股价一路上涨，中途没有回落现象，直至收盘。具体包括以下几种情况：

（1）开盘就一字板直接涨停

说明庄家对筹码控制程度很高，在分时图中常常对应一根干净的大量。这样的涨停一般是在上市公司业绩出现拐点或者受益于新出台政策等重大的利好消息时会发生。

（2）跳空高开不回档直接拉涨停

说明多方气势强盛，攻击力道大，且股票被多数投资者看好，供不应求，因此价格有足够支撑其持续上涨的能量。

（3）在前一交易日收盘价附近高开拉涨停

这种情况多数是之前强势上涨行情的延续，代表当下筹码控制比较稳定，多方在多空拉锯中依然占据着优势。

2. 两波拉涨停

所谓两波拉涨停，是指开盘后股价冲高回落，在某个位置得到支撑后，继续上涨，直至收盘。具体情况如下：

（1）涨停开盘后被打开而后又封涨停

涨停被打开，说明有人获利出场，但最终再次封停，代表多方承接力道很足，多方最终战胜了空方。

（2）跳空高开回档获得支撑后直到涨停

跳空高开后股价回落，说明存在一定的卖压，但是获得支撑后再次涨停，回调不深，此时卖方压力逐渐减少，不再涌出更多的获利盘，而主动性的买盘充足，再次推动股价上行。

（3）在昨日收盘附近开盘获得支撑后拉涨停

股价在上一个交易日收盘价附近开盘后便出现了下跌，但是在下探至某一位置时因为得到了支撑，股价再次上行直到涨停，并且保持至收盘。这说明开盘时多空双方胶着，难取胜负。最初市场多头力量并不坚决，浓厚的观望气氛使得股价短暂下跌，而后多方动能逐步强势，卖方力量没有反攻之力，股价便再次被拉涨停。

3. 三波拉涨停

（1）开盘后涨停板被打开，股价回落，又在获得支撑后重新上攻直至涨停

开盘后，股价快速拉至涨停，但随后又被打开，股价开始下探。在下探到某一位置后，股价获得支撑，再次向上运行，最后涨停。这个支撑位通常是在黄金分割点处。

刚开始股价迅速拉到涨停，表示多方买入意愿坚决。股价上涨，自然会涌现出一些获利盘，这些获利盘的出场，自然会导致股价出现一定程度的回落。但是在股价遇到一些重要的支撑位时，多方力量会再次进场，持股的投资者也不会在此位置轻易抛出筹码，股价冲高回落的黄金分割点是多方坚守的重要价位，多方通常会力保股价不跌破此类重要价位，从而为后市股价上涨创造条件，

在此处获得支撑的股价常常会调头拉至涨停；股价再次上涨至涨停板，说明多头力量反攻空头力量获得极大成功，市场完全掌握在多方手中。

（2）跳空高开，冲高回落后在均线的支撑作用下转而上攻直至涨停

股价在开盘时跳空高开高走，说明多方气势强盛，上涨动能充足。而较大幅度的上涨为获利盘带来了空间，因为其兑现筹码，股价对应出现了回落。此时均线起到了支撑作用，再加上不断进场的多方力量，使得股价再次转向上涨，并且涨至涨停板。

（3）高开后遇阻回落，在开盘价附近获支撑后再次上拉直至涨停

股价高开上行，但很快便遇到阻力下行，依然代表出现了一定的获利盘卖出筹码出场，通常在市场表现强势时，往往在开盘价附近会有强有力的支撑。所以股价在下探到开盘位置后，有很大机会继续上涨，直至拉出涨停。

这部分内容简单易懂，但投资者切忌照本宣科。在进行追涨的过程中一定要保持谨慎，设置一定的止损位。在投资的过程中，我们不必害怕投资的风险，只要让风险控制在我们可承受的范围内即可。

四、追买涨停模型

通过上一节内容的讲述，我们了解到涨停的出现有很多原因。也就是说，并非任意追进一支涨停的股票，就能给我们带来收益。本节内容，将会给大家介绍几种胜算较高的涨停模型，以供参考。

1. 低档长阳

理论储备

在股价处于相对低位，成交量温和放大之后，出现一根带量长阳（包括涨停），同时在成交量方面，均量不断上扬，可以马上进场追涨。

【案例分析1】

如图8－4所示，为长亮科技的日线走势图。可以看到股价刚刚结束下跌

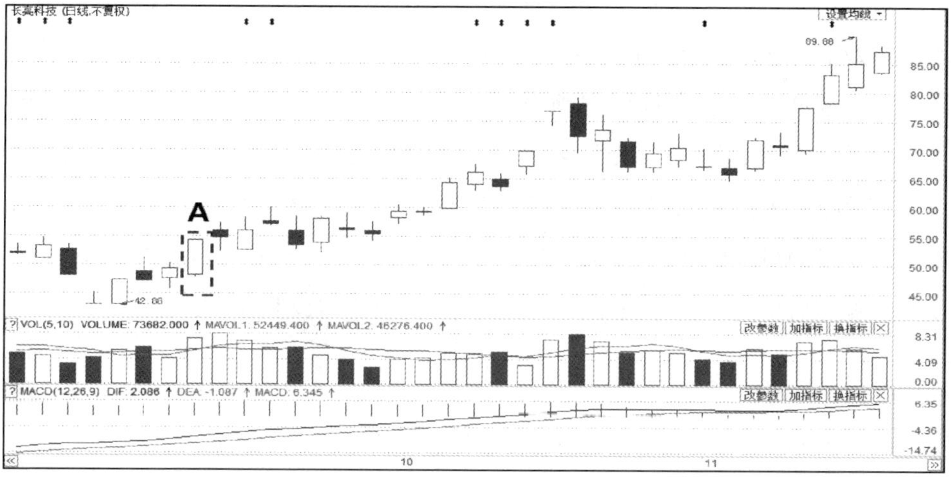

图 8－4

趋势，量能渐渐复苏。在标示 A 处，股价突然上攻至涨停，同时出现了明显的放量，股价此时处于底部区域，这时候的大量代表多方能量进场。后一日股价虽然没有出现大幅上涨，但成交量持续增加，之后量价控制稳定，股价稳步上行。所以在标示 A 处，可以及时买入该股。

【案例分析2】

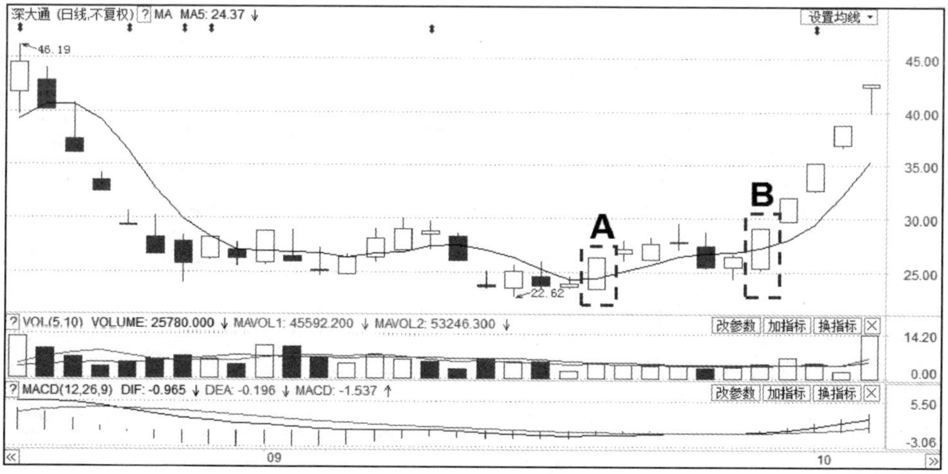

图 8－5

如图 8－5 所示，为深大通的日线走势图。可以看到，股价之前长期处于下跌趋势中，在跳空低开的加速下跌后，股价下探至 22.62 的低点，成为了最后一次破低。在成交量出现地量后，量能开始慢慢增加，股价不再破低，并且在标示 A 处，股价带量上攻，走出了涨停板，回补了之前的向下跳空缺口。之后稳步上涨，直到在颈线压力位时出现了回调。紧接着在标示 B 处，股价出现了增量涨停，并且将之前的阴线完全覆盖，此时可以作为入场时机。股价在涨停后出现了连续跳空向上，上涨速度快，获利空间大。

2. 长阳包阴

理论储备

如果股价走势在第一个交易日出现长阴或者跌停，很快再次走出涨停，包容第一个交易日的长阴的实体部分，可以在第二个交易日涨停的刹那追涨买进。

前一日的阴线被后一日的阳线覆盖，很明显是将不坚定的筹码洗出，后面将会有进一步上涨的空间。

【案例分析】

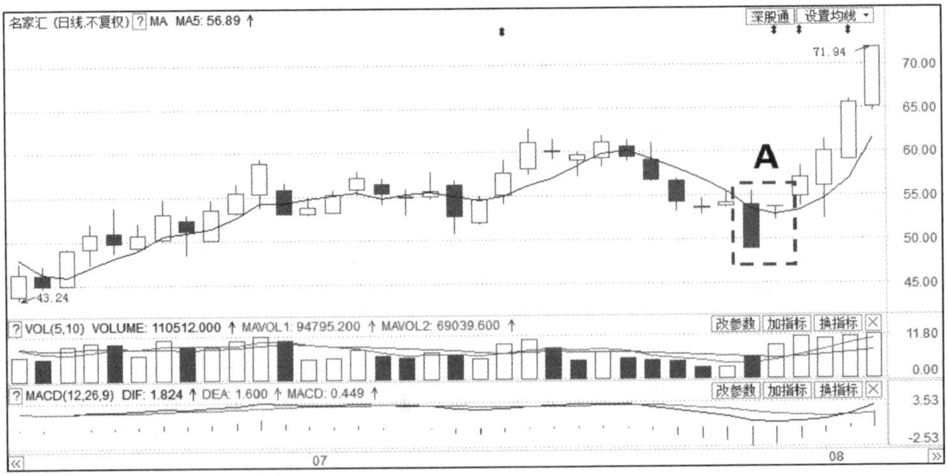

图 8－6

如图 8 –6 所示，为名家汇的日线走势图。连续两日出现涨停和跌停，通常代表走势可能发生方向的转变。可以看到在标示 A 处，前一日一根大阴线跌停，后一日便走出了涨停板，走势可能反转，而股价此时处于相对低档，代表股价很可能会上涨，投资者可以选择在这里进场做多。这个模型请大家记忆起来，因为出现相同的模型时，股价就可能会有类似本例的走势。成功的诀窍，正是把简单重复的步骤重复做对。

3. 二阳包阴

理论储备

第一个交易日走出涨停板，第二个交易日股价上涨后下落，收长上影线或十字线（阴阳均可），成交量放大时，可以在第三个交易日长阳将前一个交易日的上影线完全覆盖，可以追涨买进。

【案例分析】

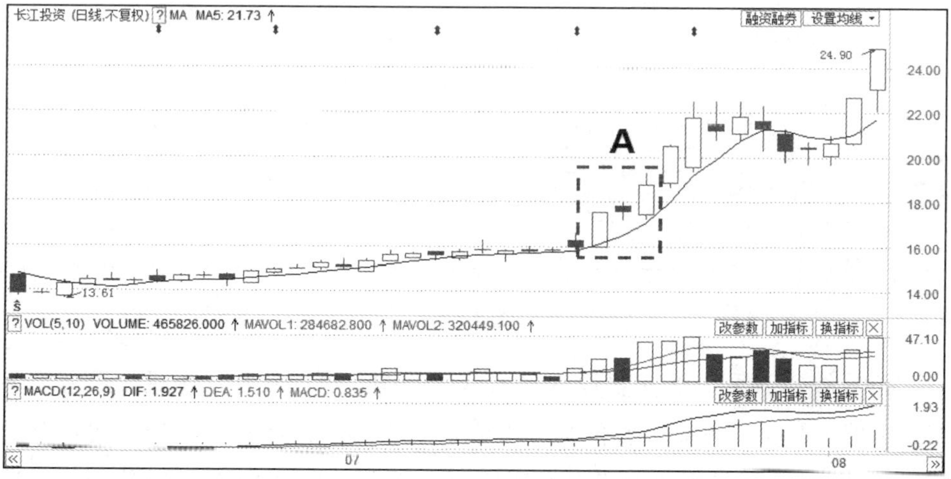

图 8 –7

如图 8 –7 所示，为长江投资的日线走势图。在标示 A 处，第一天出现了涨停，涨停隔天股价收阴，涨势短暂停滞之后，便再次走出了带量的长阳线。

这时候可以买进股票。这样的模型之后的涨幅可能有限，但是短线仍有获利机会。且在本案例中，股价刚刚开始放量起涨，此时追进会更加安全。

4. 带动中多

理论储备

当个股呈现出底部的形态，比如 V 型底、W 型底或者圆弧底，并且向上突破上扬的均线，一般来说以 20 日均线为标准，如果股价涨停突破，可直接在涨停板追涨买入。

【案例分析】

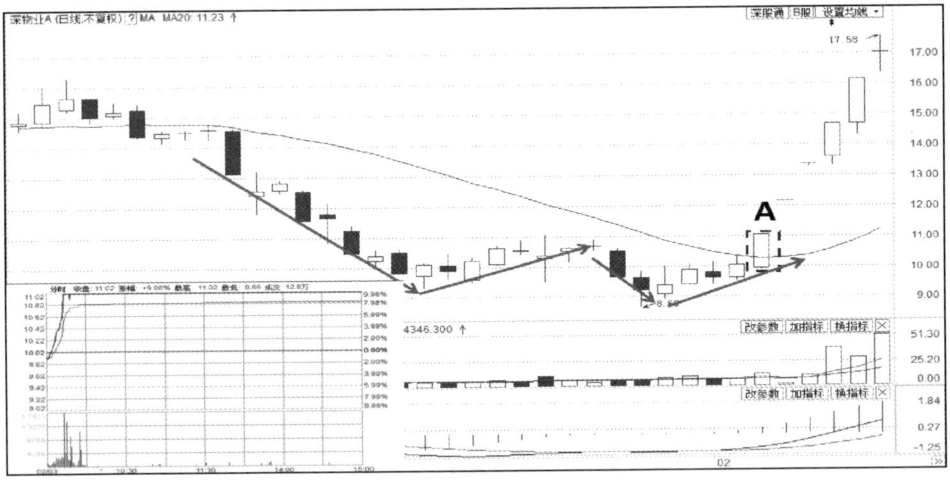

图 8－8

如图 8－8 所示，为深物业 A 的日线走势图。可以看到，该股构建出了 W 型的底部，在标示 A 处，股价第一次带量上攻涨停，且明显看到均线在此处趋势开始发生扭转。从左下角的分时图可以看出，当天 10 分钟股价便拉了涨停，说明多方气势强盛，因此，结合均线、位置以及涨停的气势三方面因素，在此时追入买进的胜算是比较大的。

5. 追买龙头

理论储备

中级行情中，通常都会有连续涨停的个股成为龙头，可追涨买入！后势的涨幅是短线高手必参与的。因为相对来说，龙头股一定是最先开始发动，并且上涨幅度最大的。龙头股常常具备带动作用，即带动同一种类型的股票集体上涨。

【案例分析】

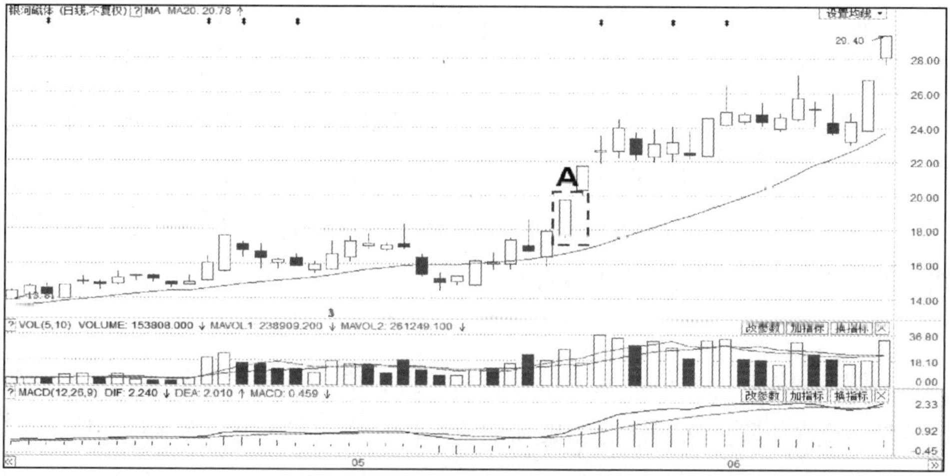

图 8 – 9

如图 8 –9 所示，为银河磁铁日线走势图。该股是当时稀土永磁概念中的龙头股。在标示 A 处，涨停板在相对低档位置发动，并且突破了前期形态高点，理论上，这里投资者可以选择追进买入，因为它很有可能是一波上涨的启动信号。隔天跳空的大阳线证明在前一日进行买进是正确的操作，虽然之后股价出现了一定的震荡，但是仍然在逐步走高。该模型存在一定的风险，因此需要投资者对盘面有较大的把握和娴熟的操作技巧。

特别提示

在本例中，标示处A并不算最完美的买点。但我们也数次强调，每一次的操作，都要关心胜算究竟有多少。因而原则上我们并不鼓励在低档盲目承接，而是建议在成交量出现明显的复苏迹象且股价也有所表现时才进场操作。最终盈利才是我们的目的，如果不确定能不能吃到鱼头，那就吃确定性的鱼身。

五、捕捉涨停的原则

捕捉涨停板时，应该遵循以下六种原则：

（1）大势原则

大家都会明白一个很浅显的道理，要在牛市中寻找一支涨停板比在熊市里容易得多。所以，任何操作都要讲究顺势而为，不可逆市而动。

大盘热点起涨时的振荡和调整末端，往往是抓涨停的最好时机，适合短线操作，也是抓大牛股的前提条件！

（2）空间原则

所谓空间原则，简单来说就是对行情阶段和价格位置的把握。涨停板一般最容易出现在一段上涨行情的突破和加速阶段。在突破阶段，涨停板具备充分的“广告效应”，可以迅速打开个股的关注度，吸引投资者；而加速阶段往往是主力和散户共同推动股价上涨，形成涨停板的动能更加充足。

反过来说，如果行情不是处于这两个阶段，且均线系统没有形成多头排列，涨停板很有可能会缺乏持续性，盈利空间有限，甚至在行情后期中了主力拉高出货的圈套，无奈被套牢。

所以，只有在突破和加速的空间临界点，主力采用涨停方式，后市的空间才会更巨大。

（3）共振原则

价格、成交量、时间、均线这四个要素的共振发生时，成就了涨停板的诞生。这是个股内在运行形态所要求的，当然对每只涨停板个股操作，都是有严格的纪律做保证！

首先要建立在缜密的技术分析基础上。扎实的技术分析功底，以及对市场主力操作手法了如指掌，才能对涨停板有深刻认识，而我们所要做的，就是不断研究分析和深刻总结其中的规律，找出各种要素的共振条件，把握进场机会！

（4）买点原则

买点是短线操作的第一步，买点的位置非常重要，它将会影响以后操作的所有策划，什么点位买？如何买？是短线操作盈利的第一要点！按照抓涨停板的方法，涨停基本上都是提前介入，而次日涨停！买点则分为最佳空间和理想空间！

（5）领头原则

抓涨停一定要抓领头羊，任何一个板块的启动，都会选择一到两个领头羊，往往第一个涨停的空间是最巨大的！经常见有的投资者看到板块启动，领头羊涨停，往往不敢去操作这只领头羊，而是去抓和领头羊同板块的跟风者，结果不是被套，就是获利空间甚小。

要做一个板块的领头羊，需要满足以下几个条件：一是要最先出现在强势排行榜上；二是判断该股主力已经吸货结束开始拉升；三是拉升时 5 日线的角度呈 70 度上升；四是大盘走势对个股起到正面作用或者有政策红利加持。

（6）心态原则

心态一直是广大投资者津津乐道的，很多人把操作的成功和失败归结于心态。确实，良好的心态对股票操作有非常大的帮助，而坏的心态常常是导致亏损的罪魁祸首。但对技术分析的本质认识和用纪律做到技术分析的完整实施，才是最关键的因素。

当个股的走势，符合我们所认识的技术形态，必须果断下单，需要树立正确心态！反之，当个股破位下跌，应该抛弃犹豫，果断止损，一旦反向操作，将会陷入恶性循环！所以，良好的心态是在技术和纪律共同作用下不断训练的结果。

六、注意事项

任何一种战法的使用，都要考虑到环境条件的变化，不能一概而论。所以，在运用涨停战法时，特别需要注意以下几点：

（1）要锁定强势股

在盘中，我们可以及时搜索涨幅排行榜，对接近涨停的股票，翻看其现价格和前期走势及流通盘大小，以确定是否可以作为介入对象。当涨幅达8%以上时，应做好买进准备，以防主力大单封涨停而买不到。当然，结合我们之前谈到涨停的时间及意义，早上10点之前完成这个过程会更好，且位置上来说，最好是处在下跌末期。

（2）强势市场中，要大胆追涨停

在极强的市场中，尤其是每日都有多支股票涨停的情况下，要大胆追涨停板，极弱的市场切不可追涨停板，机率相对偏小一些。

（3）一定要涨停，才是追入时机

未达到涨停时（差一分也不行）不要追，一旦发现主力有三位数以上的量向涨停板打进立即追进，动作要快、狠！要坚持这种操作风格，不可见异思迁，以免当市场无涨停时手痒介入其他股被套，而失去出击的机会！

（4）追买“领头羊”

很多投资者是不敢追龙头股的，因为往往龙头股上涨幅度很大。但是，如果整个板块启动，要追先涨停的龙头股。其实龙头股一般是涨幅最高的，也是相对安全的，即领头羊，在大牛市或极强市场中，更是如此，要追就追第一个涨停的。

（5）要留意成交量

追进的股票，当日所放出的成交量，不可太大，一般为前一日的1~2倍为宜，可在当日开盘半小时之后，通过简单计算得出。

（6）在寻找合适交易的涨停股时，可以按照三个标准进行筛选：一是有题材新股小幅整理后，某日跳空高开涨停的标的；二是股价长期在底部盘整，未大幅上涨且涨停的；三是在股价上行一段时间之后，强势整理结束而涨停的。

专家提醒

盘中拉涨停但没封住涨停，留了上影线常是出货讯号；早盘拉涨停，但隔日不涨，之后跌破涨停的低点是反转信号；尾盘才封涨停，隔天涨不动，之后破最高点的低点是反转信号；同一支股票涨停后续不一，可能是起涨也可能是出货。

[总结]

涨停战法，旨在通过对涨停个股的判别，筛选出强势的标的，从而买入获利。

然而，涨停板好像玫瑰花，很美丽，可是也有刺能伤人。一不小心，就会陷入涨停板的陷阱里面。

抓住涨停板，并不应该成为我们入市的唯一目标。涨停板出现，盘面有其特征，背后有其逻辑，掌握了表面特征和内部逻辑，相信投资者就不必再执著于这个单一的概念，而是在多空实质的判别中越战越勇。

总的来说，想在股市中生存，就必须要有防身的本领，尤其是喜欢短线的投资者，所承担的风险相对于长线投资者要高得多，因此更应该谨慎研判和操作。当然，股市中没有万能的技法和100%的准确度，我们所学习到的任何理论和任何技巧、方法，都必须要灵活运用，生搬硬套在股市很难取得大的收益！

[课后思考]

1. 涨停拉升的方式有哪些？
2. 导致涨停板出现的内在原因有哪些？

第九章
双向实战

名家点睛

柏妮思·科恩说："一些最为人趋之若鹜的投资路径却会使你一无所获。"投资最忌盲目跟风和人云亦云，"东一榔头西一棒槌"的操作，终究无法在市场中走得更远，建立起自己的交易体系才是投资者应该努力的正确方向。

一、双向实战概述

双向实战中的双向，是指多与空两个方向，那么双向实战就自然包含了做多和做空两个方向的操作。我国A股市场实行融资融券制度已经有几年时间了，从理论上来说，只要借入证券，就可以进行做空的操作。但是在现实中，普通投资者想要做空仍然是比较困难的事情。一方面，容易融券的标的实在太少；另一方面，融资融券的门槛较高。不但对开户时间长度有要求，且证券账户中要有50万以上的资金，满足以上两个条件，还要参加相关知识测试，方可签订合同，开通该功能。

所以，请大家注意，双向战法的内容，主要是针对期货和现货，而这两者的操作和纯粹的股票市场在操作技巧上是存在一些差别的，尤其是在仓位的把控上面。比如股票就没有未平仓的概念。这里的未平仓，是指在某特定市场某交易日结束时，未通过抵消或交收套现的合约数。

那么，期货和现货有什么优势呢？一是可以以小博大，因为现货和期货实行保证金制度，允许加杠杆进行操作。假设投资者手中有 10 万元的资金，杠杆为 10%，则实际上投资者可以进行 100 万的期货操作；二是买卖自由，时间灵活，实行 T+0 交易制度，可以当天买卖，每天交易次数不受限，同时可以无限进行双向操作，没有涨跌停板的限制；三是信息披露透明，难以被操纵。

双向实战中，具体包含了四种战法，分别是：反向战法、锁单战法、仓位战法和非农战法。这四种战法，将会在接下来的内容中着重详细讲解。

二、反向战法

我们常常会有这样的疑惑，在做多或者做空时，遇到意料之外的转折，该如何操作。这个时候，我们就需要用到反向战法来应对这种情况。

1. 战法预备——止损和止盈

止损，是一个非常重要的观念。按照字面意思来解释，是指当某一投资出现的亏损达到预定数额时，及时斩仓出局，以避免形成更大的亏损，也被形象地称为“割肉”。但是在另一方面，止损就是要投资者人能够正视已经发生的亏损。

我们在做多的时候，在上涨过程中，相对高档出现了反转。或者说，在下跌过程中做空，遇到了相对低档反转。这种情况下，我们可能首先面临着止损的需要。但是对很多人来说，止损却常常难以被有效执行。原因究竟在哪里？

一部分原因，在于当停损的黄金时机出现时，理智隐约地告诉投资人：务必要立刻执行。但是对回本的渴望以及不够客观市场行情的冲动常常会从中作梗，使得投资人一再打破自己定下的规则，抱着价格回升的幻想，放任损失进一步扩大，从而令本金受到巨大损失。

另一方面，是因为当大多数的投资者都在拼命寻找入市技巧时，却常常忽略了如何退出，也是一项完整的交易中不可忽视的重要部分。进入市场，要获得盈利，需要市场各方面条件的成就，这里面也有太多的不可控因素，但是通过设置一个标准，把自己的亏损控制在一定范围内，显然容易得多。想要在这个市场上获得胜利，站得更久，就要止住亏损，滚动利润。因此，在市场上战胜“心魔”，往往比学会入市技巧更加重要。毫无道理的乐观和期待心理是交易市场中最昂贵的消费！

止盈和止损是一对相仿的概念，都是反向的讯号。但与止损不同的是，止盈的概念重点在于见好就收，不企图在最高点才截止盈利，因此也被称为“止赚”。

投资者可以用静态止盈方法，像设置止损位，我们可以设置一个理想盈利位，价格到达该位置后，即卖出手中所持。也可以使用动态止盈的方法，即相对灵活操作，不设置绝对止盈位，如果投资者在某个位置判断价格依然有上涨空间，则继续持有，给股价的调整设置一定的幅度，达到目标幅度则卖出。

在多单的操作中，在多单进场设置好止损后，如果价格未达到止损位，就放任涨势，直到止盈。我们可以将止盈位设在价格走势的前一个低点，止盈后如果在破低，则方向放空；在空单操作中，空单进场设好止损，如果价格并没有向上至止损位，就放任跌势，直到止盈。空单的止盈设在前一个高点，止盈后再过高则反向迈进。

2. 战法预备——买进商品

在期货和现货交易中，买进商品，无非是指买进多单和放空空单。买进多单，也就是买涨；放空空单，也就是买跌。

什么时候买涨？在下跌常态产生变态，也就是在上涨常态的惯性中，买进多单。如何判断价格处于上涨常态？依然是用低点不再、屡过前高来判断。

什么时候买跌？与买多对应，在上涨常态产生变态，或者说在保持下跌常态惯性时，放空空单。如何判断价格进入了下跌常态，用高点不再、屡破前低来判断。

3. 反向战法要义

反向战法的要义有两点：一是走势发生转折时，及时按照设置的止损位止损；二是根据实际，考虑反向操作。

具体来说，当我们看好行情从而做多，有时候在做多的过程里面会遇到日线或者周线级别的调整和回档，难免被套。这个时候，如果确认行情已经出现转折迹象，一定要认赔。如果不愿意认赔，会陷入一套再套的窘境。止损后，我们可以做反空。反空，即做多的反向操作，并且依然设置好止损位，一旦价格真的开始下跌，则等待获利即可。

相反，在我们对行情看跌而做空时，可能会遇到价格反弹，而被轧赔钱。这里的被轧是指做空的投资者因为价格一路上扬而导致亏损。这里同样要及时认赔，避免一轧再轧。应该反向做多，并且设置好止损位。一旦价格上涨，则能够获利。

小 结

反向战法的操作核心，在于我们虽然跟随趋势，但是当小周期出现了反向的走势时，应该做出一定的反应。行情是走出来的，我们也该不断关注趋势发展的方向，从而在发生转折时第一时间调整自己的操作。

三、锁单战法

对于不常接触期货、现货操作的投资者，锁单可能是一个比较陌生的词汇。究竟什么是锁单？什么是解单？首先，进入战法之前，先和大家说明一下解单和锁单的概念。

锁单，只存在于可以双向交易的品种。它是指在原有持仓的情况下，反向操作同样的手数。举例来说：假如操作期货，目前账户里有 1 手多单的持仓，如果在对应买入 1 手空单，就是做了锁单操作。锁单操作意味着，无论价格向下或者向上波动，亏损的风险都会被相同单位不同方向的单子冲销掉。锁单的缺点是费用高，但是对本金上了保险。锁单的优点在于不会轻易卖掉获利的多单或者空单，在涨势中顺势加码多单，在跌势中顺势加码空单。符合多头才进场买，符合空头才进场空。

解单，对应锁单，是指投资者在锁单之后，选择一个合适恰当的时机把这个锁给解开，也就是把上锁的单子平掉。

而锁单战法，能够在操作上帮助我们空在最高点，多在最低点。比如说，在低档买进多单，在一路上涨的过程中，会重复出现正乖离过大，修正，正乖离过大，修正……循环往复的过程。通过两级战法等判断出趋势即将扭转，这时出现的正乖离，我们可以进行锁单。如果这个位置出现阴包阳和阴下阴，要放空锁单，但是之前的多单暂时不操作。假设趋势转变，均线由多转空，锁掉的空单就不动。均线下弯，出现线下破低，甚至出现了下跌常态，就要出清原始的多单，然后再加码放空，而之前放空的锁单，就是趋势走空之后的原始多单。

下跌过程以此类推，当出现了最后一次负乖离，而均线趋势被扭转上扬，将原来的空单出清，低档多单的锁单保留，就成为未来上涨过程中的原始多单。

采用锁单战法一方面是因为行情不会一直按照一个方向运动，而是不断起起伏伏，即便有均线的趋势性，一般投资者总是抱不住获利的多单或者获利的空单。如果不利用锁单技巧，一般人都会很快就获利出场，以至于错过之后很长一段获利行情。另一方面是时间跨度的问题。连续交易 20 个小时，时间过长，很多人没有办法承受这么长时间的交易时间，所以想要休息又不想完全出场时，可以利用锁单技巧锁住利润。

锁单战法包含五种多空安全锁，分别为：双头锁、防亏锁、利润锁、长多锁和长空锁。

1. 双头锁

（1）锁单目的

双头锁是盘局中的对锁。这里盘局是指走势进入三角形整理，多方和空方势均力敌，相互僵持，不知道之后会向上突破还是往下跌破。这时候盘面可能需要一些消息的刺激才能够走出明朗的趋势，当下我们无法判断方向，是以两个方向都进行锁单操作，应对之后的改变。

（2）锁单方式

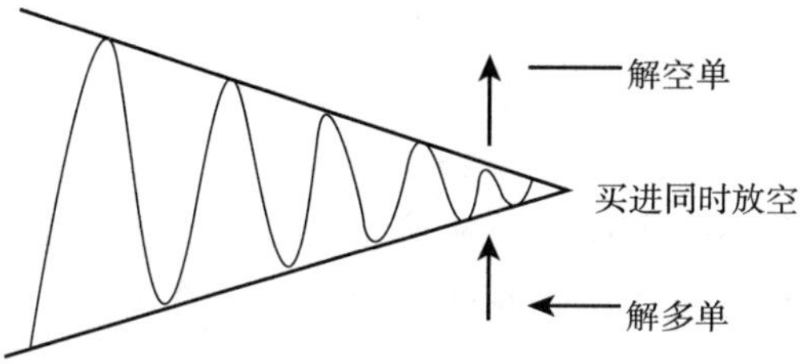

图9－1

如图9－1所示，双头锁的锁单方式，是在整理末端，趋势不明确时同时买进和放空，如果之后走势上行，就平仓空单；如果走势下行，就及时平仓多单，然后放任跌势。

2. 防亏锁

（1）锁单目的

防亏锁是在反轧空、反套牢时不得不运用的锁，是这一种减少错误操作带来亏损的补救方式。

（2）锁单方式

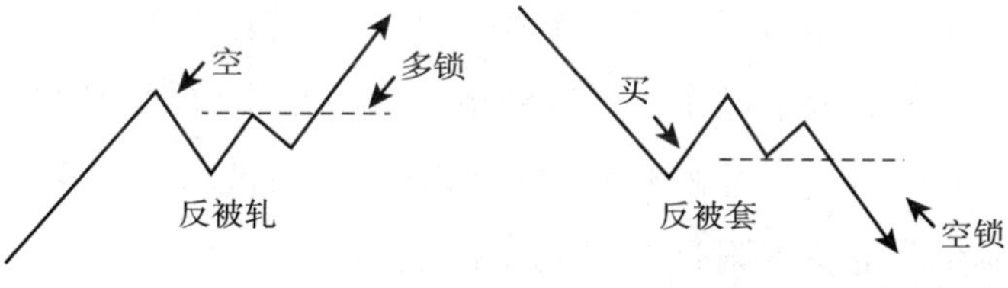

图9－2

如图9－2所示，假设我们买入某一支股票，出乎意料的是，之后行情开始向下跌，破了买进K线的低点，而且出现了阴包阳和阴下阴，应该及时卖出，但是因为难以接受目前的亏损，无法做卖出的操作。这时候可以不去股票，而是去放空股指期货，因为行情下跌而有所盈利，就能够对冲掉部分亏损。

3. 利润锁

（1）锁单目的

为了锁定已有利润而做出的操作。

（2）锁单方式

利润锁包含了多头利润锁和空头利润锁。我们都知道，一般交易方式有两种：左侧交易和右侧交易。左侧交易是基于逆向思维，在趋势未走出时就进行操作；右侧交易则是指看到确定性的信号后才进行顺向操作。接下来，在两种利润锁的介绍中，会按照左、右侧交易分别进行说明。

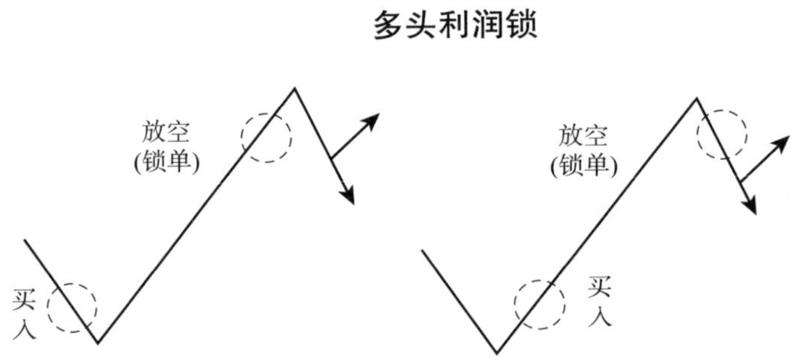

图 9－3

对多头利润锁来说，左侧交易如图 9－3 左图所示，在底部出现反转之前的 A 处买进多单，之后行情在继续下探一小段之后转而上涨，再次在未到顶部之前的 B 处就进行放空操作，进行锁单。这时候多单的利润为 M 段。之后行情上涨后向下反转，这时候要根据对趋势的判断做出不同操作：如果下跌趋势持续，则在放空位置附近及时卖出原始多单，放任跌势，空单获利；如果之前的下跌只是短暂回调，之后行情再次上涨，依然在放空位置 B 附近卖出空单，继续持有多单获利。

右侧交易如图 9－3 右图所示，在底部反转之后 A 处买进多单，上涨趋势中不操作，等到转弱转空确认之后再在 H 位置进行放空操作，此时多单利润为 N 段。在下跌行情中，根据走势做出不同操作：如果继续下跌，则卖出多单，放任跌势，空单获利；如果调整之后继续上涨，则及时卖出空单，保留原始多单，获得利润。

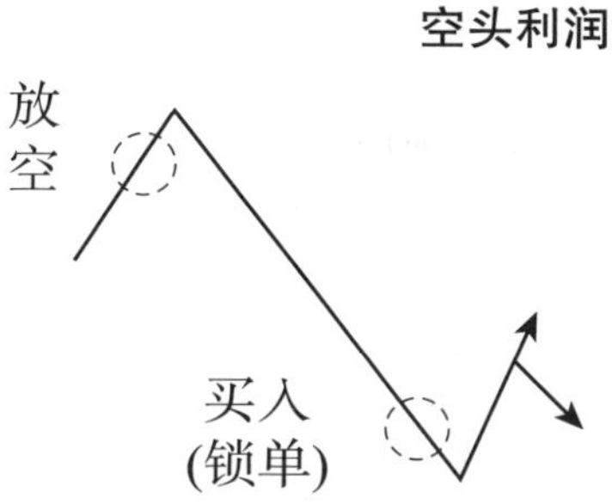

图 9-4

对空头利润锁来说，左侧交易如图 9-4 左图所示，在上升趋势还没有结束时，认为再跌的空间有限，就在正乖离过大时，在 A 处进行放空操作。经过短时间的上涨后，趋势反转，行情下跌，在下跌趋势中，还没有看到转多迹象时，因为判断再跌的空间有限，在 B 处做锁单操作，也就是买进。之后等到行情停止下探，扭转向上，根据情况灵活操作：如果真的转多，持续上涨，则持仓买单不动，等待盈利，及时将之前的空单解掉；如果只是暂时反弹，行情再次下跌，则果断卖出多单，放任跌势，以空单盈利。

右侧交易如图 9-4 右图所示，在行情确认已经转势下跌时，在 A 处进行放空操作，等到下跌了一段时间空间修正时，出现阳包阴、阳上阳，才确认在 B 处进行买进锁单的操作。如果之后行情延续上涨的趋势，则保留买单，即使解掉原始空单；如果行情只是进行反弹，之后再次下跌，则即使将多单卖出，保留原始空单，放任跌势获利。

在进行利润锁的操作中，永远都会有单子在手上。可能是同向的两笔单子，也可能是逆向的两笔单子。

对于初入市场的投资者来说，当然还是更加偏向于右侧操作，因为右侧操作对我们行情研判和预测的能力没有要求那么高，重点基于均线和 K 线。均线上扬的背景里面，可能出现多方的三 K，即阳包阴、阳上阳，也可能出现空方的三 K，即阴包阳、阴上阴，根据当时的走势做出不同的操作即可，而不需要提前做出预判。

4. 长多锁和长空锁

（1）锁单时机

长多锁用于中长线的多头走势中，长空锁则用于中长线的空头走势中。

（2）锁单方式

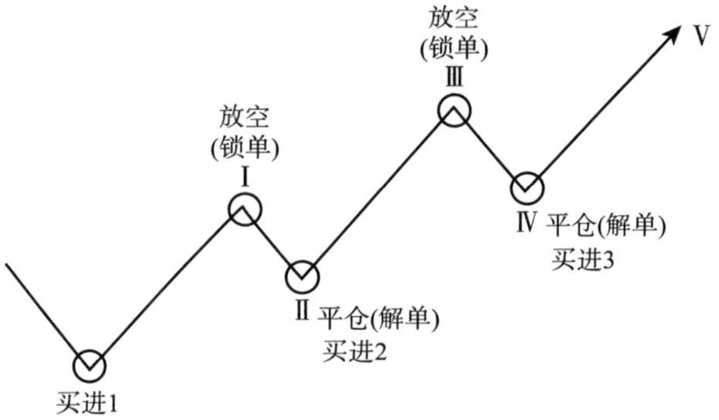

图 9－5

对于长多锁来说，如图 9－5 所示，以 5 波为例。当行情进入初升段，先买进 1，即使拉回修正也不卖出，而是在此位置进行放空锁单的操作。等到行情再度转强向上时，平仓短空单并在买进 2 处买入。这时，我们手中持有买进 1 买进 2 的多单，随后行情进入了主升段，又再次遇到拉回修正，买进 1 及买进 2 的多单不卖出，再次放空锁单，直到拉回止稳再转强时，平仓短空单，再买进 3。

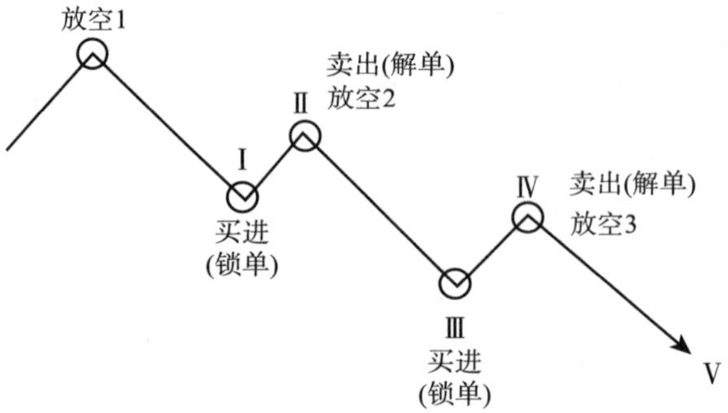

图 9－6

对于长空锁来说，如图9－6所示，同样以5波为例。放空1起行情进入初跌段，遇反弹修正不平仓，只以抢反弹买进多单做锁单操作。当行情结束反弹再转弱时，卖出短多单并放空2。此时，我们持有放空1放空2的空单，行情此时进入了主跌段，又再次遇到反弹修正，放空1及放空2仍然不平仓，而是抢短多再次锁单。等到行情反弹止涨再转弱时，卖出短多单，再放空3。可以看到在此操作方式下，能够获得非常丰厚的收益。

5. 锁单方法及注意事项

锁单战法的形态，包含了在相对高档位置和相对低档位置条件下，细分为先多后空和先空后多的四种组合形态。

（1）相对高档的先多后空

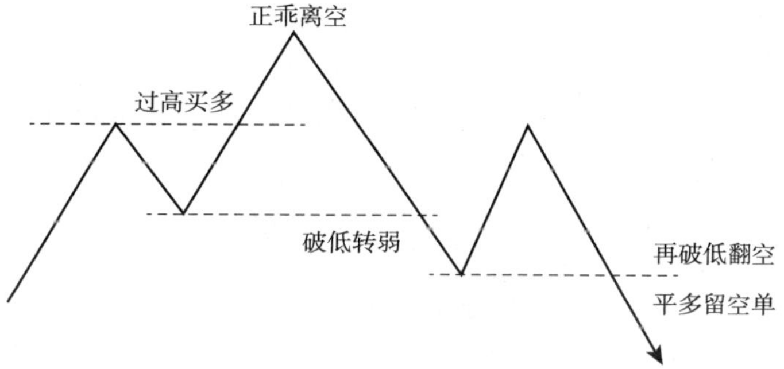

图9－7

如图9－7所示，以头肩顶为例，当我们在上涨趋势中，发现价格上涨越过了前期高点，于是在此做多，后来经过一段时间上涨，正乖离过大，预示可能马上要出现修正行情，在这个位置放空，并知道价格一路下跌，跌破形态低点，趋势转弱，之后价格短暂反弹，还是再次向下跌破前方低点，确认趋势转空，将之前买入的多单出掉，留下空单。

（2）相对高档的先空后多

如图9－8所示，在上涨行情中，出现正乖离过大，在此位置进行放空操作，之后价格遇到支撑，止跌扬升，应该在这时平掉先前买进的空单，反向做多，知道上涨行情再次出现正乖离过大，再次做空，行情一路下跌，破了

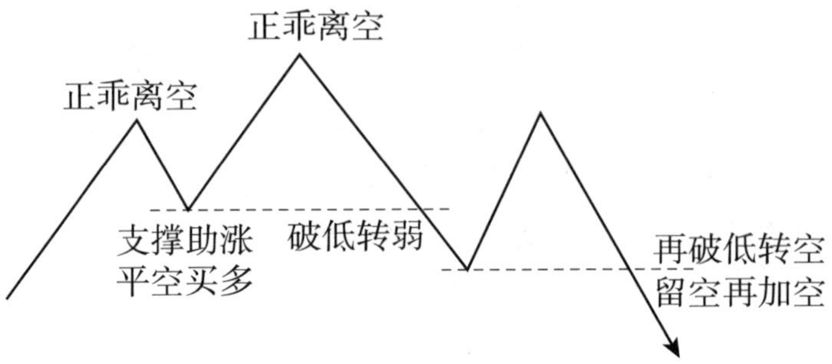

图 9－8

形态前低，应该及时卖出多单。虽然有过反弹，但之后价格就继续下行并且再次破了前方低点，确认趋势转空，这时候应该留下空单，并且加码空单。

（3）相对低档的先多后空

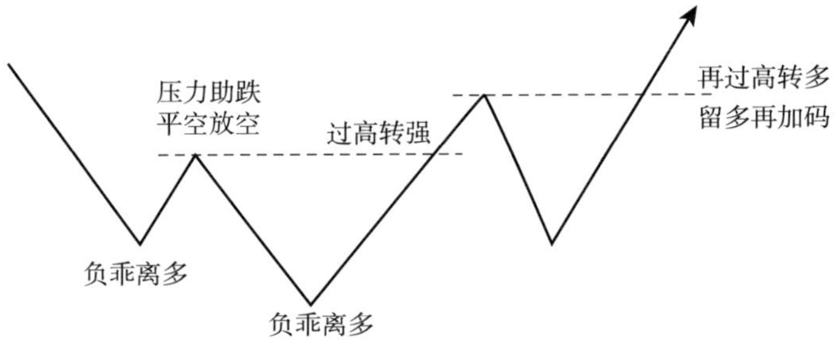

图 9－9

如图 9－9 所示，在下跌行情中，来到相对低档，此时价格依然在下跌，出现了负乖离过大的情况，在这个位置买进空单，价格反弹向上，遇到压力再次下跌，应该平掉多单，买入空单，直到又出现了负乖离过大，在此买入多单，价格反转向上后，越过了形态高点，为转强信号，保留多单，直到价格再次创造新高，确认趋势转多，这时候可以再加码多单。

（4）相对低档的先空后多

如图 9－10 所示，在下跌行情的末端，价格再次跌破前期低点，在这里进行放空操作，价格进一步下跌，在负乖离过大时，买入多单。之后行情反转向上，并且一路上涨越过形态高点，趋势转强，再次卖出原始空单，等到价格再创新高时，平仓空单，留下多单获利。

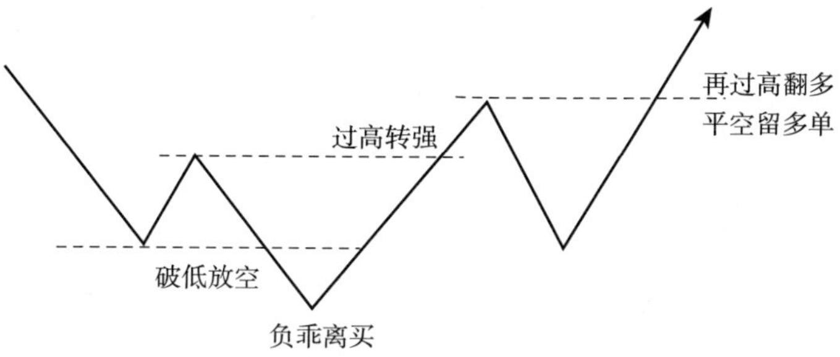

图 9 - 10

锁单战法方法简单，但是能否用好，跟投资者的心态息息相关。在使用锁单战法时，应该注意以下几个问题：一是不得已时才做防亏锁，可以的话，亏损单应该认赔出场，再灵活进行反向操作；二是当多单或者空单出现亏损时，如果不认赔出场，则应该做锁单动作，不要放任亏损不管。亏损时，锁单可以让自己免于恐慌，亦能灵活操作技巧；三是获利时才做锁单，锁单应该是顺向操作。

6. 解单方法及注意事项

如图 9 - 11 所示，解单的操作方法如下：一是当我们持有多单时，趋势走出正 N 形，在正乖离过大时，出现阴包阳或者阴下阴，可以进行放空。原来买入的多单，此时继续持有，而在 L 处应该解掉空单，并且再次加码多单。锁单之后来回档过程中不用解单，放空的单子可能碰到的是最后一个正乖离。因为出现了多头 K 线可能会再涨一波。

二是我们持有空单，趋势走出倒 N 形，在负乖离过大时，出现阳包阴或者阳上阳，可以在 L 处买进多单，在价格短暂修正，我们可以在 H 处解掉多单，并且加码空单。

解单是一把双刃剑，它的效果在于时机。如果解单时机把握得好，可以两个方向同时盈利；但是如果解错，则是双向的亏损。

“解锁还得系锁人”，决定要锁单时，应该果断干脆，也要思考在何时进行解单，而不是等到恶化亏损时才去锁单，也增加了解锁的难度。另外，双头锁在等到上涨或者下跌趋势确立时，应该即刻将逆势的单子解锁。而长多

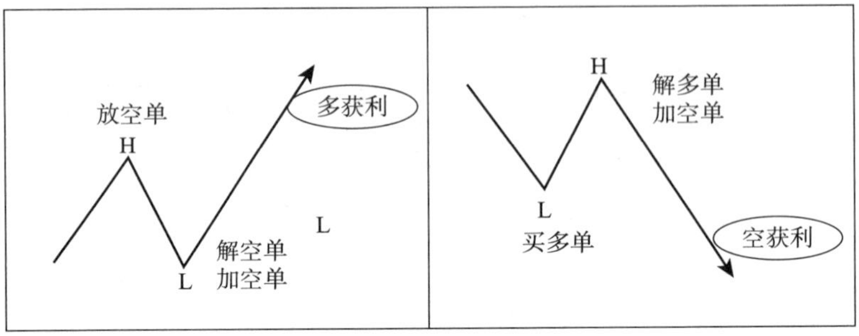

图 9－11

锁或者长空锁的锁单与解锁，应该灵活并保持准确，以免反而蚀掉了之前获得的利润。

我们可以借助技术分析的趋势循环，找出支撑价与压力价，来作为解锁的参考。

小 结

锁单战法并不复杂，它是按照趋势、形态的方向和位置为参考来界定该如何进行具体操作的，要结合书中的两极战法使用。简单来说，在该做多时做多，在该做空时做空，具体应该依据过高和破低，或者碰到小南极的支撑助涨和小北极的压力助跌，当然也要结合三 K 理论进行研判。在此前提下，对已有的多单和空单进行锁单、解单的操作，以保护利润或者获得更多利润。

四、仓位战法

仓位是指投资资金和实有资金的比例，假设投资账户中有 100 万资金，用其中 30 万买进股票，则仓位为 30%，即三成仓。在仓位战法中，我们将会通过对未平仓变化情况的观察，把握多空的主流脉络。

1. 一些相关名词的强化

在期货和现货交易中，一定会涉及到买入、卖出、回补等概念。这些动作会穿插出现在整个仓位战法的运用中，因此一下列出几个重要名词，帮助大家强化记忆和理解。

（1）总手：指总成交量，是外盘和内盘成交量相加的和。其中，外盘即做多的量，内盘即做空的量。通常拉说，外盘量很大，实在拉抬价格，内盘量很大，则对应下杀。

（2）比值：外盘比内盘的值，能够帮助我们判断当下行情可能的去向。

（3）平仓：指将自己的持仓卖出，做多后将买入仓位卖出或者放空后进行回补，否则未平仓的仓位会一直存在。

（4）持仓：卖单和买单的未平仓量，即所有持有的仓位。

（5）仓差：即持仓差，指目前持仓量与昨日收盘时持仓量的差。仓差就是持仓的增减变化情况，仓差是正值，说明今天的持仓量增加，是负值则说明持仓量减少。

（6）减仓和增仓：即仓位的减少或者仓位的增加。

2. 价格、量能和仓差的关系组合

理论储备

价格有价涨、价跌、价平的情况，成交量也分量增、量减，再加上仓位消长的变化，三者之间不同的组合，对应着不同的多空判别意义。具体情况，如表 9－1 所示，重点向大家讲解如下四种情况。

表 9－1

价位量能仓差组合			
价格	成交量	仓位	含义与后续走势
价涨	量增	增仓	多方继续加码→真正的上涨
价涨	量增	减仓	多方获利出场→虚假的上涨
价跌	量增	增仓	空方继续加码→真实的下跌
价跌	量增	减仓	空方获利出场→虚假的下跌

（1）价涨量增，对应未平仓增加，通常代表多头并没有获利了结，而是再继续加码，这个时候行情的上涨是有所依仗的，称为“实的上涨”。

（2）价涨量增，对应的未平仓反而减少，代表目前部分的多单在进行获利了结，这时候上涨就比较虚，对其持续性存疑，多单操作要警觉。

（3）价跌量增，对应未平仓增加，通常说明空方在继续加码，下跌趋势坚定。

（4）价跌量增，对应未平仓减少，代表空方在获利出场，这时候的下跌是比较虚的，跌势可能会难以持续。

【案例分析】

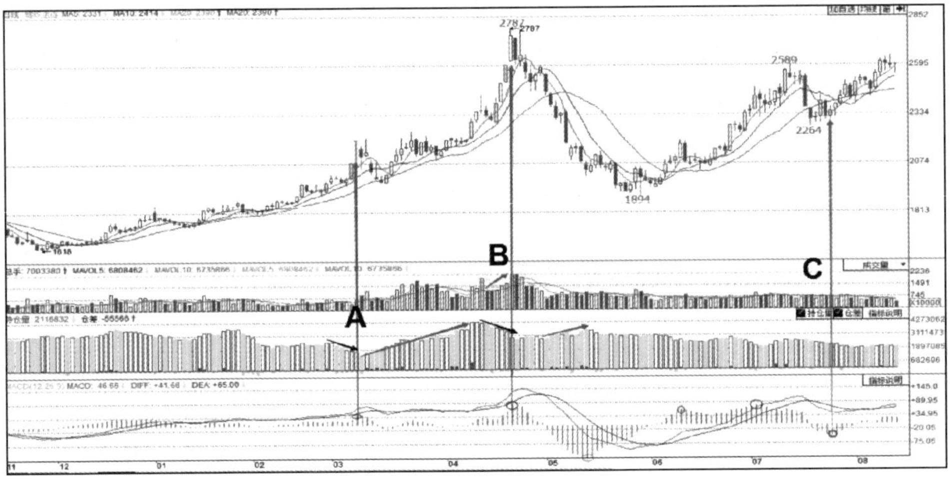

图 9－12

如图 9－12 所示，为螺纹钢价格走势图。在标示 A 处，价格快速拉升，可以看到成交量没有大的变化，但是仓位却在减少，果然之后价格出现了一定程度的下跌。在趋势向上的背景下，成交量逐渐增加，仓位也出现了明显增长，代表多方力量慢慢进入，对价格进行了再一次推升。仅仅观察 B 段，会发现仓位再次减少，对应价格很快结束了上涨。在标示 C 处，价格一路下跌，对应的未平仓是增加的，说明空方在加码，助力了跌势。

小 结

只看价格和成交量去判断趋势的多空，是不够全面的，一定要结合未平仓的消长来进行多空的判断。在上涨的过程中，理论上说未平仓应该配合增加，推动价格上升，如果未平仓反而减少，上涨就犹如无根之木，难以持续。在下跌过程中，未平仓增加，会助力下跌，如果未平仓减少，通常代表下跌无法持续。

五、非农战法

非农战法，顾名思义，是围绕非农数据的分析而延伸出来的实战方法。非农数据是代表美国经济运行是否良好的重要指标，直接牵动美联储的货币政策，而美联储的货币政策决议，也会直接影响美元的走势，进而间接影响贵金属的走势。

1. 非农数据简介

（1）概念：非农数据是反映美国非农业人口就业状况的指标，包含了美国非农就业率、非农业就业人数以及失业率三个数值。

（2）公布时间：非农数据于每月的第一个星期五的晚上8：30（4月~10月）或者9：30（11月~次年3月），由美国劳工部劳动统计局发布。每次非农数据公布的当天，都会引起全球金融市场的大地震，行情波动异常大，造成极大的不确定性，但从另一方面来看，也是产生暴利的机会。由此，就有了“非农之夜”的说法，可见该数据的重要性。利用非农数据发布导致的市场起伏，我们可以寻找快速获利的机会。

（3）关联数据：与非农数据紧密相关的，是小非农数据。小非农数据即ADP数据，是指美国人口数据，预测了美国非农业人口就业情况，一般在每月的第一个星期三晚上8：15公布，也就是非农数据公布的前两日。

小非农数据和非农数据息息相关，常常会产生连动。小非农数据对非农数据有一定的领先性或者引导性。通常，小非农数据较优，非农数据也会不错，美联储的货币政策可能会收紧，加息的预期升温，对于贵金属来说是利空。如果小非农数据较差，那么非农数据也不会好，则美联储可能货币政策有放宽的预期，这时对贵金属来说是利好。

2. 非农战法操作建议

（1）首先，要通过技术分析研判目前行情的主要趋势是空头还是多头。也就是说，对趋势的认知非常重要。

（2）观察空头或者多头趋势已经延续了多久，时间周期还是短。延续时间越长，反转的几率会越高，这时可以借助两极战法、四象战法、八卦战法来衡量行情的“峰”和“顶”来进行界定。

（3）观察非农数据前的基本面，市场的反应到底如何。即提前关注一些其他消息，比如小非农数据的表现情况。

（4）将市场预期的非农数据和前期的数据相比较。也就是数据公布前的预期数字，以及上一期公布的数字、本次的实际数据进行比较，三者的关系会对市场产生不同的影响。

（5）先行判断数据好坏以及对现货的影响。数据的预期和现货的走势通常呈现负相关关系，往往非农数据走好，现货行情会下跌；非农数据走坏，现货行情会上涨。

（6）在关键的位置先做好多和空两手准备。具体内容会在之后详细讲述。

（7）从行情可能出现的走势判断和准备好介入的位置。

（8）可以采取分批介入和轻仓，先将风险降低，也可以先避开非农数据对现货市场的冲击，选择观望或者在市场走出非农震荡的冲击后再进行介入。

（9）小资金和重仓锁仓的客户要特别小心，因为行情瞬息万变，稍有不慎就会面临爆仓，出于资金安全的考虑，可以等非农数据公布之后再进场下单操作。

3. 非农战法的运用

非农战法，可以从一个平台、两手准备、三波行情、四项可能以及五种具体战法来展开学习。

其中，一个平台，是指正规的贵金属交易平台。在交易平台的选择上要慎重，因为这涉及着费用的高低和资金的安全问题，要慎之又慎。这里建议大家最好选择经过国家认证的合法合规平台，一些小平台存在跑路倒闭的风险，可能会使投资者求偿无门。

两手准备，则是指资金充足和心态正确。操作非农行情必须要有足够的资金，因为如果动用到多空锁单战法，就需要双倍的资金来进行操作。即便是顺向做单，充足的资金也更有利于投资者分批进场操作，而不是冒着巨大的危险一次性赌多或者赌空。其次，操作非农数据行情，一定要有良好的心态。要在技术使用娴熟且经验丰富，对自己预判把握较大的情况下，进行理智的操作，而不是用赌博的心态参与行情。

三波行情，是指预期行情、当夜行情和后续行情。也就是将预期行情的走势、当天实际行情走势以及热潮过去之后的市场走势，都是需要投资者留意的。通常，在数据公布的几分钟内，行情会出现较大幅度的上涨或者下跌，虽然这时候行情的波动幅度最大，但涨跌的方向难以把握，多以应对此段行情，除非有针对性的技巧，否则轻易不要去操作。而非农数据公布一个小时之后，方向基本上已经得到了确认，后续的行情会持续到凌晨，甚至也会延续至下周一。

四项可能是指数据公布之后，行情有可能是单边上涨或者单边下跌，有可能是先上涨后下跌或者先下跌后上涨，如图 9－13 所示，这也需要上期、预期和当期实际数据的比较情况。

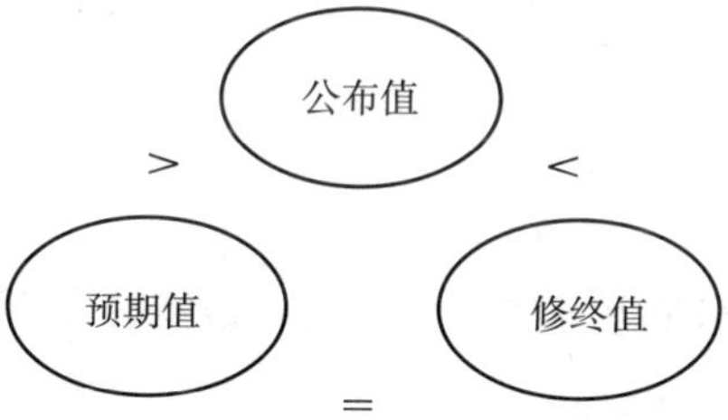

图 9－13

对三个数字的比较，会产生不同的关系组合。具体来说，如果公布数据优于预期，且优于上期数据，则根据之前所讲，非农数据对行情为反向指标，贵金属的行情会表现为单边下跌；相反，如果说实际公布数据比预期值和历史值都要差，行情则会出现单边上涨的情况；如果公布数据差于预期值但好于上期数据，则行情可能会先涨后跌；相对地，如果公布数据好于预期值但差于上期数据，行情可能会出现先跌后涨的情况。

针对以上的所有情况，就延伸出了五种具体战法，即：数据博弈、见价追单、多空锁单、多空挂单、顺向作单。这部分内容将在下一节中详细讲述。

4. 非农战法的五种具体战法

（1）数据博弈

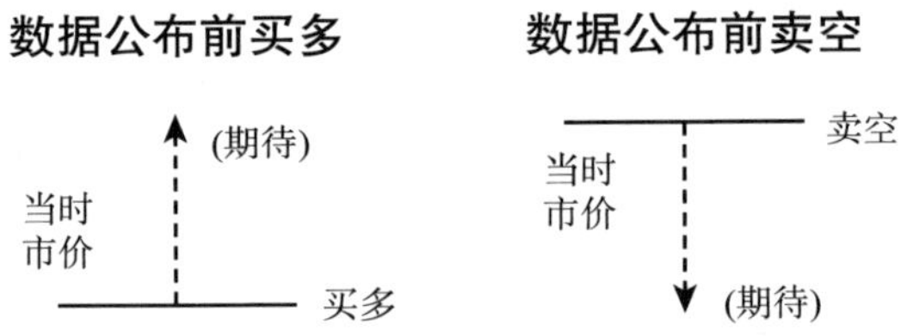

图 9－14

如图 9－14 所示，所谓数据博弈，是指在数据公布前，就根据预判做出操作。如果我们预期数据比前期数字或者已有的预期数字要差，就先行进场做多。当数据公布，差于预期数字和前值，符合我们的预测，则获得利润。如果预测数好于预期数字以及前值，就提前进行卖空操作，再等待市场的“答复”，若符合预判，则获得利润。

当然，这种战法基于完全的预判，带有赌博的性质，所以应该根据自身情况，酌情使用。

（2）见价追单

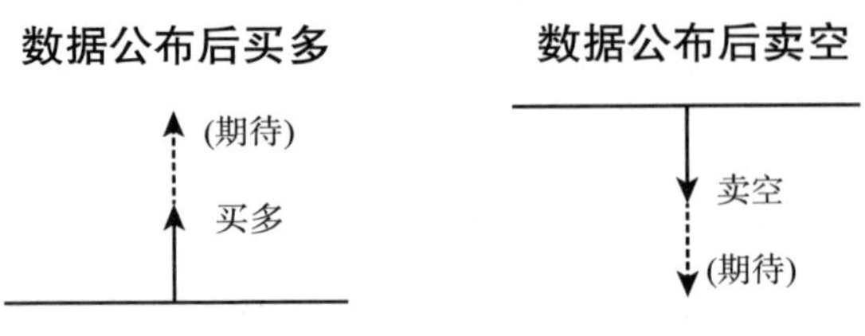

图 9－15

如图 9－15 所示，所谓见价追单，是指非农数据公布前先等待，等到非农数据公布之后，再根据行情进行操作。如果公布数据之后，好于预期数字和前值，则进行追空。如果差于两者，则进行追买。

（3）多空锁单

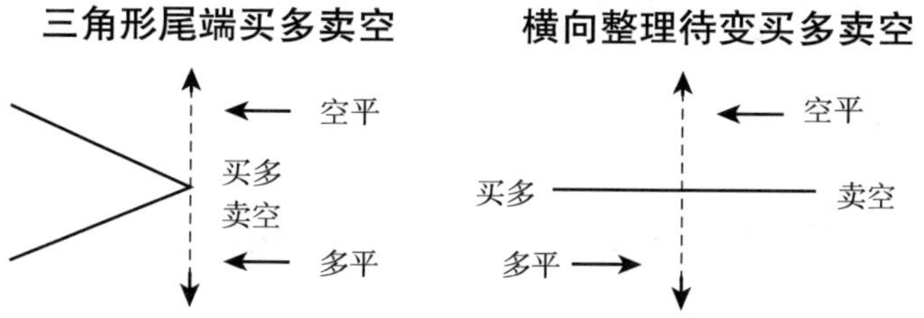

图 9－16

如图 9－16 所示，所谓多空锁单，即在不去预测数据的表现情况下，双向同时操作。换句话说，就是一边买多，一边放空，两个操作同时进行。因此，之前提到过要有较为充足的资金。一般在三角形整理的尾端，或者是横盘多空僵持的状态下，进行这样双向的操作。例如公布的数据差于预期，也差于前值，就把空单平掉，放任多单。

所以，多空锁单就是根据情况，先锁单，再接单的灵活操作。

（4）多空挂单

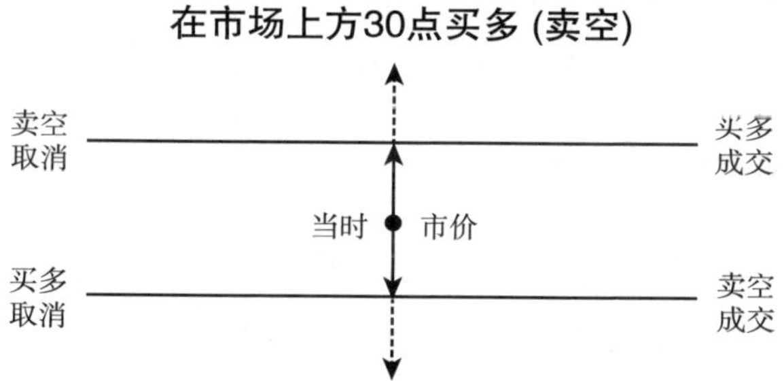

图 9－17

如图 9－17 所示，多空挂单，是指在市价水平的上下 30 点进行买多和卖空的操作，再根据行情走势，选择如何处理这两笔单子。这里我们举例说明：假设目前市价是 3000 点，在以上 30 点，也就是 3030 点买多，在以下 30 点，也就是 2970 点卖空。如果数据公开，差于预期和前值，行情相应上涨，买进的多单自然成交，我们取消卖空的单子即可。相对地，如果数据好于预期和前值，行情下跌，就取消买多的单子，而卖空的单子会成交。

所以，多空挂单即设置一个标准线，同时买，同时卖。行情明朗之后，在价格没有碰到标准线之前，取消其中一边的单子，留下符合走势的单子，获取利润。

（5）顺向作单

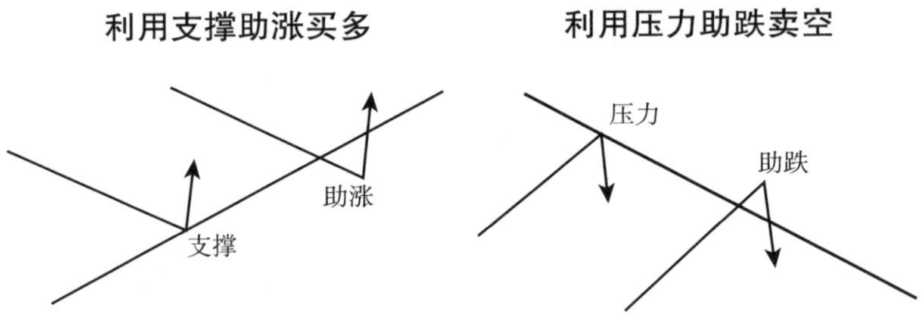

图9－18

如图9－18所示，顺向做单很好理解，即以大的趋势根据，顺向操作。也就是说，当数据公布好于预期和前值，行情当即下跌，但是仍处于多头趋势中，遇到支撑和有助涨作用的位置，依然进行做多的操作。

当公布的数据差于预期和前值，行情对应上涨，但是上方有压力和助跌的力量，我们仍然选择在空头趋势中做空。

5. 非农操作的八大禁忌

（1）怕亏损所以没止损

止损的观念我们已经数次强调，对行情没有把握时，就不要轻易入市操作。入市后务必要设置止损位。所有的爆仓，都是从不设止损开始的，而止损恰恰是盈利的起点。避免不该有的亏损，才能在市场上成为最后的赢家。

（2）不懂退出过于恋战

非农战法所操作的，是一波短期行情。在数据公布的当下，市场情绪多空冲突非常激烈，转盈为亏不过是瞬间的事情。所以应该适时止盈，不可以过度贪婪。

（3）跟风操作

在操作中，不管是小道消息还是正规媒体报道的新闻，对于信息的消化一定要有自己的判断和见解，不可盲目跟风，随意决定自己的操作方向。市场只有少数人能够赚钱，没有自己的逻辑注定无法在市场中走得更远，站得更久。

（4）赌气式交易

如果发现方向做错了，要立刻止损，不要对行情抱有不切实际的幻想，更不要对自己的判断盲目自信，过于固执。若交易状态不好，可以适当休息，调整自己。赌气式的频繁交易，一定无法帮我们盈利。

（5）陶醉式交易

即使自己交易状态很好，操作很顺，也要“居安思危”，时刻谨慎自己，要用平和的心态对待每一次操作，市场中没有人能够永远盈利。

（6）下单前犹豫不决

自己立下的交易计划和原则，在市场没有发生大改变的情况下，要坚决执行，知行合一。犹豫不决，可能会失去珍贵的交易机会，失去丰厚的收益。

（7）“万花丛中”迷失方向

当今社会，每个人每天都要接受数以万计的信息，而我们要有辨别信息的能力，哪些能够为我所用，哪些不必浪费时间。这样的筛选直接影响着我们交易的效率和效果。

（8）重仓亏损隔夜抱单

盈利的背后就是风险，重仓亏损后不要再抱单，应该及时止住亏损。只要保护好本金，后面还有很多的交易机会，正所谓“留得青山在，不怕没柴烧”。

专家提醒

非农战法可以通过简单的口诀来理解记忆，即一个平台、两手准备、三波行情、四项可能、五种战法。这种战法并非对每个人都适用，因为所有的预期无非是一场具有较大风险的博弈。我们可以不参与非农数据公布当下的行情，但是，仍然要对非农数据和影响之下的市场走向规律进行学习，这会使我们在面对市场时更有把握、更加从容。

[总结]

双向实战中的反向战法、锁单战法、仓位战法以及非农战法，提供了具有针对性的实战技巧，帮助投资者在多变的期现货市场中，通过简单直接的操作方法，进一步限制风险，锁定收益。双向实战虽然主要运用于期货和现货，但在股票操作中，双向的思维能够帮助我们更好地理解交易的本质，对所学的技术理论有更加深刻的理解。

和前面八大战法一样，双向战法同样重在对趋势的掌握和运用。能够被称之为趋势的，不论上涨还是下跌，都可以延续相当长的一段时间。假设我们在趋势的开端发现端倪并及时进入，获利空间是非常大的。所以重要问题是，在趋势转折处，反复出现的规律总结为模式，加以利用，能够达到事半功倍的效果。

[课后思考]

1. 在被套的情况下，应该运用哪种锁单战法？
2. 反向战法在实践操作中应该如何使用？